戰後美日臺關係
關鍵50年 1945-1995
一堆歷史的偶然、錯誤與大國的博弈造成台灣目前的困境
（修訂版）

王鍵 著

崧燁文化

#　戰後美日臺關係關鍵 50 年 1945-1995（修訂版）

目錄

序言

第一章　緒論
第一節　研究思路與意義、研究目標與方法、研究框架與基本內容 12
第二節　從地緣政治的角度看近代史上的美日臺關係 20

第二章　戰後初期臺灣與美日關係形成的歷史背景
第一節　雅爾達體系——冷戰格局與新殖民主義 32
第二節　冷戰格局下美國對臺灣的策略考慮 40
第三節　「美援」主導下日臺社會改造與美日臺關係的發初 48

第三章　戰後美日臺關係的基本形成
第一節　韓戰—美國東亞策略的重大調整 66
第二節　美日臺關係的形成與確立 74
第三節　臺海危機期間的美臺關係 86

戰後美日臺關係關鍵 50 年 1945-1995（修訂版）

  第四節 戰後初期日本政府的對臺政策 ⋯⋯⋯⋯ 99

第四章　戰後初期美日臺經濟關係
（1940 年代後期 -1960 年代中期）

  第一節 美日獨占東亞經濟與日本的經濟外交 ⋯⋯ 112
  第二節 美國主導下日臺貿易的恢復與發展 ⋯⋯⋯ 120
  第三節 戰後初期美日對臺貿易、投資 ⋯⋯⋯⋯⋯ 137

第五章　美日臺關係的跌宕發展
（1960 年代中期 -1970 年代）

  第一節 趨變的世界格局與美日臺關係的折衝 ⋯⋯ 150
  第二節 日本政府對臺政策（1960 年代期 -1970 年代初期） ⋯⋯⋯⋯⋯⋯⋯⋯⋯⋯⋯⋯⋯⋯⋯⋯⋯⋯ 162
  第三節 日本對中貿易政策—同時獨占兩岸市場、謀求最大策略利益 ⋯⋯⋯⋯⋯⋯⋯⋯⋯⋯⋯⋯⋯ 170

第六章　跌宕曲折的美日臺關係
（1970 年代初期 -1980 年代中期）

  第一節 1972 年後日本與臺灣關係的嬗變 ⋯⋯⋯⋯ 184
  第二節 中美建交—《臺灣關係法》與美臺「準聯盟」關係的形成 ⋯⋯⋯⋯⋯⋯⋯⋯⋯⋯⋯⋯⋯⋯⋯ 201
  第三節 日本對臺政策（1970 年代中期 -1980 年代中期） ⋯⋯⋯⋯⋯⋯⋯⋯⋯⋯⋯⋯⋯⋯⋯⋯⋯⋯ 210

第七章　冷戰格局解體與美日臺關係的演變（1980年代中期-1990年代中期）

第一節　中美圍繞對臺軍售的較量與博奕 220
第二節　冷戰後期美日臺關係的演變 231
第三節　美日同盟重新定義、全球軍事策略調整與美日臺關係的演變 243
第四節　安全困境下的美日臺關係走向 249

結語

參考書目

戰後美日臺關係關鍵 50 年 1945-1995（修訂版）

序言

　　筆者在先讀本書定稿後，十分欣喜，又受王鍵博士之邀為本書作序，自然很高興地答應了。但是，卻因為近期參加多次會議和不時有多項任務、工作，使這篇序言的寫作一拖再拖。現在，出版社已經要開印了，只好加班開夜車，趕出了這份急就篇。筆者的序言，像王鍵的本書一樣，肯定有不當之處，筆者真心地敬請方家、讀者不吝賜教。

　　王鍵博士的這部新專著，對戰後1945-1995五十年間美日臺關係的歷史過程做了概略考察。

　　按照筆者的思路與解讀，若對本書題目予以更為準確概括的話，應是對冷戰時期臺灣與美日兩國這一關係形成、發展、演變過程的歷史考察和研究。

　　學界，特別是國際關係學界，對於中美蘇、中美日三國間關係定義為一種三角關係。王鍵在借鑑各方學者的精闢論述並進行獨立思考後，認定戰後臺灣與美日的互動過程屬於一種不規則的「三邊關係」，是從屬於中美日三角關係下的一個特殊組成部分，並非真正國家意義間的關係，而是非國家間的關係。戰後冷戰時期美日臺關係的一大特徵，就是美日兩國始終利用臺灣問題對中國進行策略干擾。本書的題

戰後美日臺關係關鍵 50 年 1945-1995（修訂版）

目和作者對「三邊關係」特點的提出，一下子就旗幟鮮明的表明了作者的立場和觀點，也極為有力地吸引筆者，饒有興趣地閱讀本書。

全書分為七章，緒論章概述了本書研究的思路與意義，第二、三、四三章闡述了美日臺關係的形成和確立。論述了以下重要內容：戰後美國在亞洲推行新殖民主義，最初擬以中國為其東亞地區最大的策略夥伴。由於國民黨政權的垮台，加之韓戰等的影響，美國對日政策調整為積極扶植日本，使其成為美國在東亞地區的重要策略夥伴；美國還企圖與日本共同掌控東亞地區經濟，為此，不惜在經濟利益上對日做出讓步；在加強美日關係之同時，美國也將臺灣視為東亞地區重要的策略夥伴，出於遏制中國的策略目的，對臺灣進行了經濟、軍事的全面扶植；為此，美國主持了戰後日本、臺灣的土地制度改革，按照美國設計的社會模式，對日、臺進行了社會改造；戰後，主要自吉田茂內閣以來，日本臺海政策（對臺對中政策）基本確立，即同時占有臺海兩岸的經濟資源和市場，實現日本國家利益的最大化；歷經 1950-60 年代中日民間關係的跌宕發展，日本始終保持與海峽兩岸之間的經濟聯繫；至 1972 年中日邦交正常化的實現，日本最終達到其臺海政策的策略目標。公開與兩岸發展政治、經濟等關係，為日本的國家利益服務。

本書第五、六、七三章則闡述了美日臺關係的發展、演變：1972 日臺斷交、1979 美臺斷交之後，美日臺關係有所下降，但維持了實質性的關係框架；美日對臺灣的政治、經濟及軍事的控制依舊；臺灣在與美日關係互動的過程中，實現了經濟成長；日本更是成為僅次於美國的世界第二經濟大國；美國扶植日臺的過程中，由於過度介入越南戰爭等，國力下降；日本對臺灣的影響，尤其是對臺灣的經濟控制愈

加嚴密、嚴重；在冷戰時期，特別是冷戰後期，美日對臺政策並不完全一致，以美日經濟摩擦為典型的美日矛盾迭起，充滿折衝與博弈；而在世界冷戰格局解體與後冷戰時期，美日臺關係的演變、走向，中日、中美關係以及兩岸關係的走向，均是不可忽視、值得高度密切關注的重大問題。

　　本書對上述問題的論證、闡述，新意隨處可見：有不少是學界首次進行的分析和研究，從而彌補了以往研究的空缺和不足；本書運用歷史學、國際關係學等多學科的研究方法，既注意全面、總體和理論上的概括、分析和考察，又極為講究實證分析，以系統的數據、原始資料進行比較分析，盡可能還原、探究美日臺關係的動態演變；本書將國際關係理論與冷戰時期美日臺關係史的實證研究相結合的研究，不僅有理論意義，無疑也具有實踐意義：透過對戰後美日臺關係歷史進程的追蹤與描述，並透過各個階段美日臺關係的具體論述，總結出美日臺政治關係的交流模式與諸多特徵，闡明了美日臺經濟關係發展的規律性，也能為中國的美日臺研究界及有關部門準確認識、把握美日臺關係史的發展脈絡和未來趨勢提供某些政策參考。

　　王鍵博士以一人之力，能夠在兩年中撰寫成這部厚重的學術著作，的確可喜可賀！就筆者所知，應該是有以下三方面的原因：一是與他曾經在攻讀博士的三年期間，受教於中國日本史著名學者萬峰等人，接受了嚴格的專業訓練和培養，更與他在進入博士後流動站的三年中，受到其導師、著名的中國史大家張海鵬的薰陶和訓誨，打下堅實、全面的學業基礎，具有了很強的獨立從事科學研究能力是分不開的；二是與他能多次到日本、臺灣訪學考察，受到日本、臺灣著名學者重實證、重原始資料等良好學風的影響，並多次參加、操辦兩岸關

戰後美日臺關係關鍵 50 年 1945-1995（修訂版）

係、日臺關係學術會議，從而增強了學術研究要與社會現實相結合的意識；三是關鍵因素，是他長期勤奮努力、刻苦鑽研和虛心學習、注意累積的結果。

　　筆者作為王鍵博士曾經的導師、同單位的同事和從事日本史研究的同仁、朋友，熱誠地向廣大讀者推薦本書，真誠地祝賀本書的出版！

　　中國日本史學會名譽會長 湯重南

第一章　緒論

　　戰後美日臺關係史（1945-1995年）的研究，時間橫跨五十年之久，屬於戰後國際關係史、冷戰史及臺灣現代社會進程的歷史研究範疇。本章擬對學界有關三角關係或三邊關係的研究進行簡要歸納與系統分析，對有關三角或三邊關係的界定、概念，以及其歷史演變過程中的諸特性等進行論述，這是釐清本書研究思路的基本前提之一，而歷史的梳理則使我們對當代史中的三角或三邊關係有一個生動的、具體的概念。同時，對於研究思路與意義、研究目標與方法、研究框架與基本內容等進行簡要闡述。近代以來，美、日始終對臺灣抱有獨占性策略圖謀，這是美日臺關係緣起的歷史定位。從地緣策略的角度對戰後美日臺關係的歷史特質與演進歷程進行闡述，亦是本章的目標之一。

戰後美日臺關係關鍵 50 年 1945-1995（修訂版）

第一節　研究思路與意義、研究目標與方法、研究框架與基本內容

一、研究思路與意義

　　按照臺灣的社會發展進程史實、現實法律地位及其他諸因素，本書將戰後美日臺之間的互動關係視為一種「三邊」關係，而非一般國際關係學理論規定的三角關係。英國學者馬丁・懷特的《國家體系》（英國萊斯特大學出版社 1977 年）是最早論述三角關係的論著。1960-1970 年代逐漸形成不規則的美蘇中三角策略架構，成為各國學界的關注焦點。美國學者洛厄爾・迪特默《策略三角：競賽理論初析》（《世界政治》1981 年）一文運用「策略三角」理論，對 1970 年代中美蘇策略三角關係的演化進行了解釋。當時，不僅美蘇彼此以冷戰策略進行牽制，處於弱勢的中國也亦然。美國學者伽夫指出：「冷戰時期，毛澤東外交策略的世情依據是『戰爭與革命』。毛澤東和周恩來為了維護『中國利益』，在對外關係上『利用了策略三角』」。由此，1980 年代至 1990 年代前半期，有關中美蘇三角關係的研究成為熱點問題，主要研究著述有西格爾主編《中國因素：北京與超級大國》（英國福爾摩斯和邁耶出版社 1982 年）；彙集美國蘭德公司研究成果的《中美蘇策略三角》（中國現代國際關係研究所編譯、時事出版社 1988 年）；倪孝銓、羅伯特・羅斯主編《美中蘇三角關係（70-80 年代）》（人民出版社 1993 年）等。

　　1990 年代前半期，蘇聯解體及東歐劇變，日本泡沫經濟破滅，中國國力日趨增強，美蘇長期對立的國際格局發生了深刻而持久的震

第一章　緒論
第一節　研究思路與意義、研究目標與方法、研究框架與基本內容

盡。隨著雅爾達體系的崩潰，以冷戰為其深刻背景的中美蘇三角關係失去了存在的基石；取而代之的中美日三角關係漸次成為左右亞太地區乃至於世界局勢的關鍵力量架構。而從屬於中美日三角關係的美日臺關係亦日趨成為熱點問題。

進入 1990 年代後半期，中美日三角關係的研究受到重視，有代表性的研究著述有羅納德‧蒙特佩托和張明合著的《另一種三合一：美國、中國和日本》（美國聖馬丁出版社 1999 年），日本國際交流中心（JCIE）編《中日美合作面臨的挑戰》（1998 年）、《中國‐日本‐美國：對三邊關係的新摸索》（1998 年）和《中日美關係的新方面》（1999 年）等。以上著述均認為中美日三角將成為 21 世紀世界政治中的關鍵三角，而臺灣問題則成為這個三角關係中的焦點。日本學者添谷芳秀就認為：「中美日三角關係中問題最大的兩條邊是中美關係和中日關係」、「美中日三角關係的前途取決於臺灣的事態發展」。

同時期中國學界的相關研究著述也頗為豐碩，張蘊嶺《轉變中的中美日關係》（中國社會科學出版社 1997 年）被視為國內學界對中美日三角關係研究的第一部著作。另外還有劉建飛《中美日策略關係演變（1899-1999）》（中央文獻出版社 2001 年）、任曉等《中美日三邊關係》（浙江人民出版社 2002 年）、廉德瑰《美國與中日關係的演變》（世界知識出版社 2006 年）、張仕榮《21 世紀初期中美日安全關係中的臺灣問題》（九州出版社 2010 年）等。主要論文有：高鍔《中日美三邊關係的現狀與問題》（《策略與管理》1994 年第 6 期）、馮昭奎《走向平衡的三角關係──關於亞太地區大國關係的思考》（《當代亞太》1998 年第 1 期）、李長久《不平衡的中美日關係》（《世界經濟與政治》1998 年第 10 期）、時殷弘《中美日「三角關係」──歷史回顧‧實例

戰後美日臺關係關鍵 50 年 1945-1995（修訂版）

比較・概念辨析》（《世界經濟與政治》2000 年第 1 期）等。

在雙邊關係研究中涉及本書主題的著述有：張耀武《中日關係中的臺灣問題》（新華出版社 2004 年）、王偉男《中美關係中的臺灣問題》（山東人民出版社 2007 年）等。另外，論述日臺關係的著述有：陳奉林《戰後日臺關係史》（香港社會科學出版社 2004 年）、廖鴻綺《貿易與政治：臺日間的貿易外交（1950-1961 年）》（臺灣稻鄉出版社 2005 年）、賈超為《日臺關係的歷史與現狀》（華藝出版社 2011 年），臧士俊《戰後日、中、臺三角關係》（臺灣前衛出版社 1997 年）以及川島真等《日臺關係史（1945-2008）》（東京大學出版會 2009 年）等。美臺關係的著述有：蘇格《美國對中政策與臺灣問題》（世界知識出版社 1998 年）、資中筠、何迪《美臺關係四十年（1949-1989）》（人民出版社 1991 年）、林長華《戰後美臺經濟關係概論》（九州出版社 2001 年）、沈惠平《美國對臺政策新解》（九州出版社 2010 年），以及陶文釗《中美關係史》（上海人民出版社 1999 年）等。研究美日關係的有：劉世龍《美日關係（1791-2001）》（世界知識出版社 2003 年）、張德明《東亞經濟中的美日經濟關係研究（1945-2000）》（人民出版社 2003 年）、崔丕《冷戰時期美日關係史研究》（中央編譯出版社 2013 年）等。中美學者合作編著的有：袁明、哈丁主編《中美關係史上沉重的一頁》（北京大學出版社 1989 年）、姜長斌、羅斯主編《從對峙走向緩和：冷戰時期中美關係再探討》（世界知識出版社 2000 年）等。以上著述均是本書不可或缺的重要參考。

自 1970-1980 年代以來，海外相關研究文獻被大量編譯引進，美國文獻有：卡爾・蘭金《蘭金回憶錄》（海英譯，上海人民出版社 1975 年）、羅伯特・達萊克《羅斯福與美國對外政策》（陳啟明等譯，

第一章　緒論
第一節　研究思路與意義、研究目標與方法、研究框架與基本內容

商務印書館 1984 年)、斯帕尼爾《第二次世界大戰後美國的外交政策》(段若石譯，商務印書館 1992 年) 等；還有周建明、張成至編譯《美國國家安全策略解密文獻選編（1945-1972）》(1-3 冊，社科文獻出版社 2010 年)；張曙光、周建明編譯《中美解凍與臺灣問題——尼克松外交文獻選編》(香港中文大學出版社 2008 年) 等文獻檔案集。日本文獻有：永野信利《日中復交談判記實》(顧如鈺譯，時事出版社 1972 年版)；古井喜實《日中關係八十年》(田家農等譯，中國和平出版社 1993 年版)；島田政雄《戰後日中關係 50 年》(田家農譯，江西教育出版社 1998) 等。

闡明「三角」或「三邊」關係的基本概念是本書的基本前提，美日臺關係從屬於中美日三角關係，故以中美日三角關係為例進行闡述。劉建飛在《中美日策略關係演變（1899-1999）》一書中均以「三角關係」定位百年跨度的中美日三國關係，其三角關係的界定相當廣泛。張蘊嶺《轉變中的中美日關係》一書考察了三角關係的構成機制、三角關係中的互動聯繫等，認為在中美日三角關係的構成中，存在著利益的一致性或共同性。但中美日三角關係的構造並不只是由共同性決定的，其中矛盾性也是重要的組成部分。共同性構成連接機制，矛盾性構成牽制機制，二者共同組成三角關係的框架和結構。

任曉等《中美日三邊關係》一書則認為戰後中美關係是一種三邊關係，而非三角關係。並認為三邊關係是「介入三國關係與三角關係之間的一種過渡性力量架構。也就是說，三邊關係帶有三角關係的大多數特徵，比一般的三國關係要展現出更多的互動性」。時殷弘《中美日「三角關係」》亦認為：就國家層次上有關三國各自行為的前提條件而言，「標準」的三角關係之存在取決於：有關三國是否都具有具備獨

戰後美日臺關係關鍵 50 年 1945-1995（修訂版）

立的對外政策；三國是否都是將縱橫捭闔的典型的均勢（它並不需要各極完全甚至大體均衡）及其權謀外交（diplomacy of manoeuvre）視為各自的一大特徵。考慮到日本缺乏基本獨立的外交政策，以及與此相關的美國在美日關係中的支配性和主導性，可以大致證明從 1972 年至今中美日關係的非三角性。

唐永勝則認為「儘管還不存在形式上的中美日三邊機制，但並不意味實際上的三角關係就不存在」。他同時亦指出：三角關係並非三對雙邊關係和簡單鋪陳疊加。對三角關係的研究，並非停留在對雙邊關係的簡單羅列上，更要注意其本身的物質和內在的規定性。

如此，按照任曉等學者的界定可知：國際政治中的三角關係，指的是在一個由三個國家構成的系統中，其中一個國家的行為會對另一個或兩個國家的行為發生影響，或其中一對雙邊關係的變化導致對另一對或兩對關係發生變化的互動關係。三邊關係可視為初級的或不甚嚴格的三角關係；而三角關係則是高級形式的三邊關係。

如上所述，本書在借鑑以上學者的精闢論述並予以獨自思考，認定戰後臺灣與美日的互動過程屬於一種不規則的「三邊關係」，是從屬於中美日三角關係下的一個特殊組成部分，而非國家間的三邊關係。戰後冷戰時期美日臺關係的一大特徵，就是美日始終利用臺灣問題對中國進行策略干擾。按照筆者的思路與解讀，若對本書題目予以全面概括的話，應是冷戰時期臺灣與美日兩國關係演變過程的歷史考察。

本書在迄今同類研究的基礎上，擬以歷史學、國際關係學等多學科學研究究方法，對戰後 1945-1995 年五十年期間的美日臺關係史進行全面的歷史考察，本書主要以臺灣外部環境的演變為考察對象，從總體上著重分析美日臺關係中的重大問題。進而擬以實證分析方法，

第一章　緒論
第一節　研究思路與意義、研究目標與方法、研究框架與基本內容

研究美日臺關係的結構差異及其演變過程，力求以系統的數據資料和多角度的分析比較，全面、客觀地論述戰後美日臺關係的發展態勢以及各發展過程的基本特點，以求取得對本書主題的客觀結論。從理論與歷史的相結合的角度來探究戰後美日臺關係的動態演變，是本書力求實現的目標。

本書的理論意義在於，應用歷史考證與國際關係理論對戰後美日臺關係的研究，具有一定的探索性。本書研究的時間範疇（1945-1995年）恰處於二戰後國際關係（冷戰）史的整個時期，亦屬於當代臺灣史研究的一個分支。從國際體系層次上看，第二次世界大戰結束後形成兩極權力結構，為美蘇衝突和對抗，由戰時同盟走向冷戰創造了條件……導致了戰後初期冷戰的起源。

本書的實踐意義在於，將國際關係理論與冷戰時期美日臺關係史的實證研究結合起來，透過對戰後美日臺關係歷史進程的追蹤與描述，並透過各個階段美日臺關係的具體論述，總結美日臺政治關係的交流模式與諸多特徵，闡明美日臺經濟關係發展的規律性，為中國的美日臺研究界及有關部門把握美日臺關係史的發展脈絡和未來趨勢提供政策參考。

二、研究目標與方法

本書的研究目標當屬於歷史學範疇的一個特殊的研究對象。一方面，它在性質上屬於冷戰時期美日對東亞地區進行策略擴展的一個範疇，是美日同尚待統一的臺灣之間的關係；另一方面，在1970年代，美日與臺灣均經歷了從「官方」關係到「民間」關係的轉變，其政治、經濟及軍事關係的演變也帶有一定的社會歷史特質。既有冷戰時期美

戰後美日臺關係關鍵 50 年 1945-1995（修訂版）

國東亞策略主導下的諸多影響，也有日臺積極追隨美國、以求生存的基本軌跡。

　　本書力求以臺灣特殊的歷史、地緣及經濟屬性等為前提進行基本描述。近代臺灣不僅有著不同中國的特殊歷史過程（即日據殖民地時期）和特殊地緣不可替代的重要性，還有著相對的區位經濟優勢。臺灣位於中國東南海運及西太平洋南北航線的策略要塞，是東亞──美洲、東亞──歐洲等國際航線的轉運樞紐，這種地理位置的重要性，在特定的歷史時期，與特定的區域經濟中心相聯繫，轉化為特定的區位經濟優勢。二戰後臺灣經濟被納入美國主導的資本主義經濟體系，其區位優勢則凸顯為對於美日兩個經濟中心貿易往來的便利以及作為東亞海運樞紐的重要地位。20 世紀末臺灣的區位經濟優勢則開始進入以中國這一亞太新經濟成長中心「特惠地」的時代。這種特殊的區位地緣優勢，亦是戰後臺灣經濟快速成長的一個重要因素。

　　冷戰格局下，中美、中日嚴重對峙，臺海兩岸關係幾乎完全斷絕，臺灣也只能依託與美日的經濟聯繫來謀得發展。在美國扶植下，以韓戰的「特需繁榮」為起點，日本經濟恢復很快。臺灣在「美援」的援助下，島內經濟蓬勃而起。在 1980 年代初期，成為亞洲「四小龍」之一，形成獨特的東方經濟發展模式。這一時期，美國主導下的美日臺關係體系基本形成，更成為美國施行東亞策略的重要平台。

　　1970 年代世界經濟進入以亞太經濟為成長重心的時代；中日（1972 年）、中美（1979 年）相繼建交；巨大之衝擊使美日臺關係一度處於崩潰邊緣。1970 年代末期中國實行改革開放；自 1980 年代起，臺海兩岸關係逐漸緩和，經貿往來日趨增多。無論按照歷史的邏輯、市場的規律，還是現實的發展，臺灣都已進入以中國為主要發展依託

第一章　緒論
第一節　研究思路與意義、研究目標與方法、研究框架與基本內容

的歷史階段,這是經濟全球化與中國經濟高速成長體動力系統耦合作用的必然結果。

二戰後美國成為真正的「全球性超級大國」。美國憑藉強大的國力欲建立其主導的世界新秩序,並將日臺納入其封鎖中國的島鏈策略系列。在中蘇結盟、韓戰的大背景下,美國推動「舊金山對日和約」(1951年9月8日簽訂,1952年4月28日正式生效)提前簽訂,日本恢復主權國家地位。隨後,在美國的策略安排下,1952年4月日臺「建交」,美國主導之美日臺關係的初級形態開始啟動。在戰後(1945-1995)五十年的過程中,美日臺關係具有特殊歷史過程的極端豐富性和多樣性,其所具有的世界性意義仍然是許多國家與地區雙邊關係所無法比擬的。因此,研究戰後美日臺關係的特徵以及在各自的社會發展過程中所發生的各種歷史現象,具有一定的學術價值和現實意義。

恩格斯在《反杜林論》前言中說,歷史研究的出發點不是原則,而是客觀存在的歷史。本書對戰後美日臺關係的演變過程進行分析的目標是揭示歷史現象的客觀事實及其因果關係;將其演變過程作為一個有機的整體加以考察、認識、掌握美日臺關係發展的歷史條件、特點、形式與趨勢,揭示其內在聯繫與互補、互動關係,探索美日臺關係今後的發展途徑與某種模式。

本書堅持以馬克思歷史唯物主義和政治經濟學的基本原理為指導,綜合運用歷史學與國際關係學等學科的理論與研究方法,對美日臺關係的歷史過程進行綜合、系統的分析研究。本書盡可能採用樸實的分析思考和分析方法,力求使分析結論保持更大的直觀性,這有助於提高對研究目標的辨識度。筆者以為,研究戰後美日臺五十年關係史這樣的時間極為久長、情況極其複雜的綜合性課題,直觀樸實的分

析或許更具客觀性。簡言之，本書的宗旨是規避過度抽象的理論分析，力求客觀性和實用性。

第二節　從地緣政治的角度看近代史上的美日臺關係

一、臺灣的地緣政治環境

臺灣位於中國東南約 100 多公里的大陸棚上，西隔臺灣海峽與福建省相望，東臨太平洋，東北為琉球群島，南面為巴士海峽，南北長而東西狹，臺灣本島面積約 35,873 平方公里。整個中華民國包括臺灣本島及蘭嶼、綠島、釣魚島等 21 個附屬島嶼，澎湖列島 64 個島嶼。目前所稱的臺灣除本島及上述島嶼外，還包括福建省金門、馬祖，總面積為 36,006 平方公里。可見，臺灣是一個具有重要地緣策略價值的島嶼。

臺灣地緣政治地位極為重要。所謂地緣，即地理環境生成的地緣關係。地緣政治「指出某些因素對決定國家政策的重要性，諸如在獲得國家利益，控制海上交通線，據有策略要地等」。地緣政治學則「根據各種地理要素和政治格局的地域形式，分析和預測世界地區範圍的策略形勢和有關國家的政治行為，地緣政治學把地緣因素視為影響甚至決定國家政治行為的一個基本因素」。19 世紀到 20 世紀是地緣政治學的重要發展時期，有代表性的有美國馬漢的「海權說」、德國拉采爾的空間論、英國麥金德「陸權說」以及美國斯皮克曼的「邊緣地帶」理論等。斯皮克曼認為，「誰支配著邊緣地區，誰就控制歐亞大陸；誰支

第一章　緒論
第二節　從地緣政治的角度看近代史上的美日臺關係

配著歐亞大陸，誰就掌握世界的命運」。他斷言，位於歐亞大陸心臟地帶和西方世界控制的沿海地帶之間的「緩衝地帶」在未來政治格局中的地位將不斷上升，並成為統治沿海地帶的關鍵地區。按照斯皮克曼的邏輯，歐亞大陸的邊緣地帶歷來都是各強國爭相占領和控制的核心地區，而臺灣列島介於亞歐大陸、太平洋邊緣部，介於陸權和海權兩大地緣及政治權力中心交接部；自古及今都是大陸國家與海洋國家兩種地緣政治力量角逐的要害地區。具有明顯的「邊緣地帶」理論的地緣策略特徵。臺灣是中國第一大島嶼，孤懸於東南沿海，是集攻防於一體的策略要地，歷來有中國東部七省（桂、粵、閩、浙、蘇、魯、冀）之「藩籬」、「東南之鎖鑰」之稱。

由於臺灣地緣策略的重要性，臺灣相繼成為荷蘭、西班牙及英美日等國的侵吞目標。甲午戰爭、太平洋戰爭等證明了臺灣一直是大陸國家與海洋國家、陸權與海權兩種勢力爭奪的重要目標，更是近代以來歐美日列強企圖制衡中國的策略要地。

日本有人把臺灣稱之為「東方的直布羅陀」，此話最恰當不過地反映了臺灣對於日本的重要性。曾任臺灣駐華盛頓「經濟和文化代表處」顧問的黃介正博士從中國國防安全的角度分析了臺灣的地緣策略地位：

(1) 臺灣是中國海防的關鍵。臺灣距離中國東南沿海大約100海里。如果臺灣在中國的控制之下，臺灣可以作為中國的預警設施，作為第一層防衛。這就使中國的防禦縱深大為延長。

(2) 臺灣是中國通往大海的門戶。臺灣位於美──韓──日安全聯盟的南端。臺灣也位於以南海為內湖的東盟的北端。臺灣是中國跨越「第一島鏈」的策略突破點。控制臺灣，中

國解放軍海軍就能「舒服地」進入浩瀚的太平洋。
(3) 臺灣是亞太海運的閘門。在策略上，臺灣處於亞太航運要道的中點，連接上海與香港、琉球與馬尼拉、橫須賀與金蘭灣，以及鄂霍次克海與馬六甲海峽之間的航道。亞洲太平洋地區海上重要的商業或策略運輸都在臺灣監控範圍之內。

臺灣的策略重要性亦是隨著中國與周邊國家及世界其他國家經濟政治交往的逐漸密切而日益增加的。自近代以來，臺灣的地緣策略地位越來越重要。二戰後，臺灣被納入了美國的全球策略軌道，成為遏制中國策略防線中的關鍵一環。但是，隨著中國經濟的快速發展和國力的逐步強大，以及中國對全球政治、安全、經濟貿易的重要性的大幅度提高，臺灣的地緣策略重要性也在發生變化。

地緣政治與地緣策略的概念應該是同等意義的，所謂地緣策略，即由各種地理要素構成的政治格局地域形式，或者說是國家「制定對外政策時的地理坐標」。在地緣策略中，地理環境是影響國家政治行為的重要因素，並給國際格局打上地域特色的烙印。而地緣政治學分析的本質「正在於國際政治權力與地理環境的關係」。從歷史發展的進程審視，自西元 1648 年威斯特伐利亞體系的多極均勢格局形成以來，國際關係格局先後經歷了威斯特伐利亞體系崩潰後的兩極格局、維也納格局的多極均勢格局、巴黎體系的多極格局、巴黎體系崩潰後的兩極格局、凡爾賽——華盛頓體系的多極均衡格局、反法西斯陣營對法西斯陣營的兩極格局和雅爾達體系的兩極格局等。而戰後東亞地區的國際環境則完全受制於世界冷戰格局，以推行新殖民主義為宗旨的美國東亞策略則是其全球霸權理念在亞洲地區的展現。從完整意義上講，

第一章　緒論
第二節　從地緣政治的角度看近代史上的美日臺關係

本書的敘述主題就是雅爾達體系與冷戰格局下臺灣與美國、日本關係的演變過程。

二、近代日本對臺灣的領土圖謀

　　日本是一個典型的海洋島國，自明治時代起，日本統治集團就策定了對外擴張的海洋政策，這就注定了近代日本對海洋的重視程度遠遠超過其他國家。日本防衛大學前校長五百旗頭真認為：日本四面環海、「天然屏障」成為安全保障上的優勢，而且擁有通往世界各地的海路交通及貿易上的優勢，以及不竭的世界影響力和可以廣為利用的海洋，這樣的國家習慣上稱為「海洋國家」。但他強調：日本雖為島國，但近代走的卻不是「海洋國家」而是「大陸國家」的道路。

　　最早對臺灣懷有覬覦之心的是日本戰國梟雄織田信長和他的繼承者豐臣秀吉。豐臣秀吉統一日本後，積極向外擴張。他制定了北進中國及朝鮮半島，南占臺灣、進而向南洋地區擴張的龐大侵略規劃。16世紀後期豐臣秀吉以武力進犯琉球王國，強迫其向日本進貢，隨後把侵吞的矛頭指向臺灣。西元1593年原田孫七郎（原田喜右衛門）攜帶豐臣秀吉詔書前往臺灣誘降。豐臣秀吉諭令「高山國」（即臺灣）王，威逼其入貢。在誘降失敗後，豐臣秀吉下令準備進攻雞籠（基隆）和澎湖列島。但由於明朝早在1542年就增強了澎湖巡檢司的海防工事，豐臣秀吉武力進犯臺澎的圖謀未能實現。

　　1603年德川家康建立江戶幕府，採取更加積極的對外擴張政策。1604年山田長正率兵侵入臺灣，在多羅滿（今臺南縣）採掘金礦，來往於小琉球島（非今日之琉球群島，古代人稱臺灣為「夷洲」、「小琉球」，這裡的「小琉球島」指當時臺灣高雄南一小島，今屏東縣琉球

戰後美日臺關係關鍵 50 年 1945-1995（修訂版）

鄉），還北上攻占雞籠（基隆）。明朝得知日本侵入臺灣的情報後，隨即增兵澎湖，山田被迫撤走。

1609 年德川家康下令由薩摩藩出兵征伐琉球王國，將琉球王尚寧俘去日本，迫使其「稱臣納貢」。同時，派遣有馬晴信赴臺灣活動，尋求謀臺策略。1616 年德川家康命村山等安率兵征伐臺灣，這也是日本首次對臺大規模出兵。1616 年 5 月村山等安率戰船十三艘，三千多名士兵向臺灣進發，但其「遠征」臺灣的行動以失敗結束。此後，日本對臺灣的侵擾活動依舊十分活躍，一直到 1638 年江戶幕府實施鎖國政策後，日本對臺灣的侵擾活動才一度沉寂。

進入 19 世紀，日本對臺灣的關注有增無減。1871 年發生的八瑤灣事件為日本提供了侵占臺灣的口實。事件早已平息之後的 1873 年，日本政府欲以此為由，發起侵略臺灣、挑釁中國的軍事行動。熟悉臺灣蕃地事務的前美國駐廈門領事李仙得被聘請為日本外務省「征臺顧問」，李仙得建議以軍事手段為主，外交手段為輔，征伐臺灣。同時他也提醒日本須事先探察清政府的虛實。隨後，在李仙得等人陪同下，日本外務大臣副島種臣一行前往北京向清政府提出交涉。清政府官員駁斥了日本的無理指責，但又說：「殺人者皆屬『生蕃』，姑且置之化外，未便窮治」。日本抓住中國官員的這句「失言」，開始積極準備侵臺戰爭。

1874 年 2 月日本政府制定《臺灣番地處分要略》，將臺灣視為「無主之地」；4 月又公然設立「臺灣番地事務局」，由大藏大臣大偎重信擔任事務局長官，陸軍大輔西鄉從道任統帥兵權的事務都督。隨後組成「臺灣生番探險隊」即征臺軍，先後動員兵員 3,000 多人，由正規常備兵及「殖民兵」等組成。在此次日軍侵臺行動的初期，美國給予

第一章　緒論
第二節　從地緣政治的角度看近代史上的美日臺關係

多方助援。

　　1874年5月10日侵臺日軍在臺灣琅𤩝（今恆春）登陸；6月3日「攻踞牡丹社，並焚掠旁社多處」。日軍還在龜山建立所謂「臺灣蕃地都督府」，修建醫院、軍營、開闢道路，並向後山各處蕃社分發日本國旗，以為久踞之計。史稱「牡丹社事件」。

　　獲悉日軍侵臺後，清政府即派出船政大臣沈葆楨為欽差大臣、福建布政使潘蔚為幫辦，率領輪船兵弁入臺，增兵設防。潘蔚還親臨琅𤩝侵臺日軍「陣地」，逼其退發表灣。在臺灣軍民的堅決打擊及疾病的困擾下，侵臺日軍日趨陷入困境，「臺灣地方熱甚，兵士多病」、「該國此役糜費百餘萬元，僱用西人充兵頭，皆給重價，約六個月為期」。另外，戰事久拖亦嚴重影響列強的在臺經濟利益，最終在英美的調停下，日本被迫與清政府舉行談判。最初日本圖謀以外交手段逼迫清政府割讓臺灣東部「生蕃」地區，但遭到嚴拒。1874年10月30日簽訂《中日臺灣事件專條》，除以「撫卹」及付給修道建屋費用為名五十萬兩白銀外，《專條》還實際上承認琉球是日本的屬國；隨即侵臺日軍於12月1日撤發表灣。1875年6月強迫琉球改奉日本年號；1879年3月再強行改琉球為沖繩縣，完成了占據臺灣的前期策略部署。

　　1884年日本記者尾崎行雄就向日本政府進言稱：臺灣「取之者將控制東海而在東亞擁有非常之勢力。臺灣島之取捨，我輩政治家絕不能等閒視之」。以主張對外擴張而著稱的思想家德富蘇峰向日本政府提交《占領臺灣意見書》稱：臺灣「對於我國來說，就如同位置極為關鍵的南大門，如欲向南擴張大日本帝國的版圖，首先就必須要控制此門」。日本海軍將領中村純一郎在其向海軍軍令部長樺山資紀提交的《關於占領臺灣島的建議》中強調：「臺灣是南中國海的咽喉，日本

戰後美日臺關係關鍵 50 年 1945-1995（修訂版）

必須將其收入自己的版圖」。這些論調可謂是近代日本侵臺策略意圖的集大成者。

1890 年 12 月日本首相山縣有朋發表了旨在鼓吹對東亞進行擴張的「二線說」理論。其核心內容就是，把日本本國的疆域稱之為「主權線」；而將朝鮮半島和中國（包括臺灣在內）等鄰國的疆域稱之為「利益線」，因為它是「與主權線之安危密切有關之區域」。日本資源缺乏、國內市場狹小，要發展工業，就必須面向海外的資源產地和市場，為此，日本決意以武力建設一個「排他性經濟圈」即大東亞共榮圈。日本北進中國是著眼於掠奪資源，南進東南亞亦是著眼於資源。日本國力有限，推行由北及南的漸進策略是必然的，但最終的擴張對象卻是整個遠東地區。日本向東亞大陸及東南亞擴張的首要部署就是占據臺灣，為統一陸海軍侵略臺灣的策略部署，1894 年日本政府任命主戰派樺山資紀海軍大將出任海軍軍令部長，積極準備對臺戰爭。此後，日本朝野大肆鼓吹「臺灣＝（日本的）南進據點論」，不斷渲染侵占臺灣的浪潮。

1894 年日本發動甲午戰爭，不僅透過戰爭獲得了第一塊海外殖民地——臺灣及澎湖列島，更重要的是，第一次與中國交手的結果，使它澈底消除了對這個亞洲巨人的敬畏，從此在征服中國的道路上，開始了它「居高臨下、恃強凌弱的殖民掠奪」。占據臺灣不久，臺灣第二任總督桂太郎建議以臺灣為跳板進一步擴張：「……臺灣之地勢，不獨對中國南部，更是對南方群島伸張羽翼的絕佳位置」。隨後，日本決意把臺灣建設成向東南亞及太平洋擴張的「南進基地」。

第一章　緒論

第二節　從地緣政治的角度看近代史上的美日臺關係

三、近代美國對臺灣的策略圖謀

美國對策略地位重要且物產豐富的臺灣早已注意，臺灣不但土地肥沃，「禾稻不肥而長，物產繁滋」，資源礦產豐富，「磺、煤、樟腦、水藤、糖、蔗、靡不充餘」。其策略地位亦非常重要，若占有臺灣島不僅有效控制臺灣海峽，同時具有西望中國、北眺朝鮮半島、南下直通東南亞、東抵日本列島的地緣策略優勢。自18世紀末起，隨著對臺灣的逐漸認識與了解，美國開始企圖「掠奪臺灣之經濟，霸占臺灣之領土，統領臺灣之民智」。1847年和1849年美國軍艦多次侵入基隆港，企圖攫取當地出產的煤炭做燃料。1853年至1854年美國東方艦隊司令佩里以營救遇難美國人為名，率軍艦前往臺灣進行詳盡的調查。培里隨後上書美國政府指出，臺灣「直接地面對著中國的許多主要商業口岸，只要在該島駐泊足夠的海軍，它不但可以控制這些口岸並且可以控制中國海面的東北入口」。此外，培里還建議在臺灣建立一個與香港、新加坡相匹敵的美國商業集散地。1854年美國商人赫里斯寫信給美國國務院，建議「強迫購買」臺灣，使之成為美國領土。1856年底英法分別藉口「亞羅船事件」和「廣西西林教案」向清政府發難，發動第二次鴉片戰爭。美國駐華公使彼得・伯駕致函美國國務院，建議與英法聯手，「法國即可占領朝鮮半島、英國再行占有舟山，美國占據臺灣」。1857年2月27日伯駕與美國東印度艦隊司令阿姆斯壯在澳門商討了「在臺灣土地上升起美國國旗的策略及法律問題」。

1858年6月美英法俄等列強脅迫清政府簽訂《天津條約》，臺灣的安平（今臺南）、滬尾（今淡水）、打狗（今高雄）、雞籠（今基隆）等港口成為開放的通商口岸。自此，美國勢力開始滲入臺灣島內，美國商人在臺灣修建港口，還取得樟腦的專賣權，美國海軍甚至還在打

戰後美日臺關係關鍵 50 年 1945-1995（修訂版）

狗（高雄）升起了美國國旗。

在伯駕等人的思維中，臺灣似已被認定是美國合法擁有的「海外飛地」。因此，當 1857 年 3 月 20 日英國遠東海軍司令塞末爾上將表示出「對臺灣的興趣」時，伯駕竟然致函英國駐華公使包令提出「嚴正地抗議」。但基於美國當時的實力，伯駕也不得不承認：「在目前美國海軍實力的條件下，我們實行侵臺，因而使中國政府對五口內的美僑採取敵對行動，則我們將無法保護這些美僑」。

雖然美國南北戰爭剛剛結束，國力猶有未逮，但其攫取臺灣的野心並沒有收斂。1867 年 3 月美國商船「羅佛號」從福建汕頭開往牛莊（今遼寧營口）途中，遭遇海上颶風漂流至臺灣島南端的七星岩觸礁沉沒。「羅佛號」船長亨特夫婦及船員 10 餘人在琅𤩝一帶登陸後，誤入龜仔角原住民科亞人地區。科亞人在歷史上曾多次遭受外來白人的殘酷屠戮，由此，科亞人將這些誤入部落領地的白人視為入侵之敵大多擊斃（史稱「羅佛號」事件）。鑒於軍力不及，在美國的請求下，英國派出停泊在安平港的「柯鷹號」軍艦趕赴出事地點。3 月下旬「柯鷹號」到達龜仔角後英兵登島搜尋，被英勇善戰的科亞人擊退。

隨後，美國駐廈門領事李仙得奉命趕赴福州，要求閩浙總督和福建巡撫嚴懲兇手；美國駐華公使蒲安臣亦在北京向清廷總理衙門提出抗議並要求查辦；6 月美國海軍少將貝爾奉命率領由兩艘軍艦、181 名海軍陸戰隊員組成的特遣艦隊駛往臺灣。美軍在龜仔角遭到科亞人的痛擊，傷亡慘重。後經臺灣鎮總兵劉明燈的允可並徵得科亞人的同意，10 月李仙得深入「番地」深處，與科亞人首領卓杞篤面議約定：卓杞篤所屬部落善待西方國家難民、外國船員不得進入村莊和射獵區山嶺。李仙得後來多次進入臺灣，成為所謂的「臺灣通」。

第一章　緒論

第二節　從地緣政治的角度看近代史上的美日臺關係

　　美國鑒於其尚不強盛的國力現況，遂又制定「以日制華」的策略，挑起中日圍繞臺灣的爭端，以圖「火中取栗」之實。美國駐日公使德朗在致美國國務院的密函中稱：美國支持日本不僅可以離間日本和中國，還可將臺灣、連同朝鮮半島一併置於「同情西方列強的一個國家（指日本）的旗幟下」。如上所述，在 1874 年日本武力侵臺之際，美國公使德朗對日本外務大臣副島種臣說：臺灣「土地膏腴，米、蔗糖等產量豐富，礦坑也有幾所⋯⋯臺灣蕃地雖系中國所管轄的區域，政令卻不行，可謂無常主之地，誰敢取之則誰均可據為己有」。在德朗的推薦下，副島種臣聘請李仙得為外務省征臺顧問。

　　李仙得不僅熟悉臺灣島內狀況，會講閩南話，還攜帶有其多年蒐集之全套臺灣地圖、航海圖表及其深入島內拍攝的大量照片等，對日本侵臺極有參考價值。他對日本政府稱：「中國視福摩薩如異域，可任任何一國管轄，我認為在亞洲國家中，屬日本管轄最合適。請貴國取之，我願盡力協助」。1873 年 2 月李仙得隨同副島種臣一行來華期間，參與日本密謀，以清朝官員的「化外」、「未便窮治」等語為由，使其作為中國承認臺灣是無主之地的「證據」。李仙得不僅參與《臺灣番地處分要略》（1874 年 2 月 6 日頒布）的制定，還成為「臺灣蕃地事務都督」西鄉從道的重要助手。除李仙得及多位美國軍官之外，美國太平洋郵輪公司「紐約」號運輸日軍前往臺灣；日本還購進美國商船「沙夫茨堡」號並改名「杜寮丸」，專門運送侵臺日軍；美國「蒙諾加賽」號軍艦艦長康茲甚至率美國軍艦隨日本兵船侵入琅嶠灣。至於美國為日本侵臺提供的軍火更是不計其數。

　　在侵臺日軍即將出動前夕，講究現實利益的美國政府改變策略，反對日本的侵臺行動，甚至撤換了駐日公使德朗，又禁止美國商船運

戰後美日臺關係關鍵 50 年 1945-1995（修訂版）

送侵臺日軍。1874 年 10 月 30 日《北京專條》簽約，雖然侵占臺灣行徑未能如願，但日本攫取了琉球群島這一重要策略要塞。

日本自臺灣退兵，亦使美國「假日本之手奪取臺灣的陰謀」就此破滅。但在 1899 年美國占據菲律賓以前，美國仍非常需要「正迅速躋於東亞的領導地位」，並「持有開啟東方鑰匙」的日本成為其東亞擴張的「策略夥伴」。故在日本發起侵吞朝鮮半島、臺灣的戰爭時採取袒護日本的政策。「美國政府對日本的幫助已經不亞於一個同盟了」。

美國不斷在西太平洋擴張其勢力，1897 年 6 月 16 日美國與夏威夷簽署合併條約；1898 年 8 月 12 日夏威夷正式成為美國的領地。1898 年 4 月 22 日美西戰爭爆發，12 月西班牙被迫將菲律賓「轉讓」給美國。美國占據菲律賓，不僅獲得進一步向東亞大陸擴張的跳板，同時亦對日本南進構成巨大阻礙。此時的日本已於 1895 年透過甲午戰爭占據臺灣，亦阻止了美國攫取臺灣的進程，但美國始終沒有放棄對臺灣海峽地域的策略圖謀。

由於美國「不願意讓一個敵對的強國主宰東亞」，此後，美國以菲律賓和夏威夷為依託在西太平洋擴張。但直到 1941 年太平洋戰爭爆發之前，鑒於日本軍事實力的增強，美國沒有亦無法對臺灣投入太大的「關注」，也沒有挑戰日本對臺灣的占據。而且，鑒於日本占據臺灣的現實，美國採取姑息政策，將對臺策略納入到對日關係中考慮，對中政策不僅不考慮臺灣因素，反而要考慮日本因素。總之，甲午戰爭後，美國將對臺關係納入到對日關係中來考慮，從而形成了奇怪的「旭日形象」。

第二章　戰後初期臺灣與美日關係形成的歷史背景

　　1944 年 7 月布雷頓森林協定及 1945 年 4 月雅爾達體系標誌著二戰後國際政治、經濟新秩序得以確立；1947 年 3 月「杜魯門主義」的提出則標誌著冷戰的開始。從此美蘇對抗取代美蘇合作，兩國爭奪勢力範圍的冷戰烏雲從歐洲蔓延到亞洲乃至籠罩全球。這就是戰後美日臺關係得以形成的重大歷史背景，同時，服從於冷戰格局的美日臺關係體系勢必成為美國實施其東亞策略的重要機制。

戰後美日臺關係關鍵 50 年 1945-1995（修訂版）

第一節　雅爾達體系
　　　　——冷戰格局與新殖民主義

一、美蘇兩極格局與美國全球策略的形成

在二戰進入策略反攻階段後，美英蘇中等盟國就確立戰後國際新秩序問題進行了一系列集體協商。1944 年 7 月 12 日制定《布雷頓森林協定》（美國新罕布夏州布雷頓森林），為戰後國際貨幣金融體系的確立奠定了基礎。1945 年 2 月 4 日至 11 日羅斯福、史達林和邱吉爾在蘇聯克里米亞半島雅爾達舉行三國首腦會議，最後簽署《克里米亞公報》，宣告了新的國際關係體系——雅爾達體系的正式形成。

二戰結束不久，美蘇圍繞一系列國際問題發生嚴重對立，美蘇戰時同盟關係迅速為一種對抗性關係所取代。1945 年 4 月羅斯福總統病逝，杜魯門繼任總統伊始便宣稱「全世界應該採取美國制度」。1946 年 3 月 5 日英國前首相邱吉爾在美國密蘇里州富爾頓發表「鐵幕演說」稱：「從波羅的海的什切青到亞得里亞海邊的裡雅斯特，一幅橫貫歐洲大陸的鐵幕已經降落下來」。9 月 24 日美國政府發表《美國與蘇聯關係報告書》（史稱《克利福德報告書》），建議美國應首先採取步驟，制止蘇聯進一步的擴張。

1947 年 3 月 12 日杜魯門在國會聯席會議上發表演說，公開提出以干涉別國內政為旨意的「杜魯門主義」。它既是美國在全世界擴張勢力的宣言書，也是對蘇聯等社會主義國家發動全面冷戰的宣言書。1947 年 6 月美國實施援助歐洲的「馬歇爾計畫」。到 1947 年下半年，以美蘇相對抗的兩極格局基本形成。如此，美蘇在意識形態上尖銳對

第二章　戰後初期臺灣與美日關係形成的歷史背景
第一節　雅爾達體系──冷戰格局與新殖民主義

立；在經濟上互相封鎖；在軍事上則相互威懾。1949年8月以美國為首的北大西洋公約組織成立，在歐洲大陸「形成了一個遏制蘇聯、東歐的包圍圈」；1955年以蘇聯為首的華沙條約組織成立，形成兩大軍事集團的對峙局面。

自1950年2月14日中蘇簽訂《中蘇友好同盟互助條約》後，不僅使「期待中蘇關係很快破裂的美國決策者失望之極」，亦顯示冷戰狂飆從歐洲蔓延至東亞地域。本來，美國一度宣布臺灣和朝鮮半島不在其東亞防禦範圍，採取了「脫身」策略。然而，由於中蘇同盟的出現，「美國對臺灣和遠東的政策便開始悄悄地發生了變化」。由此，當年6月韓戰爆發後，美國便認定這場戰爭是在中蘇的支持下發生的。而美國「不能容忍中國在政治、經濟和軍事上進一步崛起，成為亞洲的蘇聯」。可見，美國迅速介入韓戰「雖然帶有一定的偶然性，但其背後卻存在著美國捲入戰爭的政策和理念的基礎。這個基礎就是世界冷戰格局的出現，特別是中國加入以前蘇聯為首的社會主義國家陣營而導致冷戰在遠東的出現」。

冷戰格局下，美國在政治上拒絕承認中華人民共和國並極力阻止其進入聯合國，並恢復對臺灣國民黨當局的經援和軍援。在經濟上透過「巴黎統籌會」等機構對中共實施比對蘇聯和東歐社會主義國家更加嚴厲的封鎖，並一直持續1960年代末。在軍事上透過與臺灣及日韓澳等國簽訂雙邊或多邊條約，「對中華人民共和國實施策略與安全上的威懾」。美國甚至把臺灣視為其西太平洋上一艘「不沉的航空母艦」。

1951年1月4日時任美國國務院顧問杜勒斯稱：「美國在太平洋地區的防禦範圍，不能脫離日本──琉球群島──臺灣──菲律賓──澳洲這一島鏈線」；1965年2月升任國務卿的杜勒斯進一步擴

戰後美日臺關係關鍵 50 年 1945-1995（修訂版）

充其島鏈概念,將臺澎列島亦正式納入其島鏈策略範疇。此後,漸次形成對中遏制、防衛美國的三大島鏈。第一島鏈北起位於西太平洋、靠近亞洲大陸沿岸的阿留申群島、日本群島、球球群島、菲律賓群島、印尼群島等。其中日本群島自東向西南呈弧形延伸,事實上把守著中國進入太平洋的大門。臺灣島位於第一島鏈的中心,是該島鏈距中國最近的一環。第二島鏈則源自南方諸島、馬里亞納群島、雅浦群島、帛琉群島及哈馬黑島等,其中,關島是美國在西太平洋最大的軍事基地。第三島鏈主要由夏威夷群島組成。它是美國本土防禦前線,是支援亞太美軍的策略後方。三大島鏈層層包圍中國,整個中國近海區域,如黃海、東海、南海、都成為半封閉的海域。美國同時從朝鮮半島、臺灣海峽和印度半島三個方向對中國實施強硬的策略遏制。如 1950 年代美國航母一度進駐臺灣並祕密部署核武器。

　　二戰期間,美國得到了最大的戰爭收益。二戰後,歐洲的復興、中國的發展與日本的重建都有賴於美國的資本和技術。為對抗蘇中等社會主義國家,美國開始制定新的全球經濟策略,即在歐洲復興德國、在亞洲復興日本。1946 年 3 月美國國防部長霍姆斯 · 福雷斯特爾、助理國務卿迪安 · 艾奇遜等先後建議美國應該促使德日經濟的恢復。在反覆醞釀後的基礎上,由國務院、陸軍部和海軍部組成的三部協調委員會最終把實現多邊主義和世界貿易復興的美國政策置於作為歐洲和亞洲地區性「工場」(work-shop) 的德國和日本的復興之上。這樣,在復興德國和日本的新策略基礎上,最終,美國的全球經濟策略終於形成。

　　美國學者威廉 · 博登在《太平洋聯盟:美國外交政策和日本貿易復甦 (1947-1955)》(1984 年) 一書中將美國全球經濟策略進一步概

第二章　戰後初期臺灣與美日關係形成的歷史背景
第一節　雅爾達體系——冷戰格局與新殖民主義

括為：美國謀求建立由工業和資本主義國家組成的具有三極的同盟體系；美國為西半球的生產中心，日本為亞洲的生產中心，歐洲（尤其是西德）則是歐洲、非洲和中東的生產中心。其他一切都將產生於三個生產極之間和三極與其周圍地區之間的結構關係。美國透過與西德組成「大西洋同盟」而控制歐洲、非洲和中東經濟，與日本組成「太平洋同盟」而主宰東亞經濟。為實現美日共同主宰東亞經濟的策略目標，美國首先積極支持日本經濟復興，使其恢復「亞洲工廠」的地位和作用。即（1）將日本經濟與美國經濟相結合，即把美國的原料、資金、技術投放日本市場，擴大日本的生產規模，再讓日本利用美國資源生產的商品打入英、荷、法的傳統東南亞市場，以所得收益支付從美國的輸入品從而充當美國對外輸出的馬前卒。（2）使日本在經濟上與東南亞相結合，從而阻止日本與中國和北韓恢復傳統經濟關係以遏制社會主義國家的經濟發展。「太平洋同盟」旨在經濟上既保證一個有利於美國生產者的全球經濟的形勢，在政治上又保證一個有利於美國的均勢。

　　1950 年代美國主導下的美日臺關係發展迅速，形成密切的政治、經濟及軍事合作體系。而中日僅存有民間層次的「貿易關係」；經過韓戰較量的中美亦嚴重對立。1960、1970 年代以後，隨著中蘇分裂及中日、中美關係正常化，集團對抗的兩級冷戰體制又為中美蘇大三角的國際格局所取代。在這個三角格局內，又有中美日、中日蘇、日美蘇等小三角關係的存在，使亞太地區成為大國利益交織最為密集、大國關係最為複雜的地區。這一複雜的大國關係結構處於亞太地區這個利益與矛盾的系統空間內，系統內各行為主體緊密聯繫、相互依存、彼此競爭，形成了錯綜複雜的網狀關係和相互制約的策略格局。由此可

戰後美日臺關係關鍵 50 年 1945-1995（修訂版）

見，冷戰格局下的東亞嚴峻形勢是催生美日臺關係的直接外部動因，就美國推行其東亞遏制策略的動機而言，「共產主義在亞洲的發展，嚴重損害了美國的利益」。

臺灣在戰後與美日的經濟合作中，不僅「使臺灣經濟溶入美國自由經濟的資本主義體系中，也使臺灣當局在瀕臨滅頂之災又復活起來」。日本更是在美國的強力扶持下，經濟實力迅速恢復。戰後初期日本作為美國的「亞洲盟友」，積極配合美國的亞洲策略，以所謂戰後賠償為平台，對東南亞地區實施經濟滲透。由於歷史的因素，華僑經濟勢力始終在東南亞地區有很大影響，戰後臺灣總督府就積極推動臺灣籍民到此地移民或經商，充當日本經濟擴張的「尖兵」。按照美國的東亞策略安排，臺灣仍然是日本進入東南亞地區的「橋頭堡」。1951 年 9 月「美日安全條約」、1952 年 4 月「日臺和約」相繼簽訂後，美國東亞策略的前期部署基本完成，美日臺關係發展迅速。

二、戰後美國推行「新殖民主義」

戰後美日臺關係中所呈現出的美國對日臺（包括對韓國等東亞國家）的社會改造、以及美日聯手對臺灣的經濟控制，儼如新殖民主義在戰後臺灣的「實踐版」，是一種很特殊的、表面為平等形式而實則不平等的「三邊關係」。戰後初期英、法、荷等國企圖在東南亞恢復舊的殖民統治版圖，但戰後經濟實力居絕對優勢的美國予以強力阻止。美國欲在東亞地區實施新殖民主義，即對其勢力範圍國家與地區實施與殖民地統治相似的一系列殖民政策，但並不擁有實質意義上的殖民地。

針對二戰後歐美對非洲的政經滲透，加納前總理恩克魯瑪曾指

第二章　戰後初期臺灣與美日關係形成的歷史背景
第一節　雅爾達體系——冷戰格局與新殖民主義

出:「新殖民主義已經代替殖民主義而成為帝國主義的主要工具⋯⋯新殖民主義的實質是,在它控制下的國家從理論上說是獨立的,而且具有國際主權的一切外表。實際上,它的經濟制度,從而它的政治政策,都是受外力支配的」。中國學者樊亢認為:「新殖民主義是帝國主義在戰後舊殖民主義體系瓦解後,為維護其既得利益,對已經獲得政治獨立的發展中國家推行的一種新的剝削與掠奪方式」。英國學者傑克・沃迪斯也指出:新殖民主義的一個主要目的是防止前殖民地走向社會主義,阻止其脫離資本主義軌道。帝國主義正在致力使前殖民地「沿著資本主義道路前進,並且公開鼓勵與促進新的資本主義力量,他們希望新的資本主義力量將有助於完成這個任務,同時又不讓其強大得足以結束對帝國主義的依賴。這也是新殖民主義的一個本質特徵」。沃迪斯強調,新殖民主義的中心內容是新殖民主義經濟政策,新殖民主義的目的之一就是保持帝國主義與發展中國家之間的以往存在的經濟關係。「基本上講,新殖民主義的各種形式旨在達到兩個主要目的:為外在大國的利益——經濟、軍事、政治——服務;在發展中國家創造內在的條件,這些條件有助於使政治權力掌握在那些準備與帝國主義合作並且最適合推行這種合作的社會階層手中。這個內在目的對於帝國主義新策略的成功運作是必不可少的」。美國出於其世界霸權策略,成為戰後世界範圍內新殖民主義的主要推行者。

　　世界歷史發展的不平衡是新殖民主義存在的一個條件,臺灣與美日的交往關係中隱現的一些「不平等」模式特徵,完全符合新殖民主義的理論架構。縱向看,戰後美國不僅扶植日本經濟復興,還以美日合作形式長期獨占臺灣及東亞其他國家的經濟市場。還有,戰前日本殖民統治下形成的臺灣產業結構,形成戰後臺灣經濟長期依賴日本的

戰後美日臺關係關鍵 50 年 1945-1995（修訂版）

羈絆。橫向看，則是當代資本主義發展的必然，只要資本主義存在，就有新殖民主義產生的根源。「新殖民主義是由現代壟斷主義本質決定的，是壟斷資本主義對外關係的一種展現。壟斷資本的本質為了追求高額利潤，壟斷資本需要市場、原料和投資場所」。如此，美國實施的新殖民主義既否定了西歐殖民主義者對東亞的獨占性，又排除了新獨立的國家對舊殖民主義經濟關係的干涉。從而實現商品和資本能暢通無阻地透過東亞國界的願望，進而導致美國對東亞商品市場、投資場所和原料產地的全面占有。

美國在東亞地域推行新殖民主義的目的更多是政治性，即把臺灣納入敵視中共的西方陣營；日本追隨美國對臺策略則是出於政經夙願，驅使已脫離其殖民統治「籠笆」的臺灣繼續沿襲戰前殖民地發展形式，長期作為日本的產品銷售市場、原料供應市場和資本投資場所。為此，日本積極配合美國，對臺灣社會經濟的發展過程進行多方面的控制與干涉。臺灣戰後經濟恢復與經濟發展，有很大程度上是受「美援」的影響而致，依照美國的「要求」，臺灣當局推行了資產階級性質的土改，保留並發展了本土資本的經濟實力，使其成為影響臺灣社會經濟發展的一股重要勢力。

美國學者斯塔夫里阿諾斯說：「如果說殖民主義是一種憑藉強權來直接進行統治的制度，那麼新殖民主義就是就是一種讓予政治獨立來換取經濟上的依附和剝削的間接的統治制度」。1960 年代中期，經濟逐漸回覆的日本開始取代美國對臺灣進行「經濟援助」，日本企業開始對臺大量投資，漸次加強日本對臺灣經濟的獨占性控制。簡言之，新殖民主義的模式就是「用經濟力量，爭奪或建立經濟殖民地」，這非常切合戰後美日臺關係的發展過程。如美日聯手在出口貿易、技術開發

第二章　戰後初期臺灣與美日關係形成的歷史背景
第一節　雅爾達體系——冷戰格局與新殖民主義

等方面控制臺灣,並形成日本提供中間材料——臺灣加工——出口美國的三角經濟模式;美日大企業進入島內,控制了臺灣主要經濟領域的命脈;其他,在高科技、新能源等方面均為美日資本控制,臺灣儼然是美日的「新殖民地」。

其實,美國最初計劃先在中國推行新殖民主義,故在二戰末期美國就確立「扶植和控制蔣中正,把以中國為軸心的亞洲納入美國勢力範圍的亞洲策略」。隨即對國民黨的援助力度亦急遽提高,僅在 1945 年抗戰勝利前半年,美國援華總額就達 4 億多美元,數倍於前幾年的總和。美國的初步策略設計是:「以國民黨統治的中國為試點和重點在全東亞推行新殖民主義,以其強大的經濟實力主宰東亞經濟;澈底消除日本的戰爭和經濟競爭潛力以防止它東山再起,確保自己獨霸東亞經濟的前景不受威脅」。早在 1942 年 3 月至 5 月,以美國助理國務卿戴維斯為首的戰後對外政策諮詢委員會就提出美國要以中國為主要盟友,建立一個至少能維持 20 年有效的太平洋安全體系的設想。為防止日本在戰後再度成為軍事強權,美國還企圖使中國成為「看管日本的力量」。為使中國配合其構築戰後東亞秩序構想,美國不僅支持臺灣回歸中國,甚至主張將香港主權交還中國。但美國促使日本交還臺灣,其出發點絕不是基於中國的民族和國家利益來考慮的。美國的策略目標就是以美式民主政治來改造中國,並使其「能在國際鬥爭中站在美國的一方」。

只是歷史發展的規律大大超出美國決策者的預料,1949 年 10 月 1 日中華人民共和國誕生;國民黨退據臺灣;1950 年《中蘇友好同盟互助條約》簽約 (2 月 14 日) [46];韓戰 (6 月 25 日) 爆發等等。這一系列的重大事件促使美國改變其既定的東亞策略,轉而扶植日本、

臺灣及東南亞國家,形成遏制中國的策略包圍圈。

第二節　冷戰格局下美國對臺灣的策略考慮

一、1940 年代末至 1950 年代初的美國對臺政策

　　二戰尚未結束的 1945 年 4 月 12 日美國總統羅斯福因病逝世,副總統杜魯門繼任總統。杜魯門任總統期間,正是美國戰後對臺政策的緣起與戰後美臺關係形成的最重要時期。羅斯福總統的首席外交顧問霍普金斯當時認為,由於戰後日本可能重新成為美國的敵人,美國需要在菲律賓、臺灣以及任何美國願意的地方建立軍事基地。美國的目標是要中國成為依靠美國的一個亞洲大國,這樣,源於日本和美國在亞洲的角逐和較量,臺灣再度成為美國所注意的地方。在開羅會議後的德黑蘭會議期間(1943 年 11 月),霍普金斯再次提醒羅斯福總統:「在臺灣回歸中國之後,亦應考慮在島上建立海、空基地事宜」。但隨著國民黨在中國的敗退,致使美國戰後初期的對臺政策發生相當巨大的變化。

　　至 1949 年,美國政府及軍方均認為繼續實施對臺灣國民黨當局的軍事、經濟援助是不明智的;9 月 23 日美國參謀長聯席會議決定不再派軍事代表團到臺灣,美國也不阻止中國人民解放軍登陸臺灣;10 月 20 日美國國家安全委員會宣布:「美國政府不打算使用任何武裝力量干涉臺灣」;杜魯門亦同時強調:「臺灣的策略價值並不成為美國軍事行動的理由」。至 12 月美國最高決策層確定:「軍事占領臺灣不符合美國的國家利益」。由臺灣「脫身」的策略趨向相當明晰。

第二章　戰後初期臺灣與美日關係形成的歷史背景
第二節　冷戰格局下美國對臺灣的策略考慮

　　但美國並未放棄臺灣，它只是對國民黨失去「耐心」。1945年10月25日臺灣光復後，美國在臺北設立總領事館，以表示支持國民黨政府對臺灣的管轄。但在1947年「二二八事件」爆發時，美國駐臺總領事館公然介入「臺獨」活動。3月3日美國駐臺北總領事館向華盛頓建議，以目前臺灣在法律上還是日本的一部分為由，用聯合國的名義進行直接干涉，同時向中國保證，待有了一個「負責的中國政府」後再歸還中國。這是「臺灣地位未定論」和「聯合國託管」方案的先聲。美駐臺北副總領事兼駐淡水領事喬治‧克爾甚至在美國領事館內召開「臺灣人民代表大會」，公開支持廖文毅等「臺獨」分子。但美國政府為避免引起與國民黨當局的外交糾紛，特意提前召回克爾。因為，這一時期美國政府「不支持任何把臺灣從中國分裂出去的提案」。5月26日卸任回國的克爾向美國國務院遞交報告建議：為了防止臺灣被共產黨所控制，臺灣必須置於聯合國或美國監督之下。同年8月美國總統特使魏德邁赴臺調查後亦稱：「有跡象表明臺灣人對美國監護或聯合國託管是會接受的」。臺灣省主席魏道明立即對此予以強烈駁斥。美國駐臺北總領事克倫茨舉行記者招待會進行「闢謠」，事態始得平息。

　　隨著中國內戰局勢的急遽變化，美國對臺灣的未來走向日趨關注。1948年9月7日美國國務院政策設計委員司提出一份「重審並制定美國對中政策」的備忘錄（編號為PPS39），承認國民黨在中國的失敗，但美國應繼續承認國民黨政府。事實上，正是基於美國政府及軍方對臺灣重要策略地位的既定考量，才構成了韓戰後美國對臺政策的重大調整。

　　由於國民黨的迅速潰敗，美國以中國為據點在東亞地區推行新殖民主義的規劃完全落空。1949年1月19日美國國家安全委員會向白

戰後美日臺關係關鍵 50 年 1945-1995（修訂版）

宮提交一份《美國對「福摩薩」（臺灣）的立場報告》稱：「美國的基本目標是不讓臺灣和澎湖落入共產黨手中。目前為達此目的的最實際手段是把這些島嶼和中國大陸隔離開」。美國軍方認為臺灣對於美國在西太平洋的安全有重要的策略地位：(1) 在中國大陸易手之後，美國即失去利用中國其他地區作為軍事基地的可能性，因而臺澎地位更加重要，必要時可以用作策略空軍行動的基地，並據以控制鄰近的航道；(2) 如果為「不友好的」力量所控制，一旦發生戰爭，「敵人」就可以利用它控制馬來亞地區到日本的航道，並進而控制琉球及菲律賓；(3) 目前臺灣是日本糧食和其他物資的主要來源地的重要供應地，如果切斷這一供應來源，日本就會成為美國的負擔而不是資產。為此，參謀長聯席會認為，「透過外交和經濟手段，不讓共產黨統治臺灣，從而保證其留在對美國友好的政府手中，是符合美國的策略利益的」。

1949 年 3 月麥克阿瑟在東京宣稱「在對日和約簽訂之前，臺灣仍屬於盟軍總部」；4 月初美國駐臺北代理總領事在臺北公開表示：「臺灣應包括在美國防禦體系之內」。4 月 15 日美國國務院新聞事務特別助理麥可‧麥克德莫公然將「臺灣的地位」與「戰時的庫頁島」相提並論，聲稱「其最後地位將由一項和約決定」。這是美國政府密謀已久的「臺灣地位未定論」的首次官方亮相。6 月麥克阿瑟正式向國民黨政府駐日本代表團建議，將臺灣交盟軍總部和聯合國代管；10 月美國國務院建議臺灣交聯合國託管。美國參議員史密斯等人進而提出在臺灣組成由美國人、國民黨人和「臺灣人」的聯合政權。

1949 年 4 月 23 日國民黨政府南遷廣州；12 月 7 日再由廣州遷至臺北；12 月 11 日國民黨中央黨部也遷入島內。蔣中正於 1950 年 3 月 1 日「復任總統職」，再次確立其在島內的獨裁統治。

第二章　戰後初期臺灣與美日關係形成的歷史背景
第二節　冷戰格局下美國對臺灣的策略考慮

　　此刻，美國政府意識到「透過外交和經濟手段來防止臺灣失陷」的方針是不能奏效的。國民黨已經「失去」整個大陸，臺灣進一步落入共產黨手中也僅僅是個時間問題。美國決定面對現實，準備從臺灣問題上「脫身」。但美國同時更期待毛澤東成為東方的「狄托」而轉向反蘇，為此，美國應該在臺灣問題上作出一點高姿態。為引導中國按照美國離間中蘇關係的「楔子」策略構思發展，1949 年 12 月 19 日艾奇遜國務卿主持美國國家安全會議並透過一項決議，決定美國軍事力量不直接捲入臺灣防務。12 月 23 日美國國務院制定《關於臺灣的政策宣傳指示》（史稱「第 28 號密令」），要求各駐外機構予以執行。這標誌著美國即將施行拋棄臺灣國民黨當局的「脫身」策略。

　　1950 年 1 月 5 日杜魯門發表聲明，重申 1943 年《開羅宣言》、1945 年《波茨坦公告》的精神，承認臺灣已歸還中國，美國無意在臺灣取得特權或建立軍事基地，無意「在目前形勢下」進行軍事干涉，也不會向臺灣提供軍事援助。1 月 12 日國務卿艾奇遜發表著名的「劃線」講話，正式把臺灣（另包括朝鮮半島）劃出美國的東亞「防線」之外。史實證明，美國決策者的承諾往往是「靠不住的」。杜魯門雖聲明不提供軍援，但卻表示「美國政府擬依照現有法律權力繼續進行目前的經濟合作署的經濟援助計畫」。在 4 月魯斯克出任國務卿後，則積極主張增加對臺灣的援助。美國軍方則堅持恢復軍援，5 月 25 日美國國防委員會批准對臺軍援；美國軍方不僅要求按「公共法」第 472 條給臺灣一億二千五百萬美元的援助，還催促國務院按所謂美臺《互助防禦法》（1949 年 10 月 6 日國會透過）給臺灣七千五百萬美元的援助。5 月 26 日美國副國務卿魏布斯密電指示美國駐臺大使稱：在出現緊急情況時，美國大使館應有秩序地撤發臺灣。美國軍方預計臺灣「大約

戰後美日臺關係關鍵 50 年 1945-1995（修訂版）

將於 1950 年底置於中國共產黨控制之下」。

1950 年 2 月 4 日《中蘇友好互助同盟條約》在莫斯科簽訂，美國施行「楔子」策略的企圖就此破滅。美國開始重新調整其對臺策略安排，雖然當時國務院與軍方仍存在分歧，但完全「是為了離間中蘇關係而產生的策略上的分歧」。6 月 25 日韓戰的爆發，更促使美國加快這一過程。美國當初將臺灣交還中國的策略設想是：「中國將在戰後成為其在東亞的一個支柱性的盟國，臺灣將掌握在一個親西方的中國政府手中」。但韓戰促使美國對臺政策「澈底改變」。6 月 27 日杜魯門發表聲明（史稱「六二七聲明」），宣布派遣第七艦隊封鎖臺灣海峽，並公開聲稱：「臺灣未來地位的決定必須等待太平洋安全的恢復，對日和約的簽訂或經由聯合國的考慮」。「六二七聲明」亦表明美國「擺出了威脅中國的策略態勢」。

臺灣當局對於杜魯門聲明實際上承擔保護臺灣免遭中國進攻的責任表示歡迎，但同時也對其中「含有將臺灣置於國際共管之下的意思」感到擔憂。6 月 28 日蔣中正兩次召集高級幕僚商議對策，會後授權臺灣「外長」葉公超發表聲明稱：「臺灣係中國領土之一部分，此乃有關各國所公認」、美國政府之提議「當不影響開羅會議關於臺灣未來地位之決定，亦不影響中國對臺灣之主權」。

中國總理兼外長周恩來於 1950 年 6 月 27 日、6 月 28 日和 8 月 24 日三次向聯合國提出強烈抗議，要求美國遵守開羅宣言，立即把第七艦隊和一切武裝部隊撤離臺灣和臺灣海峽。11 月 28 日中國代表伍修權在聯合國安理會上嚴正控訴美國侵占臺灣並提出建議：安理會立即採取有效措施，使美國政府從臺灣完全撤出它的武裝侵略力量，以保證太平洋與亞洲的和平與安全。可見，韓戰澈底改變了美國的臺海

第二章　戰後初期臺灣與美日關係形成的歷史背景

第二節　冷戰格局下美國對臺灣的策略考慮

政策，不但使中共在1950年代提出的解放臺灣的方針成為不可能，而且也宣布了美國對臺「脫身」意圖的失敗。

在重新「防衛」臺灣的同時，12月3日美國宣布對中國（包括香港、澳門）實施貿易禁運。美國還企圖使臺灣問題「國際化」，形成兩岸永久「分裂」局面。美國一方面阻撓中國統一臺灣，另一方面亦不允許國民黨軍隊反攻大陸，其製造「兩個中國」的策略圖謀開始確立。1953年4月2日美國把1949年以來設在臺灣的「臨時代辦處」升格為美國駐臺灣「大使館」，這就更表明美國製造「兩個中國」的決心。

1953年1月20日艾森豪就任第34屆總統，杜勒斯就任國務卿。3月6日美國《新紐約時報》透露杜勒斯密謀策劃由聯合國託管臺灣的內幕，引發臺灣的強烈抗議。2月2日艾森豪發布命令稱「不再使用第七艦隊來封鎖共產黨中國」；美國國務院對臺灣駐美「大使」顧維鈞就這一政策的解釋是：臺灣軍隊「對共產黨大陸可以按照他們的意願採取任何行動」。其意就是允許國民黨軍隊反攻大陸，此即「放蔣出籠」政策。但美國駐臺「大使」蘭金又奉命「告誡」蔣中正，希望臺灣不要對大陸進行任何重大的進攻。同時助理國務卿艾里遜向國民黨駐美「大使」表達了同一希望。這反映了美國製造兩岸「分裂」的真實圖謀。

美國此時已確定「將臺灣作為自由中國替代共產黨中國的中心」的「兩個中國」的政策，具體策略是，「保持國民黨政府的存在，並宣布其為中國合法政府；發展為一個在臺灣的中國國家。這個國家將日益強大並成為有吸引力的反共基地」。美國「兩個中國」的政策還明顯地展現在美臺「共同防禦條約」（1954年11月2日簽訂），這個條約公然把臺灣視為一個「主權」國家。「共同防禦條約」對於美國有兩重

含義。一方面,該條約的簽訂奠定了美臺軍事安全關係的基礎;另一方面,該條約包含著美國使臺灣與中國永久分離的企圖。在條約中,美國承諾繼續向臺灣提供軍事裝備和其他援助,並在必要時使用美國的武裝力量阻止中國統一臺灣。

二、韓戰——美國調整臺海政策的重要契機

1950年6月25日韓戰爆發,正在日本的美國國務院顧問杜勒斯立即給美國政府發出急電,建議立即出兵北韓。7月2日美軍在釜山登陸,韓戰「國際化」;7月7日美國操縱聯合國安理會透過向朝鮮半島派遣「聯合國軍」的決定。美國出兵北韓威脅中國的策略安全。10月3日周恩來透過印度警告美國:如果美軍越過三八線,「我們要管」。美國對於中國的警告置若罔聞,10月7日以美軍為首的聯合國軍越過三八線,並迅速向中朝邊境逼近。10月8日毛澤東頒布命令:「為了援助朝鮮人民解放戰爭……著將東北邊防軍改為中國人民志願軍,迅即向朝鮮境內出動」。10月9日首批志願軍6個軍26萬人開始渡過鴨綠江入北韓參戰。

韓戰促使美國的臺灣政策迅速改變,美國決意保護退守臺灣的國民黨當局,重新將臺灣納入其策略防禦圈內,並恢復提供軍援和經援。1945年至1950年6月美國一直承認中國對臺灣擁有主權,但韓戰使美國從根本上改變了這一立場。為使其軍事干預合法化,美國甚至威逼臺灣國民黨當局:「如果美國已經認為臺灣屬於中國的領土,美國將失去它派遣第七艦隊保衛臺灣的法律依據」。為使其分裂臺海兩岸的行為「合法化」,美國開始質疑《開羅宣言》、《波茨坦公告》的法律權威性。英國也聲稱《開羅宣言》並不具有國際協定的法律效力。英

第二章　戰後初期臺灣與美日關係形成的歷史背景
第二節　冷戰格局下美國對臺灣的策略考慮

國甚至攻擊「中國在南北韓問題上違背了開羅宣言」，因此，「在南北韓問題解決之前無法解決臺灣問題」。

韓戰爆發後，蔣中正亦力圖軍事介入韓戰，但杜魯門最終未予採納，此亦為美國「企圖將臺灣從中國割離出來的長期願望的實現手法」。可見，美國分裂臺海兩岸政策早已既定，並非只是由於韓戰。韓戰的爆發「只是讓美國插手臺灣事務的時機提前而已」。

1953 年 3 月 5 日史達林病逝；7 月 27 日《朝鮮半島軍事停戰協定》在板門市簽訂。如果說韓戰是美國重新介入臺灣問題的起點，那麼從這時造成 1958 年第二次臺灣海峽危機結束，就是美國對臺政策和美臺關係格局基本確定的時期。韓戰結束後，美國東亞政策的主旨是要防止所謂「共產主義擴張的威脅」，中國則是美國在亞洲實行遏制政策的主要對象。在這一背景下，臺灣的策略意義在美國人眼中極大地升值了。

美國亦不斷加強對臺灣的經濟援助，推動臺灣經濟迅速發展。從 1952-1956 年間 5 年間，臺灣的國民生產總值（GNP）的年均成長率為 6.1%，而 1952 和 1953 年兩年的成長率分別為 8.21% 和 9.19%，1955 年、1956 年分別為 3.87% 和 3.66%。1951 年 6 月底美國又增撥臺灣經援款 4170 萬美元，使得 1951 年度的經援總額達到 9770 萬美元。

綜上所述，美國介入韓戰的大策略目標雖失敗了，但它借此機會把臺灣納入其圍堵中國的西方策略陣營，取得東亞地區局部的策略利益。而對於臺灣來講，韓戰是其重新獲得美國全面援助的絕好機會；韓戰使東亞地區長期處於政治、軍事上的嚴重對立，也是戰後美日臺關係長期維繫並得到發展的重大社會歷史背景之一。

第三節 「美援」主導下日臺社會改造與美日臺關係的發初

一、從懲治到扶植——美國對日占領政策的大幅調整

　　如上所述，就戰後初期美國東亞策略而言，美國曾把中國置於非常重要的位置，它的基本目標之一是「建立一個統一的非共產黨國家，由蔣中正領導，同中國進行貿易，作為美國的盟友，起保持亞洲均勢的作用」。而作為戰敗國的日本只是美國改造的對象，美國對它規定了嚴格的非軍事化和民主化的改造目標。1944 年 11 月美國設立了國務院、陸軍部、海軍部協調委員會（簡稱「三部協調委員會」），負責研究並制定對日占領政策。1945 年 6 月 11 日三部協調委員會第 150 號文件規定：「在可能的程度上永遠使日本非軍事化、非軍國主義化」。8 月 29 日經杜魯門批准後發給駐日占領軍總司令官麥克阿瑟的 SWNCC150/4 號文件《日本投降後初期美國對日政策》（簡稱《初期政策》）明確指出：為了「確保日本今後不再成為美國的威脅」，「必須完全解除日本的武裝」。9 月 22 日頒布的《投降後美國的初期對日方針》（簡稱《對日方針》）和 11 月 1 日頒布的《為日本占領及管理對聯合國最高司令官的初期基本指令》（簡稱《基本指令》）兩個文件更明確規定：對日占領的最終目標是「必須確保使日本不再成為美國及世界和平與安全的威脅」；同時規定，對日占領及管理等「一切權力」歸於占領軍「最高司令官」。甚至強調美國對「日本經濟的經濟復興或加強不負任何責任」。

　　隨即，在美軍占領總部（GHQ）主導下，開展了以解散財閥、農

第二章　戰後初期臺灣與美日關係形成的歷史背景
第三節　「美援」主導下日臺社會改造與美日臺關係的發初

地改革、勞動改革為「三大支柱」的戰後經濟民主化改革，其中，解散財閥是重中之重。美國認為，「所有的財閥都是軍國主義者」，「財閥是最大的戰爭潛力」，它們使對外「侵略和征服成為可能」。解散財閥「目的在於從心理上和制度上破壞日本的軍事力量……分散工業的控制力量」。按照 GHQ 解散財閥的指令，日本政府於 1947 年 4 月制定《禁止私人壟斷及確保公正交易法》（一般簡稱為《壟斷禁止法》），再於 12 月制定《排除經濟力量過度集中法》，開始實施解散財閥。1945 年 12 月 9 日 GHQ 向日本政府發出《農地改革備忘錄》，要求其提出農地改革計畫，以期「排除促進經濟民主化的障礙」。

　　二戰結束後，作為戰敗國的日本面臨向亞洲受害各國進行戰爭賠償的局面。1945 年 11 月 16 日負責指導日本賠償的美國總統特使兼全權代表埃得溫・波利擬訂出日本戰爭賠償報告書（史稱「波利報告書」）。12 月 3 日日本外務省向 GHQ 提交《關於日本賠償能力的報告書》，請求美國盡可能地減輕日本的賠償負擔。但遭到美國政府的拒絕。12 月 17 日杜魯門總統批准「波利報告書」，並要國務卿貝爾納「就應實施」。1946 年 1 月 14 日三部協調委員會以第 236/4 號文件的形式正式公布「波利報告書」。

　　為爭取美國放寬對日賠償基準，日本外務省再於 1946 年 1 月 17 日提出《迄今為止對波利代表團提出事項的要點》，繼續促請美方放寬對日本工業水準的限制。1 月 20 日 GHQ 對日本政府發出指令，首次指定 393 家飛機製造廠、陸海軍工廠和戰爭物資實驗室用於賠償。至 8 月 24 日被指定賠償的各類工廠數達 1006 家。3 月 17 日麥克阿瑟發表演講稱，對日本的占領政策由（1）非軍事化；（2）政治民主化改革；（3）經濟復興的三個方面組成。但為因應中蘇同盟以及韓戰等形勢，

戰後美日臺關係關鍵 50 年 1945-1995（修訂版）

美國的占領政策從「以非軍事化和民主化為中心的改革」驟變為「積極扶植日本復興」。

美國首先停止剛剛啟動的日本戰爭賠償的設備拆遷、中止解散財閥。其次是增加對日扶植力度，如提供 19.5 億美元經援，供應日本糧食總進口的一半以上。再就是為日本開啟東南亞地區等海外貿易市場，以助其經濟的盡快恢復。這一系列措施是美國調整其戰後亞洲策略的重大舉措。此刻美國對日本的主要目標是，「在日本問題得到和平解決之前及之後，促進日本民主力量的發展和經濟穩定」。

美國隨即加快其對日政策的策略性調整，1948 年 1 月 6 日美國陸軍部長羅亞爾發表有關調整對日政策的演講，這標誌著「美國對日政策轉變的基本認識過程已經完成」。美國認為「一個強大的日本，與美國結成牢固的聯盟，最好能夠對共產黨中國構成制衡並有助於加強自由世界在遠東的力量，這種局面最能服務於美國的利益」。10 月 7 日美國國家安全委員會頒布《關於對日政策的勸告》（極密 NSC13-2 號）的文件，明確表示「今後對日政策的主要目標是經濟復興」。1948 年末美國提出《日本經濟穩定計畫》（史稱「穩定經濟九原則」），美國對日占領政策已由戰後初期的改造和削弱日本，變為在經濟上積極復興日本。

1947 年 3 月 12 日美國國務院擬定出新的對日經濟計畫：第一，盡快排除美國支持日本經濟的開支；第二，建立有活力的日本經濟；第三，允許日本為復興遠東經濟做出巨大貢獻。7 月 22 日三部協調委員會制定第 381 號文件規定：不再進一步從日本進行資本拆遷。1948 年 4 月 29 日美國國家安全委員會（第 13/2 號文件）建議中止拆遷賠償；5 月 12 日遠東委員會美方代表馬克依宣布停止實施賠償計畫。這樣，

第二章　戰後初期臺灣與美日關係形成的歷史背景
第三節　「美援」主導下日臺社會改造與美日臺關係的發初

從1947年4月美國宣布實施先期賠償至1949年5月馬克依宣布停止賠償為止，日本被拆除用作賠償的機械設備共53946台，特種測量器械3198台。日本移交的賠償物資計2.8萬捆，價值約4500萬美元，使用船舶106艘。按日本外務省的統計，日本最終的純賠償僅為10.1億美元（相當於3643.49億日元，不含和約簽訂前按1941年價格計算的1.65億日元）。如果按照當時日本人口9500萬人平均計算，每個家庭僅負擔2萬日元。

日本戰後實施戰爭賠償，理應是「戰敗國基於國際法必須因所犯罪而履行的國際義務，是確認侵略罪行的必要形式之一，無論是出於人類道義原則，還是出於國際條約的規範，日本政府都有義務、有責任對因日本軍國主義侵略而遭受巨大損失的亞洲各國給予賠償」。對於美國的違信，1945年5月19日和25日中國代表在遠東委員會兩次發表聲明，「要求摧毀日本軍事工業，實現公允的賠償」。

雖然最後的「舊金山對日和約」第14條規定：日本應向同盟各國給予經濟賠償，可以用商品、勞務等形式支付。但「和約」只是「在個別問題上有利於請求賠償國，而在整體上依然有利於美、日兩國」。由此，停止戰爭賠償為日本恢復經濟保留了實力。如在美國的庇護下，被真正解散分割的財閥大企業僅有17家，本擬分割的財閥五大銀行安然無恙。

不僅如此，1945年至1951年美國以占領地區救濟基金和占領地區經濟復興基金的名義，向日本提供21.28億美元的物資援助。1953-1966年日本還從美國控制下的世界銀行得到8.6億美元。世界銀行貸款的年利率為4.625%-6.625%之間，償還期限為14-26年。展現美國策略意圖的世界銀行對日優惠貸款，對戰後日本經濟的復興與發展

戰後美日臺關係關鍵 50 年 1945-1995（修訂版）

起了不可估量的重要作用。借助美國的政治支持、安全保護和經濟援助，戰後日本在亞太地區動盪不安、但又相對和平的國際環境中，專心致志地發展經濟。1955 年進入經濟高成長期，1960 年代先後超過英法德等國，成為僅次於美國的第二資本主義經濟大國。美國在日本「建立了其亞太策略體系中最大、最穩固的策略基地，並以此為依託形成了亞太地區安全保衛的網路機制」。

為穩定日本社會，在 GHQ 的主導下，臺灣與日本較早恢復了雙邊貿易關係，以臺灣產稻米、砂糖等傳統農產品供應日本，以穩定日本嚴重缺糧的社會秩序。1950 年 1 月 10 日美國國務卿艾奇遜認為今後的日本「必須能夠自由地買進原料、自由地出口產品」。6 月 25 日韓戰爆發後，美國加快調整這一政策，要求日本積極與臺灣及東南亞各國發展貿易，但同時嚴格限制日本與中國進行任何貿易。

戰前中國曾是日本農產品和礦產品的重要來源地，戰後日本亦欲恢復與中國的經濟聯繫，但遭到美國的斷然拒絕。遏制中國是美國東亞策略的核心目標，為澈底阻斷中日恢復經濟聯繫的紐帶，美國一直想把日本經濟引向英國的勢力範圍東南亞。在美國的巨大壓力下，1951 年 12 月 24 日吉田茂首相致函杜勒斯（史稱《吉田書簡》），向美國承諾不與中國發展經濟關係。雖然日本經濟界普遍認為東南亞經濟基礎落後，只有與中國開展貿易才能使經濟得到恢復。但在美國的壓力下，日本不得不秉承美國的旨意去「開發」東南亞。

1950 年代初期英國為保住其在東南亞的殖民利益，堅持主張日本把經濟擴張的矛頭指向中國等東亞大陸。但美國卻積極推動日本向東南亞地區滲透經濟勢力，這樣既能阻止中國與日本發生經濟聯繫，也可以借日本經濟勢力進入東南亞地區抵消英國的舊殖民勢力。簡言

第二章　戰後初期臺灣與美日關係形成的歷史背景
第三節　「美援」主導下日臺社會改造與美日臺關係的發初

之，美國的東亞策略安排其實就是美英策略利益尤其是經濟利益發生衝突的產物，亦基本確定了日本在東南亞地區實行經濟擴張的策略方向。按照美國的東亞策略設計，在經濟上促使日本與東南亞建立緊密經濟聯繫，不僅使日本充當其推行新殖民主義的「策略夥伴」，亦可同時將日臺及東南亞置於美國的有效控制之下。為了順利地營運美國所構想的以自由貿易為原則的國際經濟體系，也需要在復興西歐經濟的同時，復興亞洲經濟。美國更認為日本「應在亞洲的經濟開發中扮演重要的角色」。如此，既可以解決日本在失去中國市場之後的經濟出路問題，以減輕美國的負擔，同時又可以了卻美國對東南亞各國的「赤化」之憂。

占領初期，GHQ 嚴格管控日本的對外貿易。「日本在 1934-1936 年對中國、朝鮮半島和臺灣的出口，曾占日本出口總值的 41%，到 1951-1953 年則只有 9%」。隨著美國占領政策的驟變，日本對外貿易也開始逐步恢復。1950 年 5 月 GHQ 代表日本與菲律賓簽訂了易貨貿易臨時協定；9 月 GHQ 又代表日本與臺灣簽訂農產品貿易協定，臺灣產稻米、砂糖等陸續輸入日本。1952 年 4 月 28 日「舊金山對日和約」生效後，在美國的支持下，日本對東南亞地區積極實施「賠償」與「準賠償」的外交方略，將最初確定的「勞務賠償」變為「產品賠償」，而且是「生產資料」。「以生產資料進行賠償，可以發展被賠償國的產業，生活水準，進而擴大日本與被賠償國的通商關係」。日本以「賠償外交」為手段，逐漸向東南亞滲透其經濟勢力。

二、美國對臺灣的經濟援助

美國對臺灣的經濟援助淵源於二戰之後對國民黨政府的援助。

戰後美日臺關係關鍵 50 年 1945-1995（修訂版）

自 1945 年始，美國主導的聯合國「救濟與重建署」對中國國民黨政府予以大量經濟援助；1947 年起美國資本開始滲入臺灣經濟各個領域。為贏得更多的美國對臺經援，臺灣省政府聘請美國懷特工程公司派員擔任臺灣制定島內經濟恢復和發展規劃的總顧問以及各大公營企業的顧問。

1948 年 2 月美臺簽訂《合作開發臺灣協定》，規定雙方共同開發臺灣礦產資源；1948 年 4 月 2 日美國國會透過《援華法案》；6 月美臺雙方確定由美國向臺灣提供價值 800 萬美元的化肥共 84000 噸，臺灣則向美國償還茶葉 540 萬磅、鳳梨罐頭 6 萬箱、樟腦 260 萬磅。同年 7 月 3 日國民黨代表王世杰與美國駐華大使司徒雷登在南京簽訂《中美經濟援助協定》（計 12 條項，有效期至 1950 年 6 月 30 日）；9 月美國宣布從第一、二批對中經援貸款中撥給臺灣糖業公司 100 萬美元；臺灣鐵路局 150 萬美元；臺灣電力公司 250 萬美元。10 月美國又宣布增撥臺灣電力公司 350 萬美元；臺灣煤礦 75 萬美元；臺灣益民肥料公司 400 萬美元；臺灣新竹資委會肥料廠 100 萬美元。合計美國在 1948 年 9 月和 10 月兩個月期間即向臺灣投資 425 萬美元，占當時美國國會批准的對中經援總額的 14%。到 1948 年底，美國資本已滲入臺灣發電業、製糖業、化肥製造業等主要工業部門，臺灣經濟恢復所急需的農用化肥、原棉、五金、石油、機械等都由美國提供。臺灣傳統農產品及食品等的出口亦主要以美國為基本市場。

美國對臺援助是其「外交政策工具箱中一個重要且有效的工具」。美國的目的就是要透過援助對臺灣當局不斷施加壓力或影響，從而把臺灣納入以美國為首的西方陣營，滿足其在東亞地區進行冷戰的需求。為此，美國在重新恢復對臺灣的經濟、軍事援助之同時，也向臺

第二章　戰後初期臺灣與美日關係形成的歷史背景
第三節　「美援」主導下日臺社會改造與美日臺關係的發初

灣當局發出令其「改革」的信號，要求其「堅持更合美國之意的政府改組」。蔣中正亦意識到臺澎列島已是國民黨「最後的希望」，遂於1949年12月15日發表談話，表示其為爭取美援而進行適當改革的意向。為使美援切實執行，在美援會、農復會和經安會等運用美援的機構中，多由臺方技術官員和美方人員配合運作。美國不僅積極對臺經援，更期待臺灣今後成為「其他亞洲國家的典範」。

按照美國的東亞策略設計，對臺經援可以促成東亞政治局勢按照美國預期的方向變遷，而美國在這一有利的政治局勢中可汲取更多的策略利益。簡言之，美國欲以經濟援助為工具謀求低成本的政治利益。美國最初對臺灣的經濟援助，完全出自其冷戰策略的需求。尤其是在韓戰中，美國愈感臺灣社會的穩定、經濟力量的成長會對美國的安全做出重要貢獻。由此，美國政府認為，對臺灣進行的經濟援助，實為「購買」美國安全的有效手段。美國在向臺灣提供大量經濟援助維護臺灣經濟穩定、社會安定的同時，也達到了它自身要追求的目標，即占據臺灣的策略利益，在臺灣維持一個親美的政權，這也是美國自利性的表現之一。

從1951年美國正式向臺灣提供經濟援助到1965年美援宣告結束為止。15年中美國共向臺灣提供各種類型的經濟援助14.82億美元，平均每年為9800萬美元。從1950年6月韓戰爆發後到1960年代中期，臺灣接受的美援總額達41.5億美元，其中軍援和經援分別約占57%和43%。15年間美國對臺經援15億美元，平均每年1億美元。在1952年-1960年期間，美國經濟援助構成臺灣省內總資本形成的40.7%，1961-1968年期間也占12%。據西方學者統計指出，從1958年到1965年，按每人平均所獲得的美援總數，臺灣居世界第五位，而

戰後美日臺關係關鍵 50 年 1945-1995（修訂版）

且比世界 120 個國家同期所獲得的每人外援平均數幾乎高六倍。

在臺灣經濟恢復與發展初期，「美援」起了相當重要的作用。如上所述，按照 1948 年簽訂之《臺美經濟援助協定》（又稱「臺美雙邊協定」），美國向臺灣提供經濟援助 2.75 億美元，實際支付 1.7 億美元。其中的約 1 千萬美元，供臺灣經濟建設專用。其中，臺糖、臺鐵、臺電等公營大公司獲得美國對臺的第一批援款。1949-1952 年臺灣獲得美援總額達 5.16 億美元，其中包括 4.68 億美元的經援和 0.48 億美元的軍援。這期間臺灣人均接受的援助為 66.7 美元。值得注意的是，與此後各年度所獲美援相比的不同之處是，這 5.16 億美援全部為無償贈送。

美援極大地促進了戰後臺灣經濟的發展，亦對美臺關係的全面提升影響極大。透過美國對臺的援助和扶持，美臺援助關係全面、深入地滲透和反映到臺灣當局的組織結構與經濟政策的制定與實施之中，這種關係對此後的臺灣政治轉型造成了一定影響。

美國「援助」臺灣期間，經濟權力在非政治構成要素中的地位越來越凸顯，甚至成為美國壓制、控制臺灣的最重要的現實基礎之一。如美國迫使臺灣當局放棄「反攻大陸」的軍事冒險、進行社會經濟改革、裁減軍隊、增加經濟建設支出、大力發展民營企業、放寬經濟管制等要求。對於身處絕境，對美國的經濟、軍事援助依賴極深的國民黨臺灣當局而言，這些「要求」無疑伴隨著巨大的壓力。在美國提出的「要求」不能得到臺灣當局明確答覆之前，其常採用的辦法就是以削減援助額進行施壓或威逼。由此，在美國的壓力下，臺灣島內的制度逐漸有所「創新」，可以說「是在美國政府的壓力下的一種強制性制度變遷，對政治體制和經濟體制進行了適應美國要求的改造。同時國

第二章　戰後初期臺灣與美日關係形成的歷史背景
第三節　「美援」主導下日臺社會改造與美日關係的發初

民黨政府為了更多地吸引美援和更好地用美援，也主動地對臺灣既有制度進行改造，這是一種誘致性制度變遷」。

1954 年 12 月美臺簽訂「共同防禦條約」後，美臺關係空前密切，臺灣的政治穩定、經濟發展在某種程度上獲得了保證，島內社會形勢開始趨於穩定。美國政府也透過其「駐臺美援使團」（「駐臺美援使團」是指美國「共同安全署」、「國外業務署」、「國防合作署」、「國際合作署」等美國援外機構的「駐臺分署」以及美軍顧問團、美駐臺「使館」的統稱）以及農復會、美援會、經互會等運用美援機構不斷向國民黨當局施加壓力，要求國民黨作長期打算，不能因過度的「反攻大陸」軍事開支規模而影響島內經濟的恢復和建設。農復會、美援會、經互會等機構「成為美國對臺灣的經濟事務施加影響的渠道，同時也成為臺灣當局制定和推行整體和部門經濟發展計畫的中樞機構」。

在美國的要求下，臺灣當局內部也「進行了相應的制度安排和機構設置」，如在美國催促設立的經濟安定委員會，就是典型的美國制度結構影響臺灣經濟發展的事例。1950 年底經濟合作總署駐臺分署署長穆懿爾（Raymond T.Moyer）建議設立一個由高層經濟官員組成、定期舉行會議審議重要財經問題的經濟安定委員會，但因臺灣方面抵制而未被立即採納。後來經美國駐臺公使藍金當面敦促蔣中正，這個機構才於 1951 年 3 月得以正式成立。

三、美援促使日、臺從屬於美國關係的發軔

在冷戰的大背景下，中蘇同盟、韓戰等給臺灣和日本帶來起死回生的機會，美國不僅恢復了對日臺的軍事、經濟援助，美國還以第七艦隊「防衛」臺灣海峽，主導「舊金山對日和約」的簽訂，提前結束對

戰後美日臺關係關鍵 50 年 1945-1995（修訂版）

日軍事占領。按照美國的東亞策略意圖，日臺於 1952 年 4 月簽訂「日臺和約」，由美國主導之美日臺關係的初始形態開始啟動。在戰後東亞冷戰格局的形成初期，美國把日本列島與臺澎列島納入其全面封鎖中國的島鏈策略體系之中，日臺也借此得以絕處逢生。如此，大體規定了戰後日臺的政治與經濟的發展動向，來自美國的經濟援助從根本上左右著日臺經濟的發展。後來的事實說明，臺灣與美國、日本日趨緊密的經濟合作關係成為臺灣經濟得以「騰飛」的兩大支柱。1984 年臺灣學者劉進慶就此指出：如果「臺灣經濟沒有仰賴日美兩國，將不可能發展為今日的經濟成長」。此刻，美國視臺灣是其「在遠東地區的一項重要資產」，同時也認為「日本由於其發達的工業，相對先進的技術培訓及其人民水準比較高，可以成為對中共形成獨立的軍事威脅的亞洲力量」。

中國學者指出，日據時期較好的經濟基礎是臺灣利用美援實現經濟起飛的必要前提；嚴密的運用程序、嚴格的監督檢查制度，是美援得到合理有效運用的有力保證；臺灣當局所實施的符合實際的經濟政策與發展策略配合了美援的運用。可以說，臺灣經濟的起飛和高速成長，既利用了適時到達的美援，又利用了有利的國際經濟環境。國民黨臺灣當局接受「美援」，既渡過政治經濟危機，又被限定經濟的發展方向，促使臺灣經濟從屬於美日經濟體系。可以說，臺灣接受「美援」的過程就是臺灣經濟的發展過程和從屬於美日經濟的演變過程。二戰之後，美國成為世界最強盛的經濟、軍事大國，許多在戰爭中國力衰微的國家（包括英、法等），都期望得到來自美國的援助。但美國對外援助是其「執行對外政策的工具」。美國對待不同的援助對象，其援助政策取向則大相逕庭。如美國在戰後並未將其標榜的自由民主價

第二章　戰後初期臺灣與美日關係形成的歷史背景
第三節　「美援」主導下日臺社會改造與美日臺關係的發初

值觀念，作為附加條件納入到對臺的具體援助政策之中。其邏輯是，自由民主導向的政治改革極易破壞受援國的政治穩定，進而損害美國的國家利益。二戰後美國對發展中國家與地區的援助政策與策略是，寧可支持非民主的、親美的威權獨裁政權，也不借援助去支持那些很可能反美的「自由民主政權」。由此，並不符合美國「民主理念」的國民黨臺灣當局獲得「美援」，這也成為美國推行其新殖民主義政策的典範之一。

臺灣當局獲得如此優惠的「美援」，完全是由於其自身在「冷戰」時期美國全球策略的地位所致。離開「冷戰」時期的特殊歷史條件，臺灣便不會受到美國如此「厚愛」。「美援」不僅奠定了戰後經濟發展的基礎，更使臺灣的政治、軍事和經濟從屬於美國。長達15年的「美援」過程曾隨著美臺雙邊制度和機構的變化而有所調整，具體看就是美國從軍事上介入臺灣轉為從經濟上支配臺灣的過程。從具體過程看，「美援」物資約半數是提供轉為軍事和政治的消費，另一半則進入社會經濟再生產過程而實現「資本化」，表明「美援」與臺灣公營企業的資本聯繫不斷密切。實際上，當時「美援機構把大部分經援款項送到公營企業」，美國企業亦主要以臺灣公營企業為投資對象和合作夥伴。由此，臺灣工業化的迅速發展，以及美臺經濟關係的日趨密切等，主要是以美臺合作企業或在臺美國企業的資本累積為中心來展開的。列寧講過「資本輸出總要影響到輸入資本的國家的資本主義發展，大大加速那裡的資本主義發展」。在「美援」的施行過程中，一方面美國資本滲透到臺灣的各個部門，為美國壟斷財團推銷剩餘商品、直接間接地獲取經濟、政治利益創造了便利條件；另一方面客觀上促進了臺灣資本主義的發展，也使臺灣經濟更加依賴於美國資本。

戰後美日臺關係關鍵 50 年 1945-1995（修訂版）

隨著美援的流入及本島經濟的逐步好轉，對外貿易亦逐漸恢復。至 1952 年臺灣對外貿易總額已達 32650 萬美元，其中出口額為 1950 萬美元，出口產品以農產品和農產加工品為主，這兩項之和占輸出總值的 95.2%，工業品只占 3.6%。出口農產品及農產加工品仍以傳統的糖、米兩項為大宗，占輸出總值的比重高達 77.7%。進口總額為 2 億 690 萬美元，其中資本貨物、農工原料的進口占絕大部分，總值達 1 億 7,060 萬美元，占進口總值的 87.3%。臺灣對外貿易對象以美日為主，如 1953 年從美日兩國的輸入額占進口總額的 66.92%（不包括美援進口），對美日兩國的輸出額占出口總額的 56.06%。可見，臺灣對外貿易嚴重依賴美日兩國，至 1990 年代初冷戰結束時這種態勢始終未有大的改觀。

在美國的援助下，日本、臺灣經濟開始進入恢復與發展的進程，日本借助「韓戰」帶來的「特需景氣」，自 1955 年進入經濟高成長期。由於日本是一個資源匱乏的島國，經濟發展主要依賴對外貿易的開展。按照美國的策略設計，日本把對外貿易的主要對象轉向東南亞等地，同時也積極發展同臺灣的經濟關係。隨著臺灣經濟的發展，日臺經濟關係日趨密切，日本則進一步透過臺灣與東南亞（華人經濟圈）建立起更為密切的經貿關係，這就是當時日本復興經濟的重要策略目標。

四、推動日、臺的土改是美國戰後東亞策的重要一環

戰後，美國成為主宰全球及東亞地區的超級大國，戰後初期的 1945-1946 年美國首先在日本強制推行以剷除「寄生地主制」為目標的「農地改革」。1947 年在南韓也進行了美國主導的土地改革。透過實施

第二章　戰後初期臺灣與美日關係形成的歷史背景
第三節　「美援」主導下日臺社會改造與美日臺關係的發初

資產階級性質的土地制度再分配，美國認為基本達到對日韓兩國社會體制「美國模式化」改革的基本要求。更重要的是，透過對日本土地制度的改革，基本剷除了封建土地制度這一產生軍國主義的土壤。

面對光復初期臺灣島內的政治、經濟困況，美國以剛剛結束的日本農地改革為榜樣，多次督促臺灣當局推行土改，並將是否恢復美援與土改掛鉤。臺灣當局急迫穩定其在臺灣的統治，遂按照美方的要求，把土地改革與抑制通貨膨脹並列為當時最迫切的兩大任務之一。在美國戰後的外援計畫中，一般都包含有幫助受援國實施土地改革的內容，對於包括臺灣在內的亞洲國家和地區，美國更把推動土地改革作為美援最重要、最優先的項目之一。除提供資金支持，更重要的是進行政策推動。即透過直接參與與制定土改政策和方案並監督其實施，影響臺灣土改政策的趨向。美國透過「農復會」向臺灣派出大批曾經參與指導過日本土地改革的專家顧問以及大量資金，全力促成臺灣土地改革的推行。

例如，對於臺灣土改第一步的「三七五減租」，由美方控制的「農復會」不僅協助臺灣當局制定了「臺灣省耕地三七五減租辦法」，作為減租的基本政策和方案，還追蹤檢查，監督這一方案的執行，並根據執行情況隨時提出調整方策。當「農復會」在實地考察中發現臺南一些地主以威脅手段迫使佃農退耕現象後，立即建議設立經常性的減租督導檢查制度，以貫徹減租法令，制止退租及調處糾紛。「農復會」的建議馬上為臺灣當局採納，保證了「三七五減租」順利完成。在制定公地放領計畫時，「農復會」中的臺方代表主張限制公地放領數量；但美方代表則認為農戶比公營機構更能有效地利用土地資源，力主盡量擴大公地放領數量。臺灣當局亦無條件地接受美方建議，決定公營

戰後美日臺關係關鍵 50 年 1945-1995（修訂版）

機構所有土地，除必須保留者外，盡依「公地放領法」放領，以使更多的土地轉入農民手中。可見農復會對於土改的重大影響，「舉凡法令辦法之擬定、計畫之制定、工作之指導及成果之考核，該會均派專家參與，其間若干重大措施，且出於該會之創意與建議」。正是在美國的積極推動下，臺灣土地改革得以較為迅速、澈底、和平地實行，農業中限制生產力發展的封建生產關係基本消除，掌握了推動的自耕農數量大增，占總農戶的比重從土改前的 32% 增加到 78%，形成了以自耕農為主體的農業生產方式，較快地促進了臺灣農業經濟的發展。

從美國積極推動日臺土改的作為看，其以土改促進和推動日臺「美國模式」資本主義化的取向極為明顯。日臺土改是依照美國東亞策略而精心設計的一場「社會變革試驗運動」，日臺土改過程也是美國更加深入控制日臺的過程，日臺進一步成為美國在東亞的「策略合作夥伴」。若將日臺土改做一簡略綜合，有以下兩大特點：

第一、美國的影響均占有最重要的地位。縱觀日本、臺灣兩地土地改革的進程和背景，即可發現二者有著諸多的共同點，首先不可否認的就是美國的主導性因素。首先，戰後日本土改「是美國占領者為剷除軍國主義經濟基礎而實施的一項資產階級自上而下的土地改革」。1868 年明治維新後日本形成封建性寄生地主土地制，這種落後的土地所有制不僅嚴重農業生產的發展，更嚴重的是促使日本軍國主義向外擴張的慾望愈加強烈。由此，要澈底剷除軍國主義勢力，必須革除其滋生的土壤——寄生地主土地所有制，這是美國推動日本土地改革的主要動因。日本土地改革是在美軍占領當局（GHQ）的嚴厲監督下，依照美國的設計藍圖和模式所進行的一場社會變革運動，是在美國對日本實施軍事占領的特定歷史條件下進行的。

第二章　戰後初期臺灣與美日關係形成的歷史背景
第三節　「美援」主導下日臺社會改造與美日臺關係的發初

　　臺灣的土地改革與日本當時所處政治、經濟環境等極為接近。國民黨政府退居臺灣後，除面臨來自中國的武力威懾外，島內社會動盪、經濟蕭條等，面臨著空前的「生存危機」。為求得在臺灣的政權存續，國民黨臺灣當局完全接受了美國的政治、軍事的「保護」。如前所述，美國在施行對臺經援之同時，也迫使其按照美國的民主模式進行了一定程度的「社會改造」，其中，臺灣封建性濃厚的土地制度成為首當其衝的「改造」目標。1949-1951 年的土地改革是在美國「高壓」下，由國民黨威權統治下進行的一場自上而下的資產階級土地改革。在土改取得一系列積極意義之同時，臺灣當局也獲得了維繫戰後政治穩定、經濟發展至關重要的「美援」。

　　列寧曾指出：「在分析任何一個社會問題時，馬克思主義理論的絕對要求，就是要把問題提高到一定的歷史範圍之內」。在戰後世界冷戰下的動盪時期，美國透過推動日臺兩地的土地改革及其他一系列美國式「改造」措施，把日臺納入了其包圍中國、抵禦社會主義陣營的西方陣營，並使其充當遠東反共的前哨基地。傳統經濟學認為，資本、勞動和土地是近代經濟發展的三大基本要素，這些要素的構成和配置一般是透過制定相關的經濟制度固定下來的。一定的經濟要素構成和配置，不僅會影響到經濟發展的進程，也會決定國民經濟的性質和社會發展的方向。美國主導的日臺土地改革正是以構築日臺兩地美式經濟制度為重點而展開的，由此也構成美日臺關係中不可或缺的社會經濟基礎。

　　第二、日臺土改為重新構建戰後日臺經濟關係的框架奠定了基礎，也是美日臺關係框架形成的必備經濟前提。西元 1895-1945 年日據臺灣時期，中國傳統封建土地制度與日本獨占資本下的土地制度並

戰後美日臺關係關鍵 50 年 1945-1995（修訂版）

存，臺灣土地制度具有濃厚之封建性。長達 50 年的殖民統治使日臺政治、經濟及文化等方面有著深深的社會與歷史的「同質性」。所以，美國推動日臺幾乎同時進行土地改革，促使其進行一定程度的社會經濟結構與制度「調整」，但並未發生「質」的差距，反而促進了日臺經濟上聯繫的便利性。但是，美國主導的土改雖取得一時的「權宜」，卻在隨後日臺的農業發展中「暴露出許多局限性和惰性，甚至成了農業進一步發展的阻礙之一」。

第三章　戰後美日臺關係的基本形成

　　1940 年代後期開始的美蘇冷戰對抗，極大地影響和規定了東亞地區的國際關係格局，也是戰後以來決定美日臺關係發展的最大外部因素。1950 年代初期受中蘇同盟、韓戰等的影響，東亞地區形成中蘇與美日抗衡的地區冷戰體制，兩岸先後發生的兩次臺海危機，對於美臺關係、日臺關係的演變有著諸多影響。在這種國際環境的嚴峻形勢下，美日臺關係在總體上服從於美國的世界冷戰策略。

戰後美日臺關係關鍵 50 年 1945-1995（修訂版）

第一節　韓戰—美國東亞策略的重大調整

一、韓戰——美國促使日本重整軍備的契機

　　1945 年 8 月二戰結束時，日本軍隊共有 740 萬人；按照盟國「非軍事化」的對日占領政策，至 1945 年 11 月本土的 390 萬日軍被全部遣散；海外的 350 萬日軍則在當地解除武裝，分批遣返日本。至 1946 年初，日本僅有治安警察 93,935 人。為確保東亞地區的永久和平，1947 年 6 月 19 日由包括美國在內的 11 個戰勝國組成的遠東委員會做出決議稱：「日本不得再有任何陸軍、海軍、空軍、祕密警察組織，或任何民間航空，或憲兵，但得有適當之非軍事警察」。

　　1950 年 6 月 25 日韓戰爆發；26 日杜魯門總統下令駐日美軍空軍援助韓國軍隊；27 日又下令美國海軍第七艦隊進駐臺灣的高雄、基隆兩大港口，並開始在臺灣海峽巡邏，防止解放軍可能對臺灣的軍事進攻；7 月 2 日駐日美國陸軍登陸朝鮮半島。至此，美國海陸空三軍直接軍事介入韓戰，使之演變為國際性戰爭。

　　韓戰之前，美國決策層就認為，「從軍事的角度看，如果要成功地抵禦蘇聯將來的入侵，美國必須在亞洲保持一種最低限度的地位……這種最低限度的地位至少應包括在亞洲沿海島嶼連線上維持美國目前的軍事地位，以及在戰時阻止共產黨占領這條線。這條線是美國的第一道防禦線，也是其第一道進攻線……這條防禦線應包括日本、琉球群島和菲律賓」。「這種最低限度的地位可以控制主要的交通線，它們是美國在亞洲重要地區策略發展所必需的」。韓戰爆發之後，美國確信這是蘇聯即將向東亞區域進行軍事擴張的開端，必須予以堅決阻止。

　　如此，由於韓戰的影響，美國加快調整其東亞策略，放棄了既定

第三章　戰後美日臺關係的基本形成

第一節　韓戰—美國東亞策略的重大調整

的削弱和壓制日本經濟與軍事實力的占領政策，並重新把日本定位為美國在東亞策略中的堅強「盟國」。美國不惜促使日本重整軍備來重建東亞的均勢，以遏制中蘇等社會主義國家。就韓戰的重大影響，日本學者五百旗頭真認為：「從外交史的觀點來看，重要的是這場戰爭令美國眼中的日本價值急遽上升。在此之前，隨著冷戰的開始，美國政府已經開始認識到日本在對蘇策略上的價值。美國認識到，從工業能力、人口、地理位置來看，如果日本落入敵手，對美國的國防勢必形成威脅；如果能夠將日本作為己方夥伴加以利用，則可以成為非常有效的策略據點。如果說，截止到韓戰爆發之前這種認識還有些抽象的話，那麼韓戰的爆發則具體證實了日本的軍事策略價值。更清楚地說，如果沒有日本這個後勤基地，以美國為中心的聯合國軍甚至無法維持在朝鮮半島的作戰」。

由於駐日美軍幾乎全部投至朝鮮戰場，在日本的美軍僅有3,000人，戰後以來一直由美軍擔當的日本防務出現力量真空，這就是美國促使日本重整軍備的現實背景。1950年7月8日麥克阿瑟致函吉田茂首相，授權日本政府組建7.5萬人的國家警察預備隊，並增加8,000名海上保安廳人員。同年12月美國遠東戰區司令部專門委員會提出計畫，要求將警察預備隊盡快編成四個各為1.5萬人的步兵師。美國的計畫有兩個目的，一方面是補充駐日美軍的不足，維持日本國內的治安。另一方面是趁機為日本重新武裝開一個頭，萬一需要，可以考慮把這支武裝力量迅速擴大作為侵朝美軍的預備兵力。當時日本政府的判斷亦是：警察預備隊與軍隊是同質的，其唯一的區別是，前者只在國內行動，而後者則可派往海外。8月10日日本政府頒布「籌建警察預備隊令」，8月23日至10月12日招募74,580人，其中舊軍人

戰後美日臺關係關鍵 50 年 1945-1995（修訂版）

占 51.8%。自國家警察預備隊建立之日起，就處於美軍的雙重控制之下。首先，美國陸軍顧問團（計 780 人）在包括營地在內的各個級別上實行控制；其次，美國對日方的裝備構成和數量擁有控制權。

　　韓戰初期，北朝鮮軍一度占領朝鮮半島近 90% 的土地；而美韓軍隊被趕到了以釜山為核心的幾十平方公里的狹小區域內。麥克阿瑟 7 月中旬三次急電杜魯門總統，要求增兵朝鮮半島。麥克阿瑟甚至趕赴臺灣，與蔣中正商談借兵增援事宜。9 月 15 日美軍登陸仁川，朝鮮戰場局勢驟變。10 月 7 日美軍大舉越過三八線，向中朝邊境挺進。10 月 19 日晚中國人民志願軍渡過鴨綠江，並於當年先後發起三次大規模戰役，將美軍擊退至三八線以南。隨後戰場進入膠著狀態。

　　鑒於朝鮮戰場的嚴峻形勢，1951 年初美國決定提升日本國家警察預備隊的軍備水準，開始向日本提供坦克和榴彈砲等重武器，美國的目的是要警察預備隊承擔防禦本土的責任。韓戰期間，日本還派出掃雷艦隊，協助美軍在朝鮮東海岸元山進行的第二次登陸作戰。

　　1950 年 6 月 22 日美國國務院顧問杜勒斯在東京與吉田茂首相晤談，要求日本立即建立 10 萬人的軍隊。但吉田茂予以婉拒。1951 年 1 月 25 日杜勒斯再次訪日，督促日本政府加快重整軍備。1 月 31 日吉田茂內閣對美承諾「增加警察和海上保安人員數量」。2 月 3 日外務省條約局長西村熊雄向美方提交題為《重整軍備的最初步驟》和《關於對日美聯合保障協定的意見》的 2 份備忘錄。備忘錄主要內容是：在「舊金山對日和約」和《美日安全條約》生效之同時，日本將擴充 5 萬兵力（包括陸上保安隊和海上保安隊兩部分）。

　　隨著韓戰的繼續進行，美國亦進一步推進日本重整軍備的速度。1951 年 5 月 17 日杜魯門總統簽署國家安全委員會第 48/5 號文件，該

第三章　戰後美日臺關係的基本形成
第一節　韓戰—美國東亞策略的重大調整

文件規定：在《對日和約》簽訂之前，「為促進有效之軍事機構的形成，幫助日本組織、訓練、裝備國家警察預備隊和海上安全巡邏隊」；在《對日和約》簽訂之後，「幫助日本發展適當之軍事力量」。9月美軍占領總部向美國陸軍部提出建議案，要求「日本國家警察預備隊到1952年底擴充為8個步兵師（15.6萬人）；到1953年底擴充為10個步兵師（30萬人）」。

但是，日本政府並沒有完全依照美國的策略意圖擴充軍力，堅持以發展經濟為中心，並根據其經濟實力逐漸擴充其軍備。吉田茂拒絕美方要求的理由是：「不能只根據軍事上的要求決定兵力數量。目前，充實國家的經濟力量以安定民生，乃是先決問題。日本由於戰敗，國力消耗殆盡，如同一匹瘦馬。如果讓這匹瘦馬負荷過多的重載，牠就會累垮」。在日本政府的一再拖延抵制下，美國無奈接受日本政府（吉田內閣）延緩擴充軍備的要求。1954年4月9日美國國家安全委員會第5516/1號文件規定：「美國應避免壓日本增大其軍事力量，結果危及其政治、經濟的穩定」。

1953年1月艾森豪就任美國總統，為繼續促進日本重整軍備，1953年3月8日美日簽訂《美日共同防禦協定》（全稱「日本國與美利堅合眾國之間的相互防衛援助協定」。簡稱「MSA」協定）以及《購買農產品協定》、《經濟措施協定》和《投資保障協定》等三個有關協定。為了承擔協定規定的義務，7月日本根據《國家防衛廳設置法》和《自衛隊法》，正式設立自衛廳，陸海自衛隊亦同時建立。至此，美國根據MSA協定，進一步在政治、經濟、軍事上控制了日本。1956年春美國參謀長聯席會議按照日本政府的要求最終確定日本重整軍備計畫。至此，美日在重整軍備問題上歷時五載的交鋒最終結束。1957

戰後美日臺關係關鍵 50 年 1945-1995（修訂版）

年日本政府（鳩山內閣）制定出《第一次防禦力量整備計畫》，日本重整軍備的步伐開始加快。美國促使重整軍備不僅使日本軍事實力逐漸提升，增加東亞地區不穩定因素，也把日本拉入美國的東亞策略體系中，更是戰後美日安保體制形成的重要前提。

二、韓戰與「舊金山對日和約」——美日安保體制的形成

還在韓戰激戰期間，美國急於提前召開舊金山對日和會，以盡快恢復日本的國家主權，使其充當美國在東亞的「策略夥伴」。表面上看，韓戰似是促使美國改變對日政策的主要因素，其實，韓戰之前美國就已開始調整其對日政策。1948 年 3 月 25 日美國前駐蘇大使凱南（時任美國國務院政策設計司長）與麥克阿瑟共同提出「對日政策建議書」：即在經濟上援助日本、主張締結非懲罰性的對日和約、和約簽訂後美軍繼續留駐日本等。這些建議最後展現在國家安全委員會 NSC13/2 號文件（1948 年 10 月 9 日頒布），成為美國轉變對日政策的標誌性文件。

韓戰促使美國決策層在調整對日政策問題上達成一致。1950 年 6 月 26 日參謀長聯席會議主席布雷德利向杜魯門總統提出建議：「韓國、日本、琉球、臺灣、菲律賓和東南亞，都是同一個問題的不同部分」，它們的地位「相互依賴」，美國「亟需一個互相配合的全面的遠東政策」。9 月 7 日美國國務院與國防部達成聯合備忘錄，強調美國應享有外國軍隊在日本駐留的批准權和指揮權，不否定日本擁有自衛權和保持必要規模軍隊的權利。該備忘錄作為國家安全委員會第 60/1 號文件得到杜魯門總統的批准，只待朝鮮戰場處於有利情況便可實施。

第三章　戰後美日臺關係的基本形成

第一節　韓戰─美國東亞策略的重大調整

　　9月15日麥克阿瑟指揮美軍在仁川登陸成功，極大地扭轉了美國在朝鮮戰局的敗勢。於是美國開始啟動舊金山對日和會的議事日程。10月26日晚杜勒斯約見蘇聯駐聯合國代表馬立克，向他轉交美國制定的「對日和約七原則」備忘錄。杜勒斯特別強調：臺灣地位問題暫時凍結，建議由聯合國重新加以考慮。馬立克主張恪守有關的戰時國際協議，還強調說：「臺灣問題純屬中國內政」。

　　為奉行「抗美援朝、保家衛國」的國策，中國人民志願軍入朝作戰。中國的這一策略舉措，迫使美國既定的對日和會計畫延緩實施。11月20日杜勒斯明確宣稱將由臺灣國民黨當局代表「中國」參加對日和會。12月4周恩來發表聲明指出，臺灣當局「沒有資格參加任何有關對日和約的討論和會議」；「中華人民共和國中央人民政府是代表中國人民的唯一合法政府，它必須參加對日和約的準備、擬制與簽訂」。12月7日周恩來召見蘇聯羅申大使，提出以下朝鮮停戰條件，即所有外國軍隊撤出朝鮮；美國軍隊撤發表灣海峽和臺灣島等。

　　朝鮮戰場的動態極大地影響著美國舉行對日和會的進程。面對中朝聯軍的猛烈攻勢，1950年底至1951年初，美韓軍隊被迫退回三八線以南。美國五角大樓和白宮甚至一度討論美軍自朝鮮半島全面撤退的問題。但隨後美軍憑藉其現代化裝備優勢發起大規模反攻，雙方軍隊均損失巨大，3月底至4月初第四、第五次戰役結束後中朝聯軍退至三八線以北。沈志華認為：朝鮮戰局再次出現逆轉，對日和會問題的解決自然也就朝著與中蘇願望相反的方向發展下去。

　　戰場上的優勢地位使美國在對日和會問題上的態度強硬起來。在3月30日美國再次遞交給蘇聯大使館的照書中，不僅重複了有關託管日本幾個島嶼及承認日本享有單獨或集體自衛權等條款，而且強調，

戰後美日臺關係關鍵 50 年 1945-1995（修訂版）

不參加本條約的國家，將不給予任何法律基礎上的權力和利益。對《開羅宣言》和《波茨坦公告》關於臺澎列島歸還中國的規定，只提日本放棄這些領土，但未提其歸屬。美國不僅拒絕中國參加對日和會，還竭力設置障礙阻撓蘇聯的與會。

為中國參與對日和會創造有利條件，1951 年 6 月 23 日馬立克建議朝鮮「交戰雙方」停火與休戰。此時，中蘇希望先實現朝鮮停戰，再解決對日和約問題。美國的策略則堅持先實現對日媾和，再談朝鮮停戰問題。

如此，美國利用 1951 年春夏季取得朝鮮戰場上的軍事優勢，加緊推動對日和約的簽署。美國不僅迫使日本政府承諾不與中國締約，而且與英國達成「國共雙方均不參與和約簽署、和約只言明日本放棄臺灣主權而不明文交給中國」的妥協。6 月 15 日杜勒斯將美英妥協案通報臺灣駐美「大使」顧維鈞，同時還對其承諾：「余知日本政府對貴國態度甚好，必願與貴國簽約，而反對與中共成立關係」。

美國此時的東亞策略極為明確，若在舊金山對日和會前簽訂朝鮮停戰協議、朝鮮半島實現和平的話，美國就很難拒絕中國正式參加對日和會，其繼續保留在日本列島的美國海空軍事基地的任何依據也將不復存在。所以，7 月 10 日開城停戰談判開始不久，美方就不斷製造事端，致使停戰談判陷於停頓。這樣，實現了美國拖延南北韓停戰談判而提前舉行對日和會的既定策略目的。

9 月 5 日對日和會在美國舊金山歌劇院開幕；9 月 8 日日本同與會 48 個國家簽訂「舊金山對和約」（1952 年 4 月 28 日生效）；蘇聯、波蘭、捷克三國代表則拒絕在和約上簽字。「對日和約」締結 5 小時後，國務卿艾奇遜和吉田茂首相在舊金山軍人俱樂部簽訂《美日安全

第三章　戰後美日臺關係的基本形成
第一節　韓戰—美國東亞策略的重大調整

條約》，確立了戰後美日安保體制的基本框架。

「舊金山對日和約」公然違反《開羅宣言》和《波茨坦公告》的精神，宣稱臺澎列島等的歸屬問題要留待英美蘇中四國決定，甚至要交由聯合國大會決定，為「臺灣地位未定論」製造所謂法律依據。它完全展現了美國的東亞策略意圖，如在其第二條第二款中規定：「日本放棄對臺灣及澎湖列島的一切權利、權利根據及要求」；第六款規定：「日本放棄對南威島（南沙群島）及西沙群島之一切權利、權利依據與要求」。

1951 年 9 月 8 日臺灣當局「外交部長」葉公超發表聲明稱：《舊金山對日和約》歧視臺灣，因而對臺灣沒有任何約束力。9 月 18 日周恩來發表聲明：「舊金山對日和約由於沒有中華人民共和國參加準備、擬制和簽訂，中央人民政府認為是非法的，無效的，因而是絕對不能承認的」。

1952 年 2 月 28 日《美日行政協定》（全稱是《美利堅合眾國和日本國基於安全條約第三條的行政協定》）簽訂；1954 年 3 月 8 日《美日共同防禦條約》簽訂。這樣，「舊金山對日和約」以及《美日安全條約》、《美日行政協定》、《美日共同防禦條約》等相繼簽訂，標誌著防衛範圍覆蓋東亞地域的美日安保體制最終形成。尤其是《美日安全條約》的「遠東條款」規定由美日軍事「協防」臺灣海峽地區，意味著戰後美日臺關係進入制度化發展的軌道。

「舊金山對日和約」簽訂後，「美國不僅擁有對於島國日本的防衛不可或缺的強有力的海空軍事力量，而且擁有在東亞發揮作用的意志與能力。另外，美國在朝鮮半島保持軍力，從結果上來看，對日本也造成一定的威懾作用，避免了日本重走軍國主義之路」。

戰後美日臺關係關鍵 50 年 1945-1995（修訂版）

第二節　美日臺關係的形成與確立

一、「日臺和約」——戰後日臺關係的起點

「舊金山對日和約」及《美日安全條約》簽訂後，美國又積極推動日本與臺灣建交。美國的策略意圖是透過與日、韓、臺分別簽訂雙邊安全條約，「構成美國為首的亞太地區以反共為號召的策略防線和安全網路」。9 月 17 日美國駐臺「公使」藍金通知臺灣「外交部長」葉公超：「美國已促使日本政府派員以貿易代表身分來華，洽談兩國之間的雙邊條約，日本政府業已同意」。鑒於國民黨僅占據臺澎列島的實際狀況，注重現實的日本採取了一系列「動作」，以便在談判中壓制臺灣、取得更多利益。10 月 26 日吉田茂首相在參議院發言中稱日本可以考慮在上海設立商務辦事處。吉田茂的言行引發臺灣的不滿，10 月 30 日臺灣請求美國對日本予以「嚴正約束」；11 月 5 日藍金約見葉公超，轉達美國政府反對吉田發言的立場。日本被迫改變對臺態勢，採取迎合美國要求的外交姿態，11 月 17 日設立日本外務省臺北事務所，作為日臺正式「建交」前的「外交代表機構」。但仍未明確提出將與臺灣當局進行和談，也未開始與和談相關的預備性工作。

在臺灣的一再要求下，也為了對日施加更大的壓力，12 月 15 日杜勒斯以美國總統特使身分赴日。杜勒斯明確告誡吉田首相：如果日本不與臺灣簽訂和約，美國國會就不會批准「舊金山對日和約」。吉田當面承諾接受美方建議，但又希望「讓日本作為自由國家的先導。擴大與中國的接觸」。為使日本政府無條件遵從美國的策略安排，12 月 18 日杜勒斯在離開日本時，將一封寫好的親筆信交給吉田茂，並令其簽字後交還美國方面。12 月 24 日吉田茂正式致函杜勒斯稱「完全同

第三章　戰後美日臺關係的基本形成
第二節　美日臺關係的形成與確立

意」。至此，在美國的高壓下，日本全面接受了美國要求其與臺灣簽訂和約的「指令」。隨後，美日雙方以此信為基礎進行多次磋商與修改，產生了基本上由美方定稿的《吉田書簡》。《吉田書簡》明確指出：日本將「與臺灣方面締結重新恢復與建立兩政府間正常關係的條約。這個雙邊條約的條款將適用於現在及以後可能成為中華民國政府管轄的全部領土……日本政府不打算與中共政權締結兩國間條約」。由此確定戰後日本對臺外交的基本走向。1月23日中國外交部授權副部長章漢夫發表聲明，指出《吉田書簡》是「對中華人民共和國最嚴重、最露骨的挑釁行為」。

　　就當時日本對臺海兩岸的需求而言，臺灣遠低於中國。日本主要出於對經濟利益的考慮，想同中國恢復經貿往來。因為戰前日本對大陸的經濟依賴已經達到很高的程度，其海外資源的60%以上來自中國，占日本海外商品和投資60%以上的市場占有率也是中國。隨著戰後經濟的逐步恢復，日本希望重新獲得中國的原料與市場。而臺灣在戰前只是日本的農業殖民地，在經濟上對日本沒有太大的吸引力。一方面，臺灣的資源不如中國豐富，市場極其有限；另一方面，國民黨政權剛剛從大陸敗退。從經濟意義上來看，日本同臺灣交流的利益十分有限。不過，日本更希望與臺海兩岸同時建立一種「平衡」的關係，以實現日本戰後經濟重建的利益最大化。另外，日本對臺灣也缺乏信心。日本朝野一致認為，臺灣「反攻大陸」的想法猶如天方夜譚，就連臺灣的國民黨政權也會因經濟狀況的惡化而很快處於崩潰的困境。更有人進一步認為：美國雖然要求日本與臺灣簽訂和約，但一旦拋棄臺灣後，就將這個包袱甩給日本。

　　在美國的強大壓力下，日本政府為「最好地保障日本的經濟和政

戰後美日臺關係關鍵 50 年 1945-1995（修訂版）

治利益」，不得不選擇對美「一邊倒」的外交策略，並「把它當作為順應世界形勢和日本需要的唯一方針」。不過，日本政府雖選擇臺灣當局為和約的談判對象，但在《吉田書簡》中又「希望最終與日本的鄰邦中國建立全面的政治的和平與通商關係」。日本最初只想與臺灣簽訂一個通商航海條約。為應對與日本的和約談判，蔣中正親自確定對日和談「三原則」：

1，「中華民國」須保持與對日作戰各盟國之平等地位；

2，日臺和約應與舊金山和約基本一致；

3，日本政府須承認「中華民國」對於全部中國領土的主權。臺灣當局還模擬「舊金山對日和約」制定出「日臺和約草案」共 22 條。但日本政府為「盡快取得美國及西方集團的信賴」，確定僅在「吉田書簡所允許的範圍內簽約」。

1952 年 2 月 17 日日方首席代表河田烈（前大藏大臣）赴臺，臺灣當局則派出「外交部長」葉公超出任臺方首席代表；同時還成立了由陳誠、張群等 12 人組成的「對日和約最高決策小組」。2 月 20 日臺灣與日本的和約談判在臺北正式舉行。日臺和約談判自始就圍繞代表資格、領土主權適用範圍等問題爭端迭起，談判多次跌宕起伏。3 月 25 日日臺一度達成妥協案，但日方忽在 28 日全部推翻，後在美國的干預下終達成臺灣損益頗多的修正案。蔣中正痛斥稱：「此等日人之背義失信，甚於其戰前軍閥之橫剿，其果能獨立自由乎？」。

4 月 15 日杜魯門總統簽署文件，「舊金山對日和約」即將生效，日本利用臺灣急於在生效前實現締約的心理，持續逼迫臺灣當局讓步。而處於守勢的臺灣當局漸屈從於日本的外交威逼，但日方也作出一定的妥協。經過 67 天的討價還價，4 月 28 日下午 3 時（「舊金山對和

第三章　戰後美日臺關係的基本形成
第二節　美日臺關係的形成與確立

約」生效的 7 個半小時前）日臺雙方在臺北簽訂「日臺和約」，宣布正式結束戰爭狀態，並建立「外交關係」。「日臺和約」重複「舊金山對日和約」的條款，日本宣布放棄在臺灣的所有權利和特權，但拒絕表明其歸屬。「日臺和約」簽訂之同日，美國參議院迅即批准「舊金山對日和約」。

5月5日周恩來發表聲明：「對於美國所宣布生效的單獨對日和約，是絕對不能承認的；對於公開侮辱並敵視中國人民的蔣中正『和約』是堅決反對的」。冷戰時期美國主要依據「舊金山對日和約」與「日臺和約」限定的所謂「法律依據」干涉臺海關係。推行「臺灣地位未定論」是美國在亞洲實施冷戰政策的需求，是企圖將中國和臺灣製造成歐洲的德國、亞洲的北韓，把臺灣限定在美國的東亞冷戰格局之中，以適應美國在西太平洋的策略需求。

「日臺和約」奠定了此後日臺關係的政治基礎，美國將日臺納入其遠東防線的策略目標順利實現，美日臺關係的東亞區域部分得以充實奠定。「日臺和約」把「臺灣牢牢地綁在了美國冷戰策略的戰車上，使其與日本一道成為美國在亞洲的重要夥伴」。「日臺和約」對日臺經濟關係的影響也是很明顯的。1950-1970 年代日本是臺灣的主要進口來源國，又是日本在亞洲地區僅次於香港的對外投資地區，儘管長期的經濟合作使臺灣經濟對日本存有嚴重的依賴，但「臺灣經濟的高速發展卻與穩定的日臺關係及密切的日臺經濟關係不無相關」。

二、「中美共同防禦條約」——戰後美臺關係的起點

朝鮮半島的戰事平息後，臺海局勢則發生新的變數。對於臺灣當局來講，韓戰停戰不僅意味著其憑藉韓戰重返中國大陸的夢想澈底破

戰後美日臺關係關鍵 50 年 1945-1995（修訂版）

滅，而且從軍事上看，朝鮮戰事一休，中共針對臺灣的軍事力量將會因此而得到加強，這將給臺灣當局的生存造成更大的威脅。不僅如此，韓戰的結束還會給美臺關係帶來新的不穩定因素等。

由此，臺灣當局採取積極的對美外交斡旋，欲在朝鮮停戰後設法維持並進一步爭取美國對臺灣的支持，其中爭取與美國簽訂「共同防禦條約」成為臺灣當局對美外交中的關鍵環節。1953 年 1 月 20 日艾森豪就任美國第三十四屆總統。3 月 19 日臺灣駐美「大使」顧維鈞向新任國務卿杜勒斯正式提出關於締結共同防禦條約的建議，但為杜勒斯回絕。

美國政府最初認為若與臺灣簽訂「共同防禦條約」，將「不僅意味著美國將不得不進行一場耗資巨大、曠日持久、未必能勝的戰爭，而且還很有可能牽發一場世界大戰」。而維持臺海兩岸「隔離」現狀，最終實現「兩個中國」的前景則最符合美國的策略需求。但此刻中國政府決心打破臺灣海峽事實上的隔離狀態，而炮擊金門是「既能表明解放臺灣的意志，又能向世人表示內戰還在繼續的最好辦法」。

9 月 3 日解放軍炮擊金門、馬祖等島嶼，揭開了第一次臺海危機的序幕。為避免直接的軍事捲入，美英經過磋商，由紐西蘭出面要求聯合國「斡旋停火」，但遭到臺灣當局的激烈反對。10 月 7 日饒伯森再次提出備忘錄建議：應在紐西蘭提案提出之前舉行美臺「共同防禦條約」的談判。10 月 18 日艾森豪與杜勒斯議決採納饒伯森的建議，但同時也表示在締約後「很有必要」對國民黨加以限制，使之「不從『庇護所』向外進攻」。

此時解放軍繼續炮擊金馬等島嶼，11 月 1 日起戰事有擴大之勢。這種空前的壓力迫使臺灣當局作出重大讓步，僅要求在紐西蘭提案提

第三章　戰後美日臺關係的基本形成
第二節　美日臺關係的形成與確立

交聯合國之前締約。在 11 月 3 日開始的締約談判中，美臺仍在圍繞條約適用範圍問題上處於爭執狀態，美國要求把條約防禦範圍明確限制為臺澎列島，但臺方則不予認同。在美國的壓力下，11 月 4 日臺灣當局提出新的條約草案，對於防禦範圍做了重新表述：「本條約所適用之『領土』一詞，就中華民國而言，應指臺灣、澎湖以及經共同協商所決定之其他領土；就美利堅合眾國而言，應指其他在西太平洋區域內之各島嶼領土。」美國默認了臺灣當局的意見，1954 年 12 月 2 日美臺簽訂「共同防禦條約」。

雖然「共同防禦條約」正文規定美國將承擔防衛「臺、澎及其他雙方都認為必須防衛的領土」，但在美臺關於條約的祕密換文中則明確規定：美國的條約義務只限於臺澎，並且，臺灣軍隊針對中國採取的任何大的軍事行動都需事先徵得美國的同意。條約公然將臺灣置於美國的軍事保護之下，臺灣變成了美國在西太平洋「集體防禦」中的一環。

1955 年 1 月 19 日解放軍攻占一江山島，逼近國民黨軍隊據守的大陳島。面對再度緊張的臺海局勢，1 月 24 日艾森豪請求國會授權，以在必要時動用美國軍隊「防衛」臺澎列島，但他同時也宣稱：「我並不主張美國把它的防禦義務擴大到正待批准的條約所規定的臺灣及澎湖列島範圍以外」。隨即國會參眾兩院分別以 85：3 和 409：3 的絕對多數透過了《臺灣決議案》（亦稱「福爾摩莎條約」）。隨後，參議院以 64：6 的絕對多數透過《中美共同防禦條約》。在美國的壓力下，臺灣當局再次作出妥協，2 月 8 日起在美軍第七艦隊「協防」下國民黨守軍陸續撤出大陳島。2 月下旬至 3 月初杜勒斯鼓吹中國將面臨由朝鮮——日本、臺灣和東南亞構成的「三重威脅」，宣揚美國將在臺澎問

戰後美日臺關係關鍵 50 年 1945-1995（修訂版）

題上進行「全力防禦」。杜勒斯甚至與艾森豪共同發出對中國進行核打擊的威脅。3月5日美國海軍參謀長卡爾奈發出預言稱：中國將於4月中旬進攻金門、馬祖。

「中美共同防禦條約」並不意味著美國對中政策的改變。相反，它只是以法律的形式重申了美國為維護其策略利益，分裂中國的扶蔣反共政策。它更是美國推行其「封鎖」中國的東亞策略的重要一環。自從韓戰以來，美國就把中國視為其在亞洲的最大威脅。美國在歐洲對外政策的宗旨就是遏制蘇聯，而在東亞和東南亞則是遏制中國。於是，美國便沿著中國東南沿海建立範圍廣泛的、針對中國的多邊軍事防禦體系。為此，先後簽訂一系列軍事性條約，《美泰軍事援助條約》（1950年10月7日）、《美菲共同防禦條約》（1951年8月30日）、《美澳新共同防禦條約》（1951年9月1日）、9月8日《美日安全條約》（1951年9月8日）、《美韓共同防禦條約》（1953年10月1日）、《美日共同防禦協定》（1954年3月8日）等。

韓戰停戰後，美國開始組建由其主導的「亞洲版北約」。在日內瓦會議召開前夕，美國向英法提出建立東南亞和西太平洋軍事同盟的方案；日內瓦會議期間美國又向日韓提出建立「東北亞聯盟」的計畫，但由於日韓分歧嚴重而最終擱置。日內瓦會議期間的1954年9月8日美國與英法澳新等國在馬尼拉簽訂《東南亞集體防衛條約》（包括其附件的《東南亞集體防衛條約議定書》和《太平洋憲章》），標誌著美國「亞洲太平洋集體安全保障體系」的建立。以上條約均以中國為假想敵，形成對中國的「島嶼鎖鏈」，而臺灣是這條鎖鏈上的中間環節。「中美共同防禦條約」實際上就成了把臺灣國民黨當局與上述國家連在一起的策略同盟紐帶。這一條約企圖將美國對中國內政的干涉「合法

化」,它既為美國干涉中國統一臺灣作出了安排,又為美臺在必要時共同對中國採取軍事行動留下了「伏筆」。

三、美日臺關係框架的基本確立

如上所述,臺灣透過與日本簽訂「日臺和約」、與美國簽訂「共同防禦條約」等,基本確立其戰後對外關係的兩大主軸。美國還在其與日本簽訂的《美日安全條約》中,公然將臺澎列島納入其「共同防衛」範圍,臺灣當局也樂見其成,形成軍事威懾臺海局勢的戰後美日安保體制。至此,美國主導下極不規則的政治、經濟及軍事的美日臺關係框架愈加牢固。所謂極不規則就是臺灣始終處於美日的合作獨占之下,其政治、經濟長期依賴美日。「三邊關係」形成的諸原因中,既有中蘇同盟、韓戰等的特殊因素,更有美國將日臺納入其遏制中國的策略防線的考量等。其中,韓戰是促使美國重新在經濟上扶持、軍事上保護日臺的最直接的重大契機。

在美國的東亞策略中,日臺最初被置於同樣重要的位置。1947年島內爆發「二二八事件」時,美國就企圖以目前臺灣在法律上還是日本的一部分為由,用聯合國的名義進行直接干涉。1949年秋季國民黨自大陸全面潰敗,奉行現實外交策略的美國一度期待與中國共產黨政府進行某種「友好性接觸」,遂一度暫停對臺灣的經濟與軍事援助。美國中情局甚至估計臺灣「大約將於1950年底置於中共控制之下」。然而,從美國的根本利益出發,它絕不會輕易放棄守臺灣。在美國軍方的堅持下,「1950年上半年,美國政府為改變杜魯門1月5日聲明中所闡述的對臺政策的醞釀已經成熟,韓戰的爆發則為美國決策者最後拿定主意採取行動提供了契機」。正如1953年2月就任美國駐臺「大使」

戰後美日臺關係關鍵 50 年 1945-1995（修訂版）

蘭金所言：「不惜動用美國海、空力量確保臺灣不落入共產黨之手……這個政策早就存在，只是未經言明而已……韓戰爆發以後，這就被認為是幾乎是理所當然的了」。

如此，美國在軍事介入韓戰的同時，宣布武力保護臺灣，恢復對臺灣的軍事、經濟援助，重新將臺灣納入其策略防禦圈內。同時，美國大力扶植日本恢復經濟，並把日本定位為美國遠東策略的堅強「盟國」。美國這一重大策略調整，最大的受益者顯然是同處於戰後政治、經濟困境中的日本與臺灣。

韓戰爆發後美援大舉進入臺灣，成為重建戰後美臺關係的序幕；韓戰的「特需」更成為戰後日本經濟恢復與騰飛的起點，日本經濟很快進入高成長時期。韓戰促進美國加緊扶持日本。1951 年美國主導召開「舊金山對日和會」，提前恢復日本的國家主權，還簽訂了《美日安全條約》和《美日行政協定》，使日本在政治、經濟、軍事上從屬於美國。美國還推動日臺較早建立了雙邊貿易關係，以臺灣提供農產品以穩定日本國內的經濟秩序。1952 年 8 月 22 日美國安全委員會第 135 號文件「附錄」宣稱：「……當務之急仍是將扶持日本作為一個主要的目標。因為一個強大、友好的日本可以在太平洋充當西方防禦的天然橋頭堡，它將會為維持自由世界在亞洲的地位作出巨大的貢獻」。

在美臺的雙重「利益」需求下，1954 年 12 月美臺簽訂「共同防禦條約」，同時美國國會透過《臺灣決議案》，授權美國總統動用包括核武器在內的軍事力量防衛臺灣。隨後，這兩項法案的透過，標誌著美國有了與國民黨當局共同保衛臺灣的法律依據。

出於雙方的政治需求，在對臺灣實施軍事保護的同時，美臺確立以美國單方援助臺灣的美臺經濟關係，從而把臺灣經濟納入美國為首

第三章　戰後美日臺關係的基本形成
第二節　美日臺關係的形成與確立

的資本主義經濟體系之中。臺灣的最大需求則是在美國的經濟、軍事的援助下逐漸「復興」，國民黨在臺灣的統治地位也得以維繫和鞏固。正因為美臺雙方的政治需要的一致性和從屬關係，決定了美臺經濟關係的發展趨勢，臺灣當局也願意接受其在美臺經濟關係中的從屬地位。在美國的援助下，臺灣經濟成長迅速。從 1952-1956 年間 5 年間，臺灣的國民生產總值（GNP）的年均成長率為 6.1%，而 1952 和 1953 年兩年的成長率分別為 8.21% 和 9.19%，1955 年、1956 年分別為 3.87% 和 3.66%。在接受美援的過程中，臺灣由「反共」前哨基地逐漸轉為經濟上的半邊緣地區，形成了經濟上對美國的依賴。

在美日關係、美臺關係基本確立的基礎上，美國對未來日臺關係進行了策略設計。美國認為臺澎列島作為圍堵和監視中國的軍事要塞，其策略位置極為重要。另外，臺灣作為供應日本糧食的傳統供應地，是維持美國對日占領的重要保障。為此，美國的基本目標「是不讓臺灣和澎湖落入共產黨手中。目前為達此目的的最實際手段是把這些島嶼同中國隔離開」。在美國的一手導演下，1952 年 4 月日臺簽訂「日臺和約」並建立「邦交關係」，這為戰後日臺關係的發展提供了所謂的政治法律保障。對臺灣而言，日臺關係的重要性僅次於美臺關係。而就發展經濟來看，由於臺灣經濟對日本的嚴重依賴，其重要性則幾乎可以和美國對臺援助相提並論。

美國東亞策略的調整，大體規定了戰後日臺的政治與經濟的發展動向。在美國東亞策略中，日臺關係從屬於美日與美臺關係。同樣，戰後初期的日臺經濟關係亦是如此。鑒於臺海兩岸經濟聯繫的中斷，按照美國的規劃，1950 年 9 月臺灣與日本簽訂了貿易協定，向日本出口米糖等必需農產品。由此，因戰爭而中斷的日臺經濟聯繫僅僅不到

戰後美日臺關係關鍵 50 年 1945-1995（修訂版）

4年就又恢復了。臺灣當局此時認為，要想盡快恢復島內經濟，就要積極「發展對外貿易，尤以恢復對日貿易為最重要」。但此時日本尚未恢復國家主權，日臺之間尚未建立任何形式的「官方」關係，僅是就雙方緊缺的商品物資品種作了數量有限的易貨貿易而已，日本和臺灣僅維持著一定程度的民間貿易往來。

在美國的扶持下，日本經濟開始恢復至戰前水準並於1955年進入戰後經濟的高速成長期。為擴大其出口市場，日本從1960年代始起，積極開展經濟外交，試圖透過臺灣打開通往東南亞市場的通路，遂加強對臺貿易和直接投資。日臺雙邊貿易的規模逐漸擴大，1952年日臺雙邊貿易總額僅為1.196億美元，1960年增至1.666億美元。臺灣對日出口占其總出口48.3%上升至1955年60.6%。此後，即逐漸下降，1965年為30.6%，但仍占第一位。戰後初期，由於大量接受「美援」，臺灣從美國的進口多於從日本的進口；1952年，臺灣從日本進口占其總進口的比重為31.0%，而同期從美國的進口為45.7%；1955年從日本的進口與美國的進口分別為30.4%和47.5%。但是，到1964年以後，從日本的進口開始超過美國；1965年臺灣從日本的進口占總進口的39.8%，超過了從美國進口的31.7%。由於日本經濟尚未恢復元氣，從1953年到1960年，日本對臺灣直接投資累計僅為14項，累計總金額僅為168萬美元；但是，從1961年到1970年的10年間，來自日本的直接投資猛增為374項，總額為8732萬美元。日本的紡織業等勞動密集型產業就是在這段時期陸續轉移到臺灣的。總之，戰後初期發初的日臺經濟關係是美臺、美日經濟關係的補充和延續，是美日臺關係中的經濟組成部分。戰後初期至1960年代中期日臺經濟關係發展較快，同期美日、美臺經濟關係亦進展迅速；日本經濟高成長

第三章　戰後美日臺關係的基本形成
第二節　美日臺關係的形成與確立

後至 1980 年代，日臺經濟關係與美日、美臺經濟關係平行展開，但貿易摩擦等經濟矛盾也開始頻發，整體來說，「三邊」經濟關係亦是從屬於美國東亞策略範疇的重要環節。

至 1960 年代中期美國國力日漸衰退，而日本經濟則持續高成長，美日臺關係的發展也進入「轉型期」。1964 年 11 月 9 日佐藤榮作上台組閣，日臺關係更加趨於密切。此時，臺灣的工業化對日本的資金、技術和機器設備等的需求極為高漲。同時，工業經濟發展迅速的日本也亟需增大來自臺灣的農產品供應，日臺雙邊貿易進展很快。按照美國的策略設計意圖，在「美援」終止的 1965 年，日本向臺灣提供了第一筆政府貸款，總額為 540 億日元（合 1.5 億美元），主要用於建設高雄港、曾文溪水庫等項目。在互為需要的前提下，更重要的是在美國的主導下，美日臺關係發展很快，日本提供技術和半成品、在臺灣島內加工裝配、最終產品出口美國市場的貿易模式基本形成；1960 年 1 月美日簽訂新的《美日安保條約》，繼續堅持「遠東條款」（第六條），新美日安保體制正式形成。1960 年 2 月 26 日岸信介首相表明日本政府對於「遠東條款」的見解：大體上菲律賓以北，日本及其周邊地區，包括韓國和臺灣當局控制下的地區。岸信介甚至說，若中國要統一臺灣，根據「遠東條款」，日本「不能無動於衷」。就此，美日臺關係繼續得以維繫鞏固。

第三節　臺海危機期間的美臺關係

一、第一次臺海危機期間（1954年）的美臺關係

　　1949年3月15日中共中央鄭重宣告：「中國人民解放軍解放戰爭的任務就是解放全中國，直到解放臺灣、海南島和屬於中國的最後一寸土地為止。」大陸全境戰事結束後，解放軍隨即開始攻臺戰役的準備。1950年1月底英國駐廣州總領事館電告英國政府，稱解放軍將在3月份發起攻臺戰役；5月15日美國駐華使館臨時代辦羅伯特在臺北向美國政府報告稱：解放軍可能在6月15日至7月底之間發動進攻。但至6月25日韓戰突然爆發，解放軍兵力大量東調。中共軍委遂決定：「……加強海空軍建設，打臺灣的時間往後延。」

　　1953年1月20日艾森豪就任美國第34屆總統後，進一步加強既定的臺海政策。6月22日美國國家安全委員會制定的《日光浴計畫》明確指出：美國應「繼續支持臺灣，不僅支持它的自身防禦，而且為了在遠東地區戰爭擴大的形勢下，採取可能的進攻性行動而支持它擁有有效的策略儲備力量」。7月27日朝鮮停戰協定簽字後，圍繞臺海地區的安全問題開始突出。中國領導人也意識到：「……現在韓戰停了，印度半島戰爭也停了，剩下來的就是美國加緊援助臺灣進行騷擾性的戰爭。」

　　為阻止美國分裂臺海兩岸的意圖，反擊臺灣當局的軍事騷擾，中共中央決定進行懲罰性炮擊。1954年7月23日《人民日報》發表社論，重申中國人民一定要解放臺灣。8月1日解放軍總司令朱德在建軍27週年紀念會上講話，強調中國人民一定要解放臺灣。8月2日周恩來兼外長發表聲明，宣布中國人民一定要解放臺灣。8月11日周恩來在

第三章　戰後美日臺關係的基本形成
第三節　臺海危機期間的美臺關係

中央人民政府委員會第 33 次會議上再次聲明：「臺灣是中國神聖不可侵犯的領土，絕不容許美國侵占，也不容許交給聯合國託管。解放臺灣是中國的主權和內政，絕不容許他國干涉。」8 月 24 日毛澤東會見英國前首相艾德禮時，希望美國在臺灣問題上採取明智的態度。

1954 年 9 月 3 日解放軍集中炮擊金門、馬祖等島嶼，揭開了第一次臺海危機的序幕。此次炮擊，可視為是《孫子兵法》所講的「上兵伐謀」的行動，其目的是為了防止臺灣問題固定化，反對美國製造「兩個中國」的陰謀。炮擊金門也是「為了阻止美國與臺灣簽訂共同防禦條約」。

驟然緊張的臺海局勢震動了美國政府，9 月 4 日杜勒斯指出：炮擊金門「可能嚴重危及包括澳洲、臺灣、日本、紐西蘭、菲律賓和琉球在內的整個沿海地區」。由此建議美國應進行軍事干預。但鑒於朝鮮戰場的慘痛教訓，美國實在不願意再次與中國軍隊交戰，英國等國也予以反對。於是，美國決策者決意「迂迴」性支持臺灣當局，使其「應盡可能地在不招致世界輿論反對的情形下保衛這些島嶼」。9 月 12 日杜勒斯提出利用聯合國調停臺海局勢的方案。杜勒斯方案擬以「臺灣地位未定論」為前提，利用聯合國調停朝鮮停戰，達到避免美國直接捲入臺海軍事衝突的目的。這是美國面對臺海危機局勢進退兩難的情況下提出的折中方案，它成為美國在處理第一次臺海危機時所追求的主要目標。

為掩蓋其干涉中國內政的圖謀，美英祕商後由紐西蘭出面在聯合國安理會提發表灣海峽地區停火的提案。紐西蘭提案展現出艾森豪威在臺灣海峽採取的「戰爭邊緣政策」。即把戰爭邊緣線劃在中國與金門、馬祖之間，不貿然捲入與中國的交戰，另一方面在聯合國鼓吹停

戰後美日臺關係關鍵 50 年 1945-1995（修訂版）

火，以擺脫美國在臺灣海峽的兩難境地。但美國的舉動遭到臺灣的堅決反對。對於臺灣當局來看，這不僅意味著割斷臺灣與中國大陸之間僅存的一點領土聯繫，造成臺海兩岸事實上的分裂。而且，由聯合國出面調停臺海停火，又意味著在國際上確定臺海局勢的固定化，臺灣將不得不接受與中國大陸永久分離這個前景。這兩點是臺灣當局無論從心理上還是從政治上都難以接受的。

如前所述，為促使臺灣當局轉變態度，美國決策者決定在紐西蘭方案提交聯合國之前，與臺灣舉行締約談判。因為「這不僅是抵消紐西蘭提案所產生的副作用的重要步驟，也是阻止中共進攻臺灣的最佳措施」。10 月 27 日杜勒斯在與臺灣「外長」葉公超會談時指出：美國已與日本、菲律賓、韓國、澳洲及紐西蘭締結了《共同防禦條約》，在西太平洋島嶼防禦鏈上只剩下臺灣這個「唯一的缺口」。11 月 2 日美臺開始締約談判。

在談判中，美國認為金馬等島嶼的法律地位不同於臺澎列島，要求將條約防禦範圍明確限定為臺澎列島，同時要求臺灣當局保證在徵得美國同意之前，不能對中國採取任何進攻性軍事行動。臺灣最初堅持美國必須承擔幫助防守金馬等島嶼的義務，但最終被迫在條約「防禦範圍」和事先徵求美國意見問題上作出讓步。1954 年 12 月 2 日「中美共同防禦條約」在臺北正式簽訂（1955 年 3 月 3 日美臺在臺北互換批准書，正式生效）。

「中美共同防禦條約」的簽訂，標誌著美臺軍事同盟關係的確立。按照「共同防禦條約」的規定，美國將對臺提供全面的軍事保護，承擔繼續向國民黨軍隊提供援助、提高其作戰能力的責任等。《美日安全條約》與「中美共同防禦條約」簽訂後，從日本北部開始，經韓國、

第三章　戰後美日臺關係的基本形成
第三節　臺海危機期間的美臺關係

琉球群島、臺灣、澎湖列島、菲律賓、南下至澳洲、紐西蘭，形成了一條圍堵中國的「島嶼鎖鏈」，標誌著美國在西太平洋的安全體系和策略部署趨於完整。

由於金馬等島嶼不包括在「共同防禦條約」的「防衛」範圍中，為安撫臺灣當局，12月10日杜勒斯和臺灣「外交部長」葉公超互換信件，其中關於條約的適用範圍，函稱臺灣對於條約中「所述之領土及其他領土，均具有有效之控制，並對其現在與將來所控制之一切領土，具有固有之自衛權利」。「將來」二宇就把「中美共同防禦條約」的「防禦」區域擴大至臺澎列島之外的金門等島嶼，這是美國對臺灣所作出的策略性「讓步」。

為打破美臺合謀，1955年1月18日解放軍實施陸海空三軍聯合作戰，一舉攻克一江山島，這是對「中美共同防禦條約」的沉重打擊，臺海危機顯擴大之勢。美國決策者錯誤地判斷解放軍將以武力一舉解放臺灣島，1月24日艾森豪要求國會授權總統在必要時動用美國武裝力量保衛臺澎列島。1月28日美國參眾兩院分別以85：3和409：3的絕對多數透過《臺灣決議案》，授予總統「發動戰爭的廣泛權力」。1月31日代理國務卿胡佛電告美國駐臺灣「大使」蘭金，令其立即向臺灣當局傳達《臺灣決議案》的內容。並轉達了艾森豪的承諾，美國可以「防衛」金門、馬祖不受武裝侵犯，但國民黨軍隊必須迅速從大陳島撤出。

不過，《臺灣決議案》的發表並不意味美國對臺政策發生根本性的轉變。美國之所以承諾防衛金馬等島嶼，其最大的策略目的就是迫使國民黨軍隊從大陳島撤退，暫緩臺海危機擴大，最終阻撓解放軍攻占金馬及臺澎列島。蔣中正則認為《臺灣決議案》彌補了「中美共同防

戰後美日臺關係關鍵 50 年 1945-1995（修訂版）

禦條約」的缺陷，因此蔣中正同意從大陳島撤出。2月5日至12日在美國第七艦隊「護衛」下國民黨大陳島守軍撤退完畢，第一次臺海危機趨於緩和。

1955年1月28日紐西蘭駐聯合國代表向聯合國安理會提出在臺灣海峽停火的提案（史稱「神諭」方案）。這一提案遭到海峽兩岸的共同抵制。2月3日周恩來在致聯合國祕書長的覆電中指出，紐西蘭提案「干涉中國內政，掩蓋美國對中國的侵略行為」，「違犯了聯合國憲章的基本原則」。2月5日臺灣駐聯合國「常任代表」蔣廷黻在聯大演說中，堅決反對討論「停火」問題。2月8日蔣中正在「國父紀念日」大會上，質疑紐西蘭提案，痛斥「兩個中國」謬論。這樣，圍繞「停火」問題，美臺矛盾一時非常尖銳。由於蘇聯的反對，2月15日安理會決定無限制擱置討論紐西蘭提案，美臺關於「停火」問題的爭論暫告休止。這樣，美國使聯合國介入臺海危機的目的歸於失敗。

4月17日艾森豪作出決策：如果臺灣當局同意從金門等島嶼撤軍，美國將封鎖南迄汕頭北至溫州的中國海岸，並在臺灣駐紮核武器部隊。這種封鎖直至中共放棄使用武力占領臺灣和澎湖列島為止。4月20日參謀長聯席會議主席雷德福和助理國務卿羅伯森赴臺對臺施壓，但臺灣當局仍拒絕美國的撤軍安排，美臺關係再度陷入進退兩難的困境。

同年4月23日周恩來在萬隆的亞非會議上發表聲明：「中國政府願意同美國政府坐下來談判，討論和緩遠東緊張局勢的問題，特別是和緩臺灣地區的緊張局勢問題。」5月13日周恩來在全國人大常委會上進一步指出：「解放臺灣有兩種可能的方式，即戰爭的方式和和平的方式。中國人民願意在可能的條件下採取和平的方式解放臺灣。」5

第三章　戰後美日臺關係的基本形成
第三節　臺海危機期間的美臺關係

月24日杜勒斯覆函中方,同意雙方舉行會談,「以緩和及消除臺灣地區的緊張局勢」。7月11日美國透過英國政府向中國轉達其在日內瓦舉行中美大使級會議的建議。7月14日中國政府回覆表示同意;7月25日中美兩國同時發表舉行大使級會談的新聞公報。至此,第一次臺灣海峽危機解除。

如上所述,在第一次臺灣海峽危機中,美臺關係跌宕起伏、一再波折。美國為確保其在西太平洋的策略利益,透過「共同防禦條約」和《臺灣決議案》在法律層面上承擔起「防衛」臺灣的義務。但美國又始終堅持避免在臺海地域與中國發生直接軍事衝突,呈現出美臺圍繞臺海危機的分歧與矛盾。美國學者艾西奈利在《危機與承諾——1950-1955年美國對臺灣的政策》（1996年）一書中認為:「從1950年6月的干涉到日內瓦大使館會談,將臺灣從中國分離出去,是這一時期美國的目標……更具有深遠意義的是,這一思想是杜勒斯在第一次臺海危機期間所設計的外交策略的一個基本組成部分,因為他的主要目標之一是透過製造事實上的『兩個中國』的局面以穩定臺灣海峽的局勢」。雖然美國也並沒有宣布將奉行「兩個中國」的政策,但美國將臺灣保留在其在亞洲「遏制共產主義」包圍圈的策略意圖,已經表露得十分清楚了。

在第一次臺海危機中,日本積極追隨美國的臺海策略部署。日本外相重光葵發表聲明宣稱:「東亞的平靜被現在正在中國沿海進行的戰爭所擾亂」,日本希望「透過聯合國的斡旋來迅速安排停火,以便保持臺灣海峽的和平」。希望中國「將忠實它所宣布的和平共處的政策,並以適當的行動來證明」。日本還公開表示支持美國對中國實施軍事打擊。3月10日鳩山一郎首相對合眾社記者表示:「兩個中國」是解決

戰後美日臺關係關鍵 50 年 1945-1995（修訂版）

問題的現有的最好辦法，並稱一旦爆發戰爭，美國可以「自由地使用日本基地，以進行或支持美國對紅色中國的軍事行動」。日本的如此表態，充分展現出日本作為美國東亞策略夥伴的重要角色。

二、第二次臺海危機期間（1958 年）的美臺關係

第一次臺海危機結束後，在美國不斷加強對臺灣軍事援助的背景下，臺灣持續不斷對中國沿海進行武裝襲擾。中國原來希望透過在華沙舉行的中美大使級談判能在臺灣問題上有所突破，但美國不肯改變其敵視中國的臺海政策，還單方面降低談判級別。由此，嚴懲臺灣的侵擾行徑，並迫使美國改變錯誤立場，是第二次炮擊金門的首要目標。8月2日起解放軍開始增兵福建；8月7日臺灣宣布臺、澎、金、馬地區進入臨戰狀態。美國猜測中國可能會在金馬等島嶼甚至對臺灣本島採取軍事行動。臺灣海峽一觸即發，處於危險的戰爭邊緣。

對於美國東亞策略而言，如果臺灣被解放軍攻占，美國設計之圍堵中國的「島嶼鎖鏈」便被從中截去一環，美國在西太平洋的安全防線將受到嚴重的危害。美國部署在東亞地域的（包括沖繩在內的）軍事基地，也將受到嚴重威脅。東北亞、東南亞地域也可能會完全為共產黨所控制。尤其嚴重的是，具有巨大工業潛力的日本可能被納入中共和蘇聯的軌道。儘管這種「西洋骨牌效應」不會馬上出現，但是如果共產黨的第一擊得手，那麼不消幾年土崩瓦解之勢就會接踵而來。對美國而言，這種局面的後果甚至比當年「失去中國」更為不幸，影響也更為深遠，而且，西太平洋和東南亞的這些事態發展的衝擊力還將產生嚴重的世界性影響。基於這個判斷，美國決定全力「防衛」臺灣，艾森豪甚至決心用核武器來進行干預。但後來的史料證明，美國

第三章　戰後美日臺關係的基本形成
第三節　臺海危機期間的美臺關係

政府當時的臺海策略判斷，幾乎完全是策略性「誤判」。

1958 年 8 月 23 日下午 5 時 30 分，解放軍地面砲兵向金門等島嶼發起密集炮擊，炮擊持續了大約一個小時，共打出 2.8 萬發砲彈。第二次臺灣海峽危機正式爆發。8 月 28 日美國政府決定：在國民黨有能力應付危機的情況下，美國盡力避免介入，但必要時可以為國民黨艦隻護航。

由於 7 月 31 日至 8 月 3 日蘇聯領導人赫魯雪夫剛剛訪問中國，美國由此判斷炮擊金門得到了蘇聯的策略支持。美國決策者堅定認為：炮擊金門很可能是「毛澤東和蘇聯領導人赫魯雪夫 7 月末在北京會晤時達成的一致的行動」。炮擊金門開始後，美國隨即向臺灣海峽調集重兵。

8 月 18 日即炮擊金馬的前五天，毛澤東下達指令：「準備打金門，直接對蔣，間接對美」。周恩來在接見蘇聯參贊蘇達利柯夫時說：「炮擊金門、馬祖並不是就要用武力解放臺灣，只是要懲罰國民黨部隊，阻止美國搞『兩個中國』。」中國學者廉德瑰以為：更主要的是因為蔣中正拒絕了中央政府的「招安」，所以才激怒了毛澤東。另外還有一個更重要的原因，就是美國企圖讓國共雙方放棄武力，以便其製造「兩個中國」，特別是中美大使級會談的破裂，使得中華人民共和國，特別是毛澤東認為有必要給美國一點顏色看看。

8 月 23 日解放軍炮擊金門的當天，國務卿杜勒斯立即提出以下四條應對建議：

1. 如果中國的炮擊造成局勢危險，可能需要第三國進行干預。
2. 臺灣對中國的反攻活動有利於維持國民黨軍的士氣，但對大局恐怕很難有實際的影響，因為要改變中國或東歐，主要在於內

戰後美日臺關係關鍵 50 年 1945-1995（修訂版）

因而非外因。
3. 美國應該要求中共不以武力改變臺海局勢，但是無法要求中共對臺灣利用沿海島嶼從事反攻活動的行為淡然處之。
4. 如有可能，應把臺海局勢交給安理會討論。

8 月 25 日艾森豪總統在白宮召集緊急會議，並做出以下四項具體應對決策：
1. 向臺灣提供導彈和登陸艇。
2. 美國空軍部隊接管臺灣本島的空防。
3. 準備為金門運補行動提供海上護航。
4. 由駐關島的策略空軍 B47 飛行中隊做好對中國目標實施核打擊的準備。

美國進一步介入臺海危機，8 月 26 日第七艦隊司令畢克萊在高雄宣布，將於 9 月初在臺灣南部枋寮地區舉行美臺聯合軍演。8 月 27 日、9 月 4 日蔣中正先後兩次致函艾森豪，提出具體五項要求，催促美國進一步明確防衛臺灣的義務：
1. 美國、臺灣聯合顯示武力以遏制中國的進攻。
2. 美國同意臺灣轟炸金門對岸的砲兵陣地和海空基地。
3. 艾森豪發表聲明，明確表明對金門的攻擊就是對臺灣的攻擊，美國將用武力來反擊這種攻擊行為。
4. 美國第七艦隊對金門運補提供護航。
5. 艾森豪授權駐臺美軍司令有權可以不必事先請示白宮而採取必要的措施。

此時，臺灣派至金門的運輸補給船隊連遭解放軍地面炮火及魚雷艇的襲擊，金門守軍的給養無法補充。在臺灣的緊急要求下，8 月 29

第三章　戰後美日臺關係的基本形成
第三節　臺海危機期間的美臺關係

日艾森豪總統決定對國民黨補給艦隻進行護航；但嚴格命令美國護航艦隊必須停在離卸貨的海灘 3 海里以外的公海上。

經艾森豪總統授權，杜勒斯於 9 月 4 日發表聲明，全面闡述美國對臺海危機的對策。杜勒斯聲稱：美國已經認識到確保和保護金門、馬祖同保衛臺灣日益有關，美國已經作出軍事部署。同時，杜勒斯也表示願意繼續與中國就臺灣問題進行大使級談判。9 月 6 日周恩來作出回應：「中國政府準備恢復兩國大使級會談」。

9 月 4 日中國宣布中國領海寬度為 12 海里，所有外國軍用船舶、飛機未經許可不得進入中國領海和領空。同日毛澤東決定即日起停止炮擊三天，同時確定避免與美國發生直接的軍事衝突的原則，用戰爭邊緣政策對付美國的戰爭邊緣政策。

9 月 4 日美國政府宣布拒絕接受中國的 12 海里領海線，「從不承認關於 12 海里領海的任何要求」。日本仍繼續追隨美國的臺海政策，日本外務省發表聲明明確反對中國政府有關 12 海里的主張；10 月 25 日岸信介首相再次公開表示不承認中國的領海線。

9 月 7 日美國第七艦隊為國民黨運補船隊護航，在料羅灣遭到解放軍猛烈炮擊後，美國軍艦迅即撤離金門水域。如此，中國以美國「戰爭邊緣」政策之道，還治美國之身。在以後解放軍對金門運補行動實施的炮擊中，美國軍艦都採取類似做法，避免與中國直接發生衝突。9 月 11 日艾森豪向全國發表電視講話，重申美國對臺灣負有條約和原則義務並有權根據《臺灣決議案》採取行動，同時他又表示中美大使級談判的道路是「暢通的和準備好了的」。

在華沙重新開始的中美大使級談判中，美方代表雅各布‧比姆首先要求中國在臺海地區立即停火。中方代表王炳南一方面指出炮擊金

戰後美日臺關係關鍵 50 年 1945-1995（修訂版）

門是中國的內政，不容許美國干涉；另一方面建議中美雙方共同聲明，保證透過和平談判解決中美之間在臺灣和遠東其他地區的爭端而不訴諸威脅或者武力。但對中國而言，美方提出要中國承擔不用武力解決臺灣、澎湖，而且也不用武力解決金門、馬祖的義務。這無異於在中國與金門、馬祖之間劃一條分界線，等於割裂中國領土。中國政府予以堅決拒絕。最終，中美大使級談判在臺灣問題上未能取得實質性進展。

與此同時，美臺矛盾也有激化之勢，臺灣認為美國沒有履行其在「共同防禦條約」中的承諾。第七艦隊雖然為國民黨軍隊運補船隊提供護航，但始終不肯進入距金門海灘 3 海里以內的水域，而且當解放軍發動炮擊時，擔任護衛的美國軍艦卻脫離戰區。另外，臺灣堅決反對中沙中美大使級會談，雖然美國承諾「對任何有損於中華民國權益之安排，絕不予以同意」，但臺灣仍公開反對。9 月 19 日臺灣駐美大使葉公超致電「外交部」次長黃少谷稱：「……金馬為我領土，我自有主權防衛之。故任何中立化及撤除武裝之辦法，我斷不能接受」。

面對日趨嚴峻的臺海危機局勢，艾森豪進一步要求國民黨軍隊自金門、馬祖盡快撤軍，但仍遭到臺灣當局的頑強抵制。9 月 16 日蔣中正下令不惜一切代價加強對金門的海上運補，並增大空運量，晝夜不停地向金門運輸和空投；9 月 20 日以後，美國以海空力量進行護航；9 月 28 日蔣中正再次表示反對美國與中國舉行大使級談判。

蔣中正拒絕撤軍的強硬姿態，使美臺矛盾愈加激化。9 月 30 日杜勒斯公開宣稱：美國「沒有保衛沿海島嶼的任何法律義務」，也「不想承擔任何這種義務」。具體講，美國企圖在海峽之間確立一條永久的分界線，達到「劃峽而治」、永遠分裂中國的目的。杜勒斯的講話顯示

第三章　戰後美日臺關係的基本形成
第三節　臺海危機期間的美臺關係

美臺矛盾公開化，但蔣中正仍不退讓。他在高雄對美聯社記者發表談話，公開批駁杜勒斯的講話。

針對美國的「劃峽而治」的圖謀，9月底至10月初中國政府開始制定新的應對策略。「孫子兵法」曰：「故善戰者，致人而不致於人」。毛澤東「本來是準備把解放臺灣分為兩步走，第一步是收復沿海島嶼，第二步是解放臺灣」。經過與美國的反覆較量，中國政府逐步意識到，為了反對美國「劃峽而治」的企圖，國民黨軍隊留在金、馬比較有利。根據時任總參謀部作戰部長王尚榮將軍的回憶：中央軍委最初是按炮擊之後進行登陸作戰進行準備的。但此時毛澤東決定對金、馬攻而不取，以「幫助蔣中正守好金門」。10月6日毛澤東以國防部長彭德懷名義發表《告臺灣同胞書》，宣布暫以七天為期，停止炮擊，讓13萬金門軍民「充分自由運輸供應品，但以沒有美國人護航為條件」。10月13日中國國防部發布命令：對金門炮擊再停兩星期。條件是：「美艦不得護航，如有護航，立即開炮」；

為說服蔣中正自金門撤軍，美國國防部長麥克爾羅伊奉命前往臺北與蔣中正商談，但並未奏效。隨後國務卿杜勒斯又於10月20日前往臺北，繼續施壓。為打破美國的策略陰謀，就在杜勒斯前往臺灣途中在阿拉斯加停留時，解放軍隨即恢復對金門的炮擊，這就使杜勒斯赴臺的政治使命「歸於泡影」。美國亦意識到，中國重開炮戰的目的首先是政治上的，而非軍事上的。毛澤東就此指出：「杜勒斯到臺灣，如果我們不炮擊金門，則實際上是聯美壓蔣。我們炮擊金門，打破了美國的陰謀，打亂了它的計畫。」

杜勒斯在臺北與蔣中正先後舉行多輪會談，反覆要求臺灣當局減少金門駐軍並承諾不以武力反攻大陸，但蔣中正予以拒絕。在美臺

戰後美日臺關係關鍵 50 年 1945-1995（修訂版）

《聯合公報》的起草過程中，美國做了重要的修改，如臺灣最初提出的原文為：「雙方確認，金門連同馬祖的防務，是同臺灣和澎湖的防務緊密相關的」。杜勒斯修改為：「雙方確認，在目前情況下，金門連同馬祖的防務，是同臺灣和澎湖的防務緊密相關的」。杜勒斯承諾向金門駐軍提供先進武器裝備，而臺灣當局則同意從金門撤出部分兵力。美臺最終達成妥協並於 10 月 23 日公布《聯合公報》；24 日杜勒斯在致國務院的電文中稱：《聯合公報》最重要的是，臺灣當局宣布「解放中國大陸人民依賴的是政治理念，而不是武力」。29 日杜勒斯致電蔣中正稱：《聯合公報》已經獲得國際輿論的大力支持。但「從美國方面來看，它想將臺灣與中國完全分隔開來的政策策略終於破產了」。美國《基督教箴言報》亦認為，《聯合公報》並沒有解決美臺之間的分歧與矛盾，只不過是把這些分歧掩蓋起來而已。

10 月 25 日毛澤東再以國防部長彭德懷名義發表《告臺灣同胞書》，同時宣布：對金門炮擊改為單日打、雙日停。即逢單日打炮，逢雙日不打金門機場和料羅灣碼頭，以便「使大金門、小金門、大擔、二擔的軍民同胞都得到充分的供應」。《告臺灣同胞書》發布後，美國不顧臺灣當局的請求，宣布暫停為金門運補護航。10 月 25 日以後解放軍對金門的炮擊「演變成純粹政治意義的行動」。12 月 10 日美國宣布自臺灣撤走部分駐臺美軍，第二次臺灣海峽危機始得和緩。由於中美雙方的策略性「克制」，臺海危機局勢「始終未發展到美國政府認為應當直接軍事干預的程度」。中國學者認為：「金門炮戰是一場以軍事鬥爭為表現形式的政治戰，也是外交戰。它不僅是國共兩黨的國內政治，更是一場中美蔣之間三角關係唯妙唯肖的矛盾表現」。炮擊金門亦由此成為「中、美、蔣三方之間的一種特殊的對話方式」。

第四節 戰後初期日本政府的對臺政策

一、吉田茂內閣的對臺政策（1946 年 -1954 年）

　　吉田茂是一個職業外交官，在日本戰後曾五次出任內閣首相。由於韓戰等冷戰因素，美國對日本的政策由削弱變為扶植，並且「由於美日安全體制的建立，日本也從此加入了以美國為首的西方陣營」。1951 年 9 月 8 日「舊金山對日和約」簽訂後，美國結束了對日本長達七年的軍事占領。1952 年 4 月 28 日「舊金山對日和約」正式生效後，儘管在形式上日本恢復國家主權，美日關係亦由占領與被占領關係轉變為普通的兩國間關係，但是控制與被控制的關係依然存在。美國在很大程度上仍影響著日本的政治、經濟與外交，而戰後初期日本面臨經濟衰敗、社會動盪等危機，日本為求得生存就必然依賴美國的援助。所以，以「日美基軸」為導向的日本外交，展現出向美國「一邊倒」的傾向。戰後初期日本的對臺政策就必然依從美國東亞策略的意志，這是吉田茂內閣制定、施行臺灣政策的重要背景。

　　史實證實，「日臺和約」簽訂前後，以吉田茂首相為首的日本決策層始終沒有放棄對臺灣的「領土欲望」。英美駐日外交官注意到，吉田茂等日本政治家非常期待在後蔣中正時代把臺灣重新納入日本的版圖，欲先實現所謂的「再統合」，即臺灣在軍事、經濟上依附日本，政治上保持一定之獨立。經過一定時期之後再將臺灣完全納入日本的統治疆域。前臺灣總督府官員井出季和太亦公然提出：「以臺灣充當美國軍事基地為條件，以聯合國託管的名義，移交給日本進行行政管理，是最為合理的措施。」為此，吉田首相還多次授意松本重治等親信向英美駐日外交官徵詢建立「日臺邦聯」（Union between Formosa

戰後美日臺關係關鍵 50 年 1945-1995（修訂版）

and Japan）或「日臺聯合王國」（Japanese United Kingdom）的意向，以求取得英美等國的支持。這些祕密策劃清晰地「反映出吉田帝國意識的新動向」。對於吉田茂等人的如此圖謀，臺灣當局亦持有警覺，特別是「經此與日締約談判中的凌辱後，蔣中正對與日合作的態度也趨於謹慎和保留」。如蔣經國在其 1967 年訪日前，從未參加過日本駐臺使館組織的任何社交活動，甚至不參加為慶祝日本天皇生日舉行的酒會。

1951 年日本重獲國家主權後，吉田內閣確立了對外依靠美國、對內復興經濟的治國路線，基於日本的現實困頓，經濟的重建成為當時吉田內閣最為迫切之課題。吉田內閣最初的預案是與臺海兩岸同時建立聯繫，尤其是與中國恢復以往的經濟聯繫，以獲取亟需之經濟資源及商品市場。故而對於臺灣當局的積極對日態勢，則採取了「冷淡對應」。1951 年 10 月 25 日官房長官岡崎勝男對臺灣駐日代表董顯光明確表態：「我國所顧慮的是，深恐與貴國訂立雙邊和約後，勢必引起中國大陸國民對我之仇視」。岡崎勝男還稱：「我國歷來尊重中華民國，遺憾的是，中華民國政府的領土僅限於臺灣。」這段話的真實含義其實就是日本不急於與臺灣建立「邦交關係」，這是吉田茂內閣當時對臺政策的具體展現。10 月底吉田茂甚至在國會宣布：如中國政府同意日本在上海設立海外辦事處，日方將歡迎中方在日本設立類似機構，以便於通商貿易。可見，日本政府當時試圖選擇的是「雙軌政策」，並不完全倒向臺灣當局，而是力圖保持在對中政策上的選擇權和「中立地位」，以便利用中國尚未統一的局面，最大限度地為日本謀取利益。

由於吉田的對臺構想並不符合美國東亞策略的規定，美國決定對其施以高壓，迫使其無條件「進入」美國設計的日臺關係發展軌道。

第三章　戰後美日臺關係的基本形成
第四節　戰後初期日本政府的對臺政策

在「舊金山對日和約」簽訂後的 1951 年 12 月杜勒斯來到日本，迫使吉田茂以如下的形式選擇臺灣：「只要日本不承認臺灣政府，美國國會也就不會有批准舊金山對日和約的氣氛。」12 月 24 日吉田茂在致杜勒斯的《吉田書簡》中重新表達其對臺政策的基本構想：「我希望與目前在聯合國擁有席位、發言權及投票權，對若干領域行使施政權，以及與聯合國成員國有著外交關係的中華民國建立外交關係。」「我國政府準備在法律允許之後——如果中華民國願意的話，按照多國和平條約的原則與其重建正常的關係，締結條約。關於中華民國，兩國間條約之條款將適用於現在中華民國政府管轄之下或今後應屬於其管轄的所有領土。」這段論述比較完整地描繪出吉田茂對臺政策的基本構想。

眾所周知，《吉田書簡》其實是由杜勒斯事先擬訂好之後交由吉田茂以其名義發表的，實質是美國政府在其對日、對臺政策上的具體反映。面對美國的巨大壓力，職業外交官出身的吉田茂很清楚地意識到，只要美國國會不批准「舊金山對日和約」，就仍意味著日美之間繼續處於戰爭狀態，美軍將持續對日本的軍事占領，兩國依舊是敵對關係，戰後經濟重建也就無從談起，這絕不符合日本的「國家利益」。其後，吉田開始調整其對臺外交策略，這亦是《吉田書簡》產生的歷史背景。

1952 年 6 月 26 日吉田茂首相在國會答詢時，對於日臺關係有著明確的表述：「我認為與中國關係最為重要的，首先是與中華民國進入條約關係。」但同時吉田茂仍然擔憂，「日本政府希望與臺灣發生修好關係。並加深經濟關係。但是與此同時，又不願更加深入而明顯採取否認北京政權的立場。」吉田茂一直宣稱其願意與中國發展經濟關係，尤其是中國廣闊的市場、豐富的資源吸引著日本企業界的強烈關注。

戰後美日臺關係關鍵 50 年 1945-1995（修訂版）

但吉田茂的謀略是與中國和臺灣同時建立「外交關係」及其他經濟貿易聯繫，他始終認為：日臺即使簽訂和約，也只是日本「與臺灣政權間的關係，與中共政權無關」。但在美國的「嚴厲管束」下，吉田茂內閣被迫「轉向」，採取了依存美國東亞策略的對臺策略，即：不與中國發生任何聯繫，而與美國合作獨占臺灣。在美日共同策劃的政治謀略下，臺灣當局在被迫放棄了許多權利後，於 1952 年 4 月 28 日與日本簽訂建立所謂「邦交關係」的「日臺和約」。但吉田內閣仍一再強調「日臺和約」僅是一個「限定承認」條約，其「目的是希望最後與全中國維持條約關係」。吉田茂的真實意圖是：先與臺灣當局締結一個所謂的「雙邊和約」，日後再與中國政府簽訂另一個和約，實為製造「兩個中國」預留迴旋空間。而其這樣做的最終目的，就是想充分利用處於分裂狀態的兩岸資源為日本經濟復興服務，進而重新染指臺灣。由吉田內閣確定及推行「兩個中國」政策和「政經分離」的原則，成為冷戰時期日本政府對中（對臺）政策的基本思路。

可見，雖然吉田茂內閣發展與臺灣的政治關係，是其屈從於美國壓力的必然結果，但其試圖在臺海兩岸之間尋求「等距離外交」的構想始終沒有放棄。如在吉田茂內閣期間的 1952 年 6 月 1 日和 1953 年 10 月，日本與中國分別簽署了第一、第二次中日民間貿易協定。展現出其對中政策的「兩面性」和「實用性」。配合美國東亞策略，同時獨占臺海兩岸的經濟資源和市場，不僅是吉田茂內閣時期確定的對臺謀略，更是冷戰時期日本歷屆內閣始終貫徹的策略目標。

二、鳩山一郎內閣的對臺政策（1954 年 -1956 年）

1954 年 12 月 10 日鳩山一郎內閣成立，鳩山一郎戰前就是極為活

第三章　戰後美日臺關係的基本形成
第四節　戰後初期日本政府的對臺政策

躍的日本政治家。戰後鳩山一郎成為日本政壇反吉田派的領袖。眾所周知，吉田內閣時期採取對美「一邊倒」的外交路線，迎合美國東亞策略，安全保障上依託美國；政治上不承認中國；經濟發展優先等。與此對立的反吉田派則提出對美「自主外交路線」；在外交上主張改善日蘇、日中等雙邊關係；強調修改憲法；自主重整軍備，建立自主防衛體系。

鳩山一郎執政伊始，即對吉田茂內閣時期對美「一邊倒」的外交路線進行調整，積極改善日本與中蘇的敵對關係。鳩山一郎的新外交策略引發臺灣當局的警覺，日臺關係亦有所下降。針對鳩山一郎欲以民間貿易形式改善中日關係的策略，臺灣當局於 1955 年 4 月對日提出強烈抗議，還透過美國政府對日施壓。當時美國政府對鳩山一郎積極改善日蘇、日中關係的態勢非常不滿，對鳩山首相產生極度的不信任，美日關係亦出現烏雲。美日臺三邊關係的穩定性嚴重傾斜。

鳩山一郎內閣奉行國家利益第一的外交政策，基於戰後日本經濟發展的實際需要，在吉田茂內閣期間簽署的第一、第二次中日民間貿易協定，大都在鳩山一郎內閣期間得以順利實施。當時日本正處於經濟困頓之中，對盡快恢復與中國的貿易「寄予很大希望，特別是想透過從中國輸入大豆和優質煤等物資，以解決糧食奇缺和燃料不足的燃眉之急」。1954 年 10 月中日第二次民間貿易協定期滿，在鳩山一郎的支持下，1955 年 5 月雙方簽訂中日第三次民間貿易協定。對此，臺灣當局向日本提出強烈抗議，宣稱鳩山內閣對中國改善關係是臺日間「發生摩擦的根源」。不過，當年日本與臺灣簽訂貿易計畫與空運臨時協定，日臺經濟關係的發展非常順暢，但日臺政治關係直降到低潮。為此，日本自民黨「臺灣幫」積極幹旋，1956 年 4 月促成日臺雙方高

級代表團（訪日代表團長為臺灣「立法院長」張道藩；訪臺代表團長為日本自民黨總務會長石井光次郎）的互訪。緊接著，日本自衛隊代表團訪臺，臺灣「財政部長」訪日等。在美國的要求下，12月臺灣對日本加入聯合國予以積極支持，日臺雙邊的政治關係大為改善。

鳩山一郎主張與中國進行民間貿易同時，也把臺灣當作一個「獨立的國家」看待，他的具體做法其實與吉田茂並無區別，「兩個中國」是他應對臺海兩岸的政策基調。組閣前的1954年11月15日鳩山一郎對媒體公開宣稱：「中共、國府（臺灣）都是獨立國家，我打算分別與其締結友好關係」。12月15日鳩山在接受採訪時又說：「由於臺灣與中共兩方是獨立國家，所以只承認一方為獨立國家是不正常的」。這就是鳩山內閣同時與臺海兩岸同時進行貿易的基本理念。

鳩山不僅「幻想」同時與兩岸發展關係，甚至企圖「說服」中國政府接受其「兩個中國」的荒謬主張。3月15日鳩山首相在國會答辯時稱：「欲與周恩來會面旨在建議人民政府與『國民政府』彼此相互承認」。外務省中國課小川課長在對美國大使館官員進行解釋時稱，鳩山首相的想法是，為了和平解決中國問題，「兩個中國」是現有最好的解決辦法。但鳩山的如此策略不僅引發臺海兩岸的強烈抗議和抵制，美國也表示反對。可見，鳩山積極推行「兩個中國」的策略，表明其繼承和延伸了吉田內閣對臺政策的思路。

三、岸信介內閣的對臺政策（1957年-1960年）

自1957年2月起日本進入岸信介內閣時期，中日民間貿易嚴重受挫，而日臺關係則進入「蜜月期」。岸信介是日本自民黨親臺派「始祖」，也是日本戰後唯一具有甲級戰犯嫌疑經歷的日本內閣首相。由

第三章　戰後美日臺關係的基本形成
第四節 戰後初期日本政府的對臺政策

於石橋湛夫首相（1956 年 12 月 7 日組閣，次年 2 月辭職，任職僅 63 天）因病辭職，1957 年 2 月時任外務大臣的岸信介繼任日本首相。3 月 12 日上臺僅半個月他就迫不及待地主持設立日臺合作委員會，該委員會主要由親臺的政治家和企業界人士組成，是戰後日本政壇「臺灣幫」的濫觴；3 個半月後（1957 年 5 月 20 日至 6 月 4 日），岸信介作為戰後日本首相首訪緬甸、印度、巴基斯坦、錫蘭、泰國和臺灣。訪問特意安排在其 6 月份訪美之前，為獲取對美、對亞外交雙重效果進行實驗。

訪臺期間，蔣中正與岸信介進行了三次會談，還與臺灣發表《日臺共同聲明》，公然支持臺灣「收復大陸」。在臺期間，岸信介大肆攻擊中國是「侵略國家」，公然宣稱「臺灣海峽的形勢並非內亂，乃是反對共產主義的國際性質的戰爭」。岸信介的真實想法是「企圖用中國對亞洲的威脅來誘使美國增加對日本的經濟援助，日本用美國的經濟援助再充當向包括臺灣在內的亞洲進行經濟侵略的主角」。

為取悅臺灣當局，岸信介亦對中日民間貿易予以阻撓，中日民間貿易第三次協定於 1957 年 6 月期滿後，岸信介內閣一再拖延新協定的簽訂。直到 1958 年 3 月 5 日，才迫於日本國內經濟界的強烈要求，同時也是為增加競選的資本，岸信介內閣默許日本貿易三團體與中國貿促會簽訂了第四次中日民間貿易協定。該協定備忘錄規定了雙方一系列準外交特權的待遇，如第一款第 4 項規定：「給予雙方貿易辦事處懸掛各自國旗的權利」。岸信介之所以默許第四次中日民間貿易協定的簽訂，主要是企圖借此在日本國內造成既有臺灣「官方」貿易機構存在，又有中國準官方貿易機構並存的「兩個中國」局面。

但是，岸信介此舉引發美臺的堅決抵制。3 月下旬美駐日大使麥

戰後美日臺關係關鍵 50 年 1945-1995（修訂版）

克阿瑟二世奉命對日本政府提出警告：日本必須即刻停止與中國的貿易接觸，必須從戰前在中國的經濟帝國夢中醒過來；同臺灣的政治和經濟夥伴關係才是最重要的；只有維繫日臺經濟關係的持續發展才是「自由世界」的最佳利益所在。3 月 28 日美國政府同時向日臺表明其反對中日貿易的立場。4 月 1 日美國助理國務卿召見日本駐美大使潮海浩一郎，對日本施加壓力。岸信介顯然低估了美國一直秉持的與「兩個中國」政策相左的「親蔣反共」立場，也顯然低估了臺灣當局抵制「兩個中國」政策的堅決態度。在美臺的雙重壓力下，岸信介內閣迅速轉向。藤山外相訓令重開日臺貿易談判，並申明中日貿易協定屬民間性質，日本不承認中國駐日貿易代表具有外交官身分。4 月岸信介在給蔣中正的親筆信中表示：「日本沒有承認北京政府的意思，按照日本的國內法，不能阻止懸掛中國國旗，但並不承認懸掛國旗是一種權利」。4 月 9 日內閣官房長官愛知揆一代表日本政府明確表態：日本「現在無意承認共產黨中國」，「無意承認」民間商務代表機構「具有官方的特權地位」；「因為目前沒有承認共產黨中國，所以不能承認民間商務代表機構所謂有權懸掛共產黨中國國旗」。臺灣當局表示滿意，隨即宣布恢復日臺之間的商務往來，並重啟日臺貿易會議。

1958 年 5 月 2 日在日本長崎舉行的中國郵票剪紙展覽會上，發生兩名日本右翼暴徒撕毀中國國旗的嚴重事件。由於岸信介內閣公然袒護和縱容肇事的右翼分子，造成戰後以來中日民間貿易、文化交流等全面停止。至此，臺灣當局對日態勢由前一階段對岸信介內閣的疑慮轉而強調臺日雙方加強合作。不僅如此，岸信介還把日本的安全與臺灣聯繫起來，他與美國協商後把臺海區域納入美日安保體制的防衛範圍。1960 年 1 月 14 日美日簽訂新的《美日安全條約》（日本國會 6 月

19 日透過），擴大有關「遠東條款」的內容。2 月 26 日岸信介在國會眾議院闡述其內閣「統一見解」時詮釋說：「遠東條款」的防衛範圍，「大體是菲律賓以北和日本及其周圍地區，韓國及中華民國統治下的地區也包括在內」。臺灣當局對於岸信介的如此言行甚為「滿意」，美日臺關係亦得以超常發展。

四、池田勇人內閣的對臺政策（1960 年 -1964 年）

1960 年 10 月池田勇人內閣成立後，基於其「政治消極、經濟積極」的基本國策，開始調整岸信介內閣時期過於偏向臺灣的政策。池田內閣確定盡快恢復與中國的民間貿易，使中國大陸的自然資源和龐大市場為日本發展經濟所用的理念，這構成其經濟外交政策的一大特色。池田首相在 1960 年 10 月召開的臨時國會上發表演講，表明其重新啟動中日貿易的基本態度。池田明確提出日中貿易應「本著政治與經濟分離的立場，按日本與歐洲之間已經達到的規模進行貿易是適宜的」。這是池田首相基於「一中一臺」的政治考慮上所作出的判斷，即在保持日臺之間密切經濟關係的同時，也與中國發展民間貿易。面對池田內閣對中態勢的調整，引起臺灣當局高度不安。

事實證明，池田內閣執行的是一條「政治臺灣、經濟大陸」的「雙軌政策」，與前幾屆內閣並無大的差異。池田認為這種左右逢源、不偏不倚的政策最適合日本的國家利益。當時日本經濟正處於高成長的初級階段，歷經戰爭苦難的日本國民更傾向於民生的改善與發展，因而，池田內閣適時提出的《國民收入倍增計畫》迎合了大多數國民的現實需求。而池田內閣為確保實現在今後 10 年內國民收入增加一倍的政策目標，則必須進一步擴大對外貿易市場，中國成為其擴大海外

戰後美日臺關係關鍵 50 年 1945-1995（修訂版）

市場的重要對象國。可見，池田內閣奉行外交服從經濟的國策，不論是「自由主義」國家還是「共產圈」的國家，都是其對外經濟貿易的對象。因此，在池田內閣積極調整對中國民間貿易之同時，日臺經濟合作與貿易往來亦相當活躍。1961 年 8 月前首相岸信介作為池田內閣特使訪問臺灣，岸信介與蔣中正就日臺經濟合作問題進行了具體討論。

池田內閣成立後的兩年期間，日臺關係相對還是平穩發展的，發生重大衝突始於 1962 年 11 月 9 日「中日綜合貿易備忘錄」（史稱 LT 備忘錄）的簽訂。按照《備忘錄》規定，「中日在兩國首都互設貿易辦事處」，實際上造成「準大使館」的作用，其作用遠遠超過了民間貿易的範圍。

為阻止日本發展與中國的關係，1963 年 5 月臺灣「總統府」祕書長張群訪問日本，他「勸告」日本政府：「即便日本打算進行純粹的商業貿易，也不要與大陸進行貿易」，但池田內閣未予理睬。8 月池田內閣批准日本倉敷株式會社向中國出口維尼龍生產成套設備並決定由日本進出口銀行給予 200 萬美元的融資。臺灣當局認為日本向中國出口工業設備不僅是「超越民間貿易範圍的經濟援助」。而且「更嚴格一點說，維尼龍製品在軍用上也頗有價值，因此可以算做軍援。

隨後臺灣當局對日本作出強烈反應，9 月 24 日臺灣「立法院」揚言要與日本「斷交」；10 月 7 日又發生「周鴻慶事件」，更促使日臺關係陷入全面危機。1964 年 1 月臺灣「外交部」發表聲明，要求日本徹底明確對臺政策，同時臺灣駐日本「大使」辭職。1 月 11 日臺灣當局頒布停止政府機關及公營事業的對日採購（占日本對臺出口額 30-50%）；暫停與日本協商每年對日出口 10 萬噸稻米（價值約 1500 萬美元）的貿易。1 月 14 日臺北發生襲擊日本駐臺「大使館」事件、學

第三章　戰後美日臺關係的基本形成

第四節 戰後初期日本政府的對臺政策

生的反日「五不運動」等。日臺關係在「建交」12 年後面臨斷絕的危機，美日臺關係嚴重失衡。為維持其圍堵中國的東亞策略平衡，美國遂對日施加壓力，催促池田內閣盡速改善對臺關係。池田本無澈底與臺灣斷絕關係而發展與中國關係的意圖，在美國以及自民黨內「臺灣幫」的雙重壓力下，池田內閣乃積極尋求改善日臺關係。

為安撫臺灣當局，1964 年 1 月自民黨副總裁大野伴睦作為池田內閣特使，偕自民黨外交調查委員會委員長船田中到臺灣為蔣中正「祝壽」，借此緩和緊張的日臺關係。2 月 23 日前首相吉田茂攜帶池田親筆信以私人身分（實際上是池田首相特使）赴臺訪問，與蔣中正進行多次會談。回國後吉田茂給臺灣「總統府」祕書長張群回了一封信，以私人信件的形式說明了池田內閣改善日臺關係的想法，此即所謂第二次《吉田書簡》。《書簡》的主要內容有兩點：一是日本對中國的融資只限於民間商業貸款；二是日本政府今後不再批准日本企業使用日本進出口銀行貸款。據近年來日本外務省解密的外交文獻可知，第二次《吉田書簡》還承諾在「道義上」支持臺灣當局反攻大陸。這是日本對兩岸作雙重外交的開端，吉田茂巧妙地運用「事實上的首相特使」和「私人立場」兩種身分完成了使命。

《吉田書簡》表明池田內閣將對中日民間貿易進行政策性限制，這在一定程度上安撫了臺灣社會的反日情緒，臺灣當局亦多次宣稱《吉田書簡》是《日臺和約》的補充文件。6 月 26 日派遣魏道明為新任駐日「大使」；7 月 3 日大平正芳外相訪臺，在與臺灣「外交部長」沈昌煥會談時，大平代表池田內閣承諾將以《吉田書簡》為準則發展日臺關係。同月臺灣當局撤銷對日採購的禁令，日臺關係開始好轉，但在池田內閣時期始終未能恢復至岸信介時期的「密切程度」。

戰後美日臺關係關鍵 50 年 1945-1995（修訂版）

　　從本質上來講，池田內閣對臺政策是以「政經分離」和「兩個中國」為其主要特徵，維繫日本經濟高成長的外部環境是其最大策略目標。池田內閣與岸信介內閣最大的區別在於，岸信介採取了在政治上和經濟上敵視中國的極端態勢，而池田內閣為實現其「國民收入倍增計畫」的國策，企盼既與中國進行民間貿易獲取經濟利益，又與臺灣保持「邦交」關係撈取「對美」外交資本。池田勇人很巧妙地繼承了吉田茂最早確立的「政經分離」原則，日本同時獨占臺海兩岸經濟資源的策略在其執政期間也得到進一步完善。

　　綜上所述，戰後初期至 1960 年代中期，日本歷屆內閣的對臺政策無外乎取決於兩個主要因素，一是日本國內政治與經濟利益需要；二是國際環境中美國東亞策略及臺海政策的取向。在全力發展經濟的過程中，日本對臺政策是主要附屬於美國因素的，鮮有對臺政策的自主性。但隨著日本經濟的持續成長以及日本「外交自主性」的增強，在更加積極配合美國的臺海策略的同時，日本也逐漸加強其在臺海局勢問題上的「自主」影響力。

第四章　戰後初期美日臺經濟關係（1940 年代後期 -1960 年代中期）

　　二戰期間，美國經濟獲得空前的發展，成為戰後實際上最為強盛的經濟大國和最大經濟體。在美國東亞經濟策略主導下，戰後 1940 年代末期至 1960 年代中期形成了美日臺經濟關係體系，成為長期維繫美日臺三邊關係的經濟基礎。戰後不久美國首先對日臺進行了大量經濟援助，同時也對日臺進行了美國模式的社會改造。在韓戰等的影響下，美國大幅調整其東亞策略，日本經濟迅速恢復成長，出現所謂的特需繁榮。臺灣經濟也開始進入戰後發展的正常軌道。按照資本主義市場經濟的運行規則，漸次形成由日本（提供樣品、技術及初級原材料）→臺灣（加工、裝配成品）→美國（最終出口市場）的貿易模式。期間，美日共同對臺投資亦發展很快。

戰後美日臺關係關鍵 50 年 1945-1995（修訂版）

第一節　美日獨占東亞經濟與日本的經濟外交

一、美日合作獨占東亞經濟

　　二戰結束時，美國成為世界上最為強大的資本主義國家。美國的黃金儲備為 200 億美元，幾乎占世界總量 330 億美元的 2/3。再者，「世界一半以上的製造業生產量是由美國承擔的；美國生產各種產品占世界總量的 1/3」。這使得美國在戰爭結束時成了世界最大的出口國，就是在數年後，美國產品仍占世界出口總量的 1/3」。為抵制蘇聯等社會主義國家，美國開始實施復興歐洲的大規模對外經濟援助行動。在美國經濟援助的推動下，至 1940 年代末期經濟初有起色的英法等國開始重返戰前殖民勢力範圍——東南亞。1946 年 3 月法國強行以武力重返越南等三國。1950 年 11 月英國提出《南亞及東南亞經濟合作發展計畫》（史稱「科倫坡計畫」），提出在 6 年間，用 18.68 億英鎊，對南亞、東南亞國家進行經濟援助。這是英國企圖恢復舊殖民經濟勢力的舉措，但由於戰後英國經濟實力的嚴重不足，1952 年 3 月美國加入「科倫坡計畫」。1951-1958 年美國累計提供「科倫坡計畫」總援助額的 85%（大約 30 億美元）。因此，美國取代英國已成為「科倫坡計畫」的主導者已成事實。

　　在美國的策略安排下，1954 年 10 月經濟恢復迅速的日本也被拉入「科倫坡計畫」。英國因最初擔心日本與其在東南亞的競爭，故採取抵制態勢，但最後屈於美國的壓力被迫允諾日本加入。按照美國戰後施行新殖民主義的東亞策略構想，它決意阻止英法勢力重返東南亞，由此美日並非僅僅是參與，而是有意介入並積極實施主導性影響，最終實現美日合作獨占東亞經濟的策略目標。

第四章　戰後初期美日臺經濟關係（1940年代後期-1960年代中期）

第一節　美日獨占東亞經濟與日本的經濟外交

　　但美國在東亞地區遭到嚴峻挑戰，由於中國、越南、北韓等社會主義國家相繼成立，在這些國家裡的殖民主義性質的市場、投資場所和原料產地等的舊經濟關係被澈底剷除。因此，「以中國為代表的社會主義國家被美國視為它在東亞利益的最大威脅」。同時，以1947年「杜魯門主義」為標誌而形成的世界冷戰格局，乃至1950年韓戰的爆發等，促使美國大幅調整其東亞策略，以往的敵對國日本取代了戰時盟國的中國的位置。而以吉田茂為代表的日本決策層適時採取了現實的經濟策略：即「利用美蘇冷戰將軍事上的失敗轉化為經濟上的勝利」。他們認為，戰後日本的安全和經濟發展「由於與亞太地區最強大的西方國家結成親密的同盟而得到可靠的保證——正如美國曾經是大英帝國的殖民地而現在比英國強大一樣，如果日本成為美國的殖民地，它最終將比美國更強大」。這樣，日本開始積極推行追隨美國、重返東亞地區的經濟外交。

　　美國東亞策略目標就是以確立美國為首的東亞新秩序，而日本趁勢借助美國的力量，再度恢復其在東亞地區的經濟優勢地位。大約自1948年起美國考慮將日本經濟復興與東南亞聯繫起來。1949年3月美國國務院提出建立日本、東南亞的垂直分工體系的構想：「東南亞作為包括橡膠、錫和石油在內的原料產地和溝通東西、南北半球交通的十字路口，對自由世界來說是至關重要的」。美國應該致力於在「垂直分工」的基礎上，發展「作為原材料產地的東南亞」與「作為製成品產地的日本、西歐和印度」之間的經濟相互依存關係。1949年12月23日美國國家安全委員會NCS第48/1號文件鼓勵日本在東南亞、南亞開闢市場。美國駐日大使約翰·艾利森認為：日本的經濟復興依賴於地區合作和三角貿易（指日本、亞洲和美國之間的貿易）的恢復。這

戰後美日臺關係關鍵 50 年 1945-1995（修訂版）

也是構築戰後美日臺貿易模式的政策理念。

美國出於扶持日本、使其充當東亞地區「合作夥伴」的策略設計，不惜採取政治、經濟等一系列策略，推進美日獨占東亞經濟的過程。以臺灣、南韓、菲律賓等為例，其中，臺灣與南韓戰前均為日本的海外殖民地，戰後則被美國納入其勢力範圍。美國首先積極促成日臺、日韓簽訂雙邊貿易協定。1950 年代和 1960 年代上半期美國在臺灣進口的年均占有率在 40% 以上。1965 年起日本超過美國，成為臺灣最大的進口對象國。美國也一直是南韓最重要的貿易夥伴，50 年代中期占其出口的 44%；60 年代上半期占其進口超過 50%。日本則是南韓第二個重要貿易夥伴。日本在南韓出口貿易中所占比重 1955 年為 40.6%，1960-1962 年為 49.1%；在南韓進口貿易中所占比重 1958 年為 13.2%，1960-1962 年為 23%。美日長期是南韓第一位、第二位貿易夥伴。1950 年代中期美日共占南韓出口的 80% 以上，進口的 35.0% 以上，到 1960 年代初期，共占其出口的 75% 以上和進口的 70.0% 以上。至此，臺灣、南韓的對外經濟已為美日合作獨占。

另外，戰後不久日本和菲律賓就在美軍占領當局（GHQ）的支持下重開雙邊貿易，1947 年和 1949 年的貿易額分別為 0.033 億美元 0.275 億美元。1950 年 5 月美國又促使日菲簽訂《易貨貿易臨時協定》，當年日菲雙邊貿易額就自最初規定的每年 0.34 億美元增至 0.5 億美元；1951 年增至 0.658 億美元。在菲律賓的進出口貿易中，美日長期占據第一、第二位。1955 年菲律賓出口中所占比重美國為 59.8%，日本為 15.2%；進口中所占比重美國為 65%，日本為 7.9%。在當年菲律賓進出口貿易中美國居第一位，日本居第二位。1961 年所占的相應比重，美國為 53.8%，日本為 25%；美國為 47.2%，日本為 17.7%。美日均

第四章　戰後初期美日臺經濟關係（1940年代後期-1960年代中期）

第一節　美日獨占東亞經濟與日本的經濟外交

分居第一、第二位。菲律賓的對外經濟亦為美日合作獨占。

而且，在美日合作獨占臺、韓、菲等地對外經濟的過程中，為其東亞策略的政治考量，美國不惜在諸多經濟利益上對日本作出一系列讓步。日本在諸多經濟領域逐漸取代美國，形成「鳩占鵲巢」的現象。由此，美日不斷擴大對東亞市場、東亞策略物資和工業原料的占有份額，並成為東亞地區國家的主要貿易夥伴。

如上所述，隨著日本經濟的迅速成長，配合美國東亞策略意圖的日本經濟勢力滲透至臺灣，並逐步形成美日合作獨占臺灣經濟的局面。如按照美國的安排，作為日本援助開始取代美援的具體標誌之一，1965年日本政府（佐藤內閣）對臺第一次提供日元貸款（約1.5億美元，其中日本進出口銀行提供1億美元，年利率5.75%；海外經濟合作基金提供5,000萬美元，年利率3.5%）。1971年提供第二次日元貸款（金額為81億日元）。這樣不僅加強了日臺政治、經濟關係，也強化了美國利用日臺遏制中國大陸的策略定位，美日臺關係得到切實的加強。1972年中日邦交正常化以後，日本繼續對臺灣提供以技術合作為重點的無償援助。日本對臺援助具有相當強的政治色彩，其援助項目主要集中於臺灣島內公營、黨營企業和公共設施、基礎建設，以電力、交通運輸為中心，加強日臺政治關係和經濟交流。說明日本對臺援助不僅具有經濟合作的形式，更具有與美國合作獨占臺灣經濟的策略目的。

日本政府開發援助基金（簡稱ODA）主要用於援助發展中國家，1965年臺灣首次接受日本海外經濟合作基金的貸款就屬於ODA。隨著日本經濟的高速成長，至1970年代末期美日獨占東亞經濟的合作模式也在發生變化，如美日在策略性ODA上進行更為密切的制度化協

戰後美日臺關係關鍵 50 年 1945-1995（修訂版）

商合作。自 1978 年開始美日每年舉行一次協調雙邊經濟合作的「美日 ODA 協調會議」，由美國提出受援國名單，日本具體提供資金援助。日本 ODA 的 70% 集中於美國的策略重點地區，其中雙邊 ODA 的 1/2 以上用於 36 個美國的策略重點國家。

美國還積極推動日本和南韓結盟，以建立在東北亞地區圍堵中國大陸的策略基點。但日韓因歷史結怨，戰後長期不能結束法律上的戰爭狀態，這就使得美國的東亞策略難以有效實施。在美國的一再壓力下，日韓終於在 1965 年 6 月 22 日達成《日韓基本條約》，雙方在法律上結束戰爭狀態。按照美國的要求，日本向南韓提供 5 億美元的 ODA 援助，日韓關係改善很快。從而在東北亞地區「形成了以美國核心，以美日、美韓兩組雙邊安全條約為框架的東北亞地區美日韓安全機制。日本對韓提供 ODA 成為這個地區安全機制的黏合劑」。由此，美日透過共同對東亞地區施以經濟援助、商品貿易和直接投資等策略，基本實現了其策略設計目標。不僅鞏固、擴大了美日在東亞地區的勢力範圍，而且在很長時期嚴重限制著社會主義國家與東亞國家經濟關係的發展。美國主導的美日韓、美日臺關係框架均服務於美國的東亞策略，而日本在其中充當的角色始終是美國的「策略合作者」。

二、日本積極施行經濟外交

為開拓東南亞地區，日本施行積極的經濟外交。按照日本學者山本滿的界定，經濟外交「一方面可以解釋為以經濟為目的，將外交作為手段，把謀求擴大經濟利益作為目標；相反，也可以採用以經濟為手段，謀求對外的什麼目標，或依託經濟力量來實現的含義」。

在戰後被美軍占領的特殊狀態下，日本所有的對外貿易管道均被

第四章　戰後初期美日臺經濟關係（1940年代後期-1960年代中期）
第一節　美日獨占東亞經濟與日本的經濟外交

切斷。不僅如此，日本還在戰後喪失大量的海外殖民地，據統計，日本戰後喪失的殖民地有：臺灣、朝鮮半島、南庫頁島、南洋諸島等，日本總共喪失了戰前所轄版圖的44%（見表一），其經濟發展所急需的原料供應通道陷入中斷。在這種情況下，「舊金山對日和約」簽訂後，日本急於重開對外貿易，推動國內經濟的恢復和發展，遂展開了積極的經濟外交。臺灣由於戰前是其所屬殖民地，臺灣的米糖等農產品長期供應日本市場，具有傳統性，因而日本把恢復日臺經濟關係確定是其經濟外交的首選課題。

表一日本戰敗後的「領土損失」（單位：平方公里）

	本土		殖民地		合計	%
戰前面積	382560		298451		681012	100
戰後損失面積	琉球	2380	朝鮮	220788		
	小笠原	102	臺灣	35961		
	千島	10213	庫頁島	36090		
			關東州	3462		
			南洋	2148		
	小計	12701	小計	298451	311152	45
戰後保存面積	369859				369859	55

資料來源：［日］難波田春夫：《戰後經濟分析》，日本社會科學研究所1946年版，第4頁。

實際上，就在日本戰敗不久，日本就開始探討以外交手段來恢復和發展經濟。1946年3月日本外務省特別調查委員會（1945年8月16日成立，即日本宣布投降的次日）提出「重建日本經濟的基本問題」的報告書，這是戰後日本經濟外交的最早設想。報告書提出：在今後的世界上，政治上的發言權如何，將取決於經濟力量如何，「經濟問題是政治、外交、軍事等各方面社會現象的基礎」，該報告特別強調「加入世界經濟」和「發展對外貿易」的重要性，指出「重返世界經濟」舞

戰後美日臺關係關鍵 50 年 1945-1995（修訂版）

台,「就要參加規定了戰後世界的貿易、通貨和國際投資的『布雷頓森林』協定」,不參加這個協定,「就不能恢復貿易、不能享受復興資金的貸款」,而沒有貿易和貸款,日本經濟的「重建」「是困難的」。按照日本政府的這個思路,有日本學者提出「日本經濟的生存之路必須靠發展貿易」的理論,建議實施「貿易立國」的經濟政策。1952 年 9 月 8 日「舊金山對日和約」簽訂以後,日本政府將「貿易立國」確立為經濟發展策略。

為推動日本經濟的儘早恢復,1953 年 4 月 2 日美日簽訂《美日友好通商航海條約》（1953 年 9 月 30 日生效）,這是日本獲得國家主權後的第一個通商條約。條約規定：美日雙方相互給予最惠國待遇及國民待遇。當時,日本尚未加入「關貿總協定」（世界貿易組織 WTO 的前身）,美國實際上給予了日本「關貿總協定」締約國才能享受到的關稅待遇。因而此條約的簽訂,不僅為日本經濟的恢復與發展提供了極大的支持和難得的機遇,也對日本今後與臺灣及其他國家簽訂此類條約有著重要影響。

占領時期美國曾對日本進行過經濟援助,但在韓戰期間的 1951 年 5 月一度停止,代替美國援助的是韓戰爆發後的「特需」。戰後初期日本經濟外交除了美國這條主線外,臺灣、東南亞地區亦是其經濟外交的重點地區。從歷史上看,戰前中國曾是日本獲取策略資源的主要來源地,但戰後美國嚴厲限制中日重啟民間貿易,日本唯有把目標轉向東南亞地區。其實日本曾企圖把美國作為其對外經濟的主要市場,但當時美國認為經濟極不發達的日本無法提供美國市場認可的商品。美國認為,振興日本對外貿易的最佳辦法是使日本商品進入到競爭力不強的落後地區。杜勒斯對當時日本首相吉田茂提出建議:「日本不應當

第四章　戰後初期美日臺經濟關係（1940 年代後期 -1960 年代中期）
第一節　美日獨占東亞經濟與日本的經濟外交

過多地依賴美國市場，因為日本不能生產我們需要的商品……日本應當在其他地方尋找出路，例如在發展中國家，特別是在東南亞諸國」。其後，在美國的強推下，日本被迫向東南亞尋求其經濟的出路，而啟動與東南亞的經濟聯繫須借助臺灣的影響及美國的策略支持。

　　為促使日本盡快擺脫經濟困境，美國確定以東南亞地區來代替中國，這既是日本島國經濟的特點所決定，也成為戰後日本經濟外交確立的歷史背景。美國學者威廉‧博登認為：美國作為日本的占領者，背負著統治日本的責任，從這一立場出發，美國為了善始善終地結束占領，必須探索日本的經濟自立之路。而在斷絕了與中國大陸和朝鮮半島的關係的條件下，如果要探索這條路，就只有向東南亞求生路，將日本與東南亞聯合起來，便可以將兩者拴在西方的影響之下，而且，為了順利地營運美國所構想的以自由貿易為原則的國際經濟體系，也需要在復興西歐經濟的同時，復興亞洲經濟。美國還把日本開發東南亞與美國在東亞的軍事行動緊密地聯繫在一起。美國軍方在題為《日本的經濟復興與未來美日經濟合作的發展》的一份文件中建議：由於歷史上日本對天然資源的興趣以及在 1941 年前日本對東南亞資源的開發，因而，將日本的剩餘工業能力與東南亞資源結合在一起，既能夠為日本的經濟發展服務，又能夠支持美國在亞洲的軍事努力。美國已基本確定：「日本在地理上與東南亞接近，可以生產其容易接受的商品、提供比其他工業國的技術更加適合這一地區的技術。」因而，戰後美國從「冷戰」的策略需要出發，大力支持日本同臺灣及東南亞各國建立密切的經濟關係。因為如此既可以解決日本在失去中國大陸市場之後的經濟出路問題，以減輕美國的負擔，同時又可以卻美國對東南亞各國的「赤化」之憂。在美國的大力協助下，日本漸次開始

對東南亞各國實施打了折扣的「賠償外交」，並以此打開日本與東南亞地區的經濟合作與貿易的通道。

第二節　美國主導下日臺貿易的恢復與發展

一、戰後初期發軔的日臺貿易（1945 年 -1950 年）

日據時期（西元 1895-1945 年），日本長期實施「農業臺灣，工業日本」的殖民地經濟政策。臺灣所產之米、糖主要出口至日本，臺灣所需要的紡織品、化肥及機器設備等全部由日本供應，形成臺灣經濟對日本經濟的嚴重依賴。二戰末期臺灣本島遭盟軍大規模轟炸，大批工廠被毀，臺灣經濟瀕臨崩潰。二戰後，隨著臺灣回歸中華民國，日臺經濟聯繫一度中斷，但由於內戰致使臺海兩岸經濟聯繫的中斷。在美國主導下，也基於日臺雙方的經濟內在需求等因素，日臺經濟關係很快又恢復並發展起來。

戰後日本被迫退出中國及東南亞地區，臺澎列島主權也復歸中華民國，日本不僅失去戰前最重要的海外市場，其海外貿易活動區域亦幾乎喪失。戰後在 GHQ 主持的「改革」中，戰前壟斷海外貿易的壟斷財閥被迫解體，戰前各種統制貿易法規亦被廢除。同時 GHQ 採取嚴厲的貿易管制方針，即暫時禁止日本自由通商，亦不允許日本擁有外匯，貿易額被限制在極小的規模之內。日本在喪失國家主權的同時，也喪失了對外貿易自主權。1945 年 11 月 GHQ 設立商務部以管制日本外貿。

隨著美國占領政策的轉變，自 1947 年起 GHQ 開始採取各種措施

第四章　戰後初期美日臺經濟關係（1940年代後期-1960年代中期）
第二節　美國主導下日臺貿易的恢復與發展

推動日本對外貿易的「自主化」。2月25日麥克阿瑟對訪日的美國國會議員稱：「日本之迅速回覆平時貿易狀態，將使美國納稅者節省金錢。」3月17日麥克阿瑟又稱「必須准許日本從事對外貿易，而此項貿易須任由民間為之，而將政府之統制抑至最低限度」。隨後GHQ宣布定於8月15日開始有條件地恢復日本民間對外貿易，有關限制條件有不設匯率，出口價格由GHQ決定，以美元標價；政府貿易繼續存在，與民間貿易並行，各國訪日民間貿易代表人數限制為400名，在日逗留時間不得超過21天等5項。1949年2月GHQ設立「外匯控制部」以取代商務部，將外匯分配給機器和原料進口商以鼓勵為出口而進行的工業生產。不過，當時日本的對外貿易環境嚴峻，至1946年日本進出口貿易總額僅相當於1937年的8%。

1945年10月臺灣光復後，對外貿易的對象一度從日本轉向中國，同時國民政府規定臺灣對外貿易必須以上海等中國城市為轉運港口，並以中國貨幣結匯，促使臺灣產香蕉、鳳梨及砂糖等銷往中國各地。此階段的日臺經濟貿易來往幾乎完全中斷。戰前臺灣的對外貿易主要就是殖民地貿易性質的對日貿易，1932年至1945年對日貿易占臺灣對外貿易總額的85%。這一時期對日貿易比日據前期西元1896年至1909年成長15倍，超過同期對外貿易總額成長率的5倍和對日本以外各國貿易成長率的13倍。但當時臺灣對外貿易對象主要是日本，稻米和砂糖都運往日本，而絕大部分工業品都由日本進口。1945年至1950年間臺灣的對外貿易以對中國貿易為主，這一期間日臺貿易僅有少量的易貨貿易。

戰後日本的經濟體系幾近崩潰，市場蕭條、社會動盪，主要依賴美國的援助來維持。為此，美國政府下令設立由GHQ直接管轄的

戰後美日臺關係關鍵 50 年 1945-1995（修訂版）

「政府救濟占領區專項基金」(GARIOA)，主要用於購買日本急需的糧食、食油、食鹽醫藥以及工業石油等民生物資。以上所需物資大多採購自美國，但也有少量無法提供的經濟物資。如砂糖是日本民眾消費之大宗商品，但美國無法提供，因為美國所需之砂糖主要進口於古巴。當時，臺灣經濟也處於困頓之中，大多數產業設施在戰爭中遭到嚴重破壞，但尚有大批庫存砂糖可供對日出口。1947 年 6 月由 GHQ 與國民黨中央信託局達成協議，向臺灣購買 25,000 噸砂糖，食鹽 102,100 公噸，這是戰後日臺貿易的開端。基於日本方面的需求，臺灣開始有限度地開放對日貿易，同年 8 月 1 日臺灣省政府規定「對日貿易輸出輸入種類及數量，以不妨害國民經濟為標準」。

自 1947 年起，臺灣的砂糖、食鹽等開始大量出口日本市場，但當時日本根本無法支付外匯。遂由 GHQ 充當擔保人，在日本銀行設立專門帳號，以美元計算，將進口至日本的砂糖及食鹽等民生物資的銷售貨款存入專門帳號，臺灣再以美元在日本購買所需的工業機器、化肥等。以臺糖公司為例，臺糖公司是在合併 6 家原日資糖業公司的基礎上而形成的大型公營企業，由於臺糖的生產設施和專運鐵路在戰爭中損壞嚴重，而這些設施是戰前進口於日本。臺糖公司對日出口砂糖所獲款項，主要用於在日本採購修復必需之器材配件，戰後日臺經濟關係就是在這種相互需求的背景下展開的。

臺灣當局開展對日貿易的另一個重要歷史背景就是 1947 年爆發的「二二八事件」，該事件引發經濟惡化、社會動盪。為盡快穩定臺灣島內局勢，只有迅即與日本重開貿易，尋求恢復和重建臺灣經濟的出路。在當時無法指望大陸經濟支持的現實條件下，新任臺灣省主席的魏道明決意積極推動對日貿易。1947 年 7 月 7 日臺灣省政府派出赴日

第四章　戰後初期美日臺經濟關係（1940 年代後期 -1960 年代中期）

第二節　美國主導下日臺貿易的恢復與發展

商務代表團，攜帶價值 19 億日元的易貨貿易計畫赴日，期能以砂糖、香蕉、鳳梨、雜纖維、香料、樟腦等物資向日本換取動力精米機、農機具、漁業用具、機械、塗料、繩索、發動機、農業種子、醫藥、電氣器具、漁船輸送船、鐵道零配件、絲綢、紡機、紡織原料等產品。

1949 年 4 月 GHQ 推動日臺簽訂戰後第一個易貨貿易合約。臺灣對日出口魚藤 80 噸（價值 5 萬 4 千美元）、香蕉 6 千簍（價值 5 萬 7 千美元），日本則對臺出口醫藥、漁具等產品。此次易貨貿易得以實施的前提是日本「可以代辦臺灣香蕉輸入業務，買給駐日美軍，代價以美元支付」，但日本「必須以與輸入金額相同價值之物資輸出給臺灣」。

為防止大陸金融混亂對臺灣造成衝擊，1949 年 1 月臺灣省政府准許臺灣銀行自行辦理出口結匯業務；4 月 5 日再核準臺灣銀行為辦理外匯的指定銀行，臺灣地區可透過臺灣銀行辦理進出口結匯。為抑制通貨膨脹、穩定金融、拓展對外貿易，6 月 15 日開始在島內實施改革幣制，發行新臺幣，規定進出口貿易及其他外匯收支統歸臺灣省政府統籌調度。為具體管理島內經濟發展規劃，6 月成立臺灣生產事業管理委員會（簡稱「生管會」），負責臺灣公營、省營各生產事業規劃、督導等工作。實際上除了生產以外，還管理物資分配、資金調度、對外貿易、日本賠償物資處理、技術合作、工程調配等工作。「生管會」制定出一系列重建臺灣經濟的具體措施，其中，積極發展對外貿易，尤以恢復對日貿易成為重要一環。「生管會」為此「著手策劃成立日本貿易小組，專門處理糖、鹽及其他銷日貨品的調配事宜，並收集有關資料，以為進行商談之準備」。

恢復與重建經濟，需要資金，在物資匱乏、通貨膨脹的嚴峻形勢下，臺灣只能對現有的資源做最有效的運用。臺灣在地理上與日本接

戰後美日臺關係關鍵 50 年 1945-1995（修訂版）

近，又加之長達 50 年之久的經濟聯繫，島內所有可資外銷的糖、鹽、茶、鳳梨、香茅油、樟腦等皆以日本為主要市場。因此，發展對外貿易中，即以恢復臺日貿易為最重要的工作。

　　1949 年 10 月 29 日臺灣省政府成立對日貿易小組；11 月 18 日又制定《臺灣省商人對日貿易辦法》，鼓勵臺灣商人開始對日貿易。當時臺灣對日輸出的貨品，除了糖與鹽以外，又增加了香蕉及魚藤。自日本輸入的貨品則有瓦斯管、馬達、鐵板、人造絲、漁具、水泥、棉布及醫藥用品等項目。1949 年 12 月 1 日臺灣省政府再制定《對日易貨辦法》，准許以香蕉、鳳梨、蔗糖、香茅油、檀木等類物資交換日本的紡織品、農具、五金、杉木、雜貨等 54 種貨品。12 月 4 日日臺簽訂對日出口 1 萬 2 千簍香蕉的貿易協定。1949 年至 1950 年，臺蕉對日易貨的金額約 100 萬美元，占全部輸日貨值的 60% 以上。

　　我們來對戰後最初三年（1946、1947、1948）的臺灣進出口狀況作一分析。1946 年臺灣對大陸市場的出口貿易額占出口總額的 93%，1947 年也為 92.5%，至 1948 年維持 82.7% 的高比率。所以，戰後最初三年，中國大陸為臺灣出口貿易的主要市場。1949 年因海上封鎖線的擴大，對大陸出口貿易則快速消退。在出口物資上，無論是輸出島外還是輸出大陸，砂糖均為最重要的物資，其次為鹽，再次為茶。值得注意的是，出口市場中，日本為僅次於大陸的臺灣出口第二大市場，若僅就出口島外的貿易額來說，日本則為第一位。1946 年對日出口貿易額占出口島外總額的 82.4%，1947 年為 40.92%，1948 年為 46.2%；其次為香港、新加坡、美國等。1949 年對日貿易額快速提高，占出口島外部分的 55.75%。因此，1949 年起臺灣的出口市場已由大陸轉向日本。這種現象至 1950 年更為顯著，1950 年臺灣出口市場的

第四章　戰後初期美日臺經濟關係（1940年代後期-1960年代中期）
第二節　美國主導下日臺貿易的恢復與發展

前五名分別為日本（36.14%）、埃及（17.58%）、香港（17.07%）、新加坡（6.79%）、美國（5.56%）。

我們再看一下此階段臺灣的進口市場狀況。三年期間臺灣進口主要來源地是大陸，1946年自大陸進口額為總進口額的96.4%，1947年為88.3%，1948年仍為91.1%。1949年7月臺灣開始實施對中國沿海的禁運。之後取代大陸而成為進口主要來源地的是美國。1946年臺灣從島外所進口的物資中，荷屬東印度（今印尼）占28.81%為首位，其次為美國占18.8%，再次為香港占17.7%，日本僅占6.6%，居第五位；1947年美國躍升為第一位，占進口貿易額的44.6%，日本僅為5.25%，居第四位；1948年美國為32.52%，日本更降為1.16%；1949年美國為35.8%，日本為7.54%。尤其是1950年下半年美援開始後，美國成為臺灣主要進口來源地。

需要說明的一點是，雖然臺灣出口貿易保持著旺盛態勢，但對島內經濟的恢復並未能產生積極效果。如臺糖公司出口砂糖的收益多被劃歸省政府所有，因此戰後前二年間，雖然臺灣對大陸大量輸出砂糖，但臺灣銀行並無對應的法幣收入；又如以易貨貿易形態出口至日本的鹽，也沒有對等價值的進口貨物進入臺灣。其真正的效應「是把生產的砂糖以低價補貼大陸，而把通貨膨脹留給臺灣」。因此1947-1949年的三年間，臺灣經濟「沒有目的地自流著」，這可視為戰後臺灣對外貿易的特殊過渡時期。

綜上所述，在臺灣光復初期，日臺間除了維持雙邊貿易往來以外，受當時日臺雙方各自經濟困境的影響，在其他領域的經濟合作關係可以說幾乎都沒有什麼開展。

戰後美日臺關係關鍵 50 年 1945-1995（修訂版）

二、「日臺貿易協定」時期（1950 年 -1953 年）

戰後日臺經濟關係正式發初於 1950 年 9 月 6 日簽訂的「日臺貿易協定」（全稱是「臺灣與被占領之日本間的貿易協定」），當時日本仍處於美軍占領之下，因此。「日臺貿易協定」是由臺灣省政府與美軍占領當局（GHQ）簽訂的。

1949 年 12 月國民黨當局撤退至臺灣後，始對臺灣經濟的恢復予以全力關注。1950 年 5 月 24 日臺灣「生管會」副主任委員尹仲容、臺灣銀行總經理瞿荊洲等人前往日本東京，與 GHQ 就重啟日臺貿易活動進行洽商，歷時三個月，完成「日臺貿易協定」有關貿易協定、財務協定、貿易計畫及償欠換文四大部分的磋商。即：

1. 貿易協定：訂明雙方應訂一無拘束性之貿易計畫，經雙方同意隨時擴大或修改之；
2. 財務協定：係訂明臺日專戶之設立，所有關於臺日間之貿易，包括服務在內，皆以美元為記帳單位，記入專戶。由臺灣至日本的輸出品之價值記入借方。凡列入專戶之項目，除另有規定外，不記利息。專戶由借戶與貸方互相抵消，結帳付款僅為專戶之淨差額。淨差額如超過 4 百萬美元，應於貸方索請時，立即照付；
3. 貿易計畫：規定協定有效期暫訂一年，雙方貿易總額各為 5 千萬美元，計畫內列明估計臺灣向日本購置及銷售於日本的貨物品名錶；
4. 償欠換文：係處理償欠有關技術規定。

從此項協定的內容可知，《日臺貿易協定》採取了雙邊記帳貿易的方式。當時臺灣迫於物資匱乏、外匯不足的經濟困境，急欲重開日

第四章　戰後初期美日臺經濟關係（1940年代後期-1960年代中期）

第二節　美國主導下日臺貿易的恢復與發展

臺間的雙邊貿易。但日本經濟也尚未完全恢復，亦缺乏足夠的外匯以支付進口臺灣商品的貨款。在此種情況下，為打開僵局，日臺雙方決意採用專戶記帳貿易的方式。這一雙邊協定的簽訂，不僅解決了臺灣當時對外貿易總額約70%，並且奠定了以後12年間日臺記帳貿易的基礎。「日臺貿易協定」簽訂後，日臺即以此項協定為雙邊貿易的運行規則，推動著日臺貿易活動的開展。這一期間被稱為「日臺協定貿易時期」。

日本是一個國土面積僅38萬平方公里的狹長島國，人口眾多、資源匱乏，耕地面積只占國土總面積的16%，而人口到戰敗時已接近8,000萬。臺灣的情況也基本相同。日臺不可改變的人文地理條件，決定了其經濟從開始就與海外市場緊緊聯繫在一起，發展經濟必須依賴對外貿易，即向海外尋求生存之路。日臺在戰前日據時期一直維繫著非常密切但極不平等的殖民地貿易關係，臺灣被定位是日本的農產品及生產資料的提供地。戰後日本大力推行「外向型貿易立國」的經濟策略，以此作為推動其經濟重建和經濟成長的動力。其中，重新構築戰後日臺經濟關係的架構，使其成為日本外匯的重要來源地區、日本二手機器設備與技術的主要吸納地並成為日本資本進入東南亞市場的重要聯繫管道。這不僅是日本力圖重返國際社會的策略選擇，同時也是戰後日臺經濟關係重新啟動的重要政治經濟背景。隨著舊金山對日和會的臨近，日本開始更加關注與臺灣的經濟聯繫。

1950年1月11日日本通產省提出「以亞洲貿易為中心的日本通商貿易的正常化」的規劃，確定日本對外貿易主要面向美國和亞洲地區。戰後初期日本對外貿易高度依賴美國，1946年日本出口的65.1%與進口的86.4%均依靠對美貿易，與亞洲地區的貿易比重則很低。戰

戰後美日臺關係關鍵 50 年 1945-1995（修訂版）

後初期日本政府曾確定開拓東南亞和中國兩個市場的對外經濟目標，但韓戰爆發後與中國發生經濟聯繫的預期目標為美國所阻止。在向東南亞擴張經濟的方面，美日有著相同的策略利益，即合作獨占東亞經濟。1951 年 6 月日本策劃振興對東南亞的成套設備出口，但對象國普遍存在資金短缺。日本遂向美國提議建立東南亞一體化經濟圈，由美國以美援形式向東南亞各國提供必要的資金，東南亞各國則用這些資金從日本購買必要的技術設備。

　　戰後初期的日本對外貿易為 GHQ 嚴厲管制。1945 年 7 月 26 日《波茨坦公告》對日本對外貿易作了原則性規定，其中第十一條規定：「日本將被允許維持其經濟所必需及可以償付貨物賠款之工業，但可以使其重新武裝作戰之工業，不在其內，為此目的，可準其獲得原料，以別於統制原料。日本最後參加國際貿易關係，當可准許」。GHQ 據此制定了戰後日本對外貿易的三條基本方針：

　　1. 進口商品只限於和平使用的目的；
　　2. 外匯交易以及金融活動要接受美軍占領當局的監督和管理；
　　3. 對外貿易要在駐日美軍占領當局的直接領導下進行。

　　最初，GHQ 從「遏制」與「懲罰」的目的出發，嚴格限制日本的進出口貿易的規模和活動範圍。僅允許經營少量的生活必需品如從臺灣進口稻米和砂糖等。後來 GHQ 又做了具體規定，即：「日本最終應該許可其與外國進行正常的貿易，但在占領期間被允許的只是，在一定的管制下，輸入為了和平的目的而必需的原料和其他商品，以及為了支付被允許輸入的商品的貨款而進行的商品輸出。對所有商品的進出口、外匯及金融交易全部實施管制。」總之，戰後初期日本的對外貿易是在 GHQ 的嚴格管制下進行的，日本一般稱其為「嚴格的管理

第四章　戰後初期美日臺經濟關係（1940年代後期-1960年代中期）
第二節　美國主導下日臺貿易的恢復與發展

貿易」。根據 GHQ 的指示，1945 年 11 月設立專門管理進出口貿易的貿易廳，此為日本政協助 GHQ 管理外貿的專門機構。

1947 年 4 月日本政府頒布《貿易公團法》，先後設立紡織品、工礦產品、食品、原材料四大貿易公團，由其代理政府執行具體貿易業務。GHQ 亦開始放鬆對日本貿易的直接控制，並將進出口貿易的管理權開始逐步過渡給日本政府。當時四大公團所能從事的業務只有兩個方面，一是將輸出物資從日本國內的工商業者手裡購入，然後根據 GHQ 的指示，發往海外；二是在 GHQ 從海外輸入物資後，經由貿易廳將已經進港的輸入物資再轉賣給日本國內的工商業者。

隨著美國對日占領政策的鬆緩，1947 年 8 月日本開始試行有適當限制的民間對外貿易。至 1949 年 12 月日本的出口貿易業務全部移交給民間企業進行。1949 年 4 月 GHQ 設定單一匯率，5 月合併商工省和貿易廳，新設立統管貿易的通商產業省。12 月 1 日第 6 屆日本國會透過《外匯及外貿管理法》、《外匯特別會計法》與《外匯管理委員會設置法》；12 月 19 日又據此制定出《進口貿易管理令》和《出口貿易管理令》（1950 年 1 月開始實行）。根據以上法令，以往對日本民間的對外貿易所實施的所有限制原則上解除，民間貿易實現自由化。1950 年 1 月 1 日 GHQ 決定將對外貿易管理權移交給日本政府。其後，除國外援助以外的進口貿易業務全部移交給民間企業進行。但日本政府仍對進口實行嚴格的控制，特別是透過外匯配額、進口許可證等手段，對進口貿易實行嚴格的管理和監督。

此後，日本對外貿易開始由 GHQ 管理下的統制貿易開始向正常的民間貿易轉換，1952 年 4 月 28 日「舊金山對日和約」生效，GHQ 正式將外匯及外貿管理權移交日本政府，日本政府則基本上承襲了這

戰後美日臺關係關鍵 50 年 1945-1995（修訂版）

一套管理體制。而且在 GHQ 管理貿易期間，大致規定了戰後日臺經濟貿易的基本走向。至 1958 年日本完全取得對外貿易的自主權。

1950 年 9 月 6 日在 GHQ 的許可下，日本與臺灣簽訂「日臺貿易協定」；同年 10 月 10 日臺灣當局宣布廢止《臺灣省商人對日貿易辦法》(1949 年 11 月 18 日頒布)，對日貿易改以信用證的方式辦理。日臺在協定中提出各自所需的貿易品種和數量，規定了日臺之間的貿易量不得少於貿易計畫內所規定的數量，日臺對於所有核準的交易所需外匯及外匯信用，均應照準，要盡量放寬雙方現行的貿易管制及其他各項管制，減少貿易上的障礙。「日臺貿易協定」簽訂後，臺灣對外貿易對象由大陸轉向為日本，對日出口有所增加，1950 年至 1952 年的年平均出口額為 3.728 萬美元。這一數字雖比不上戰前日臺貿易的規模。但與臺灣光復初期相比，則有很大的提升。

自 1950 年至 1952 年日本恢復國家主權前的 2 年多時間裡，原則上貿易管理權仍歸 GHQ 把持，但實際上 GHQ 已把管理權「委託」給日本政府。日本政府已經能夠比較「自主地」制定有關貿易制度、推行貿易政策，GHQ 主要發揮了一種監督或事後承認的作用。這一階段，韓戰的「特需景氣」推動日本經濟迅速恢復「活力」。同時臺灣經濟也在「美援」的支持下，至 1952 年經濟恢復至戰前的最高生產水準。其中臺灣農業經濟恢復較快，稻米等農產品的增產尤為顯著，加快開啟農產品的海外出口市場是臺灣當局亟待解決的問題。

如上所述，1952 年 4 月美國結束對日本的軍事占領，日本重獲對外貿易自主權。隨著工業經濟的恢復，日本更需進口砂糖和稻米等臺灣傳統農產品。於是，為進一步推動日臺貿易的發展，以前期的「日臺貿易協定」為藍本，日臺又於 1953 年 3 月簽訂了《日臺貿易辦法》。

第四章　戰後初期美日臺經濟關係（1940 年代後期 -1960 年代中期）
第二節　美國主導下日臺貿易的恢復與發展

三、「日臺貿易辦法」時期（1953 年 -1961 年）

　　按照 1950 年 9 月「日臺貿易協定」第四條規定，該協定應於盟國或任一盟國對日和約宣布時，即行終止。1951 年 9 月 8 日「舊金山對日和條」簽訂；1952 年 4 月 28 日「日臺和約」簽訂。1953 年又簽訂「日臺貿易辦法」以取代「日臺貿易協定」。「日臺貿易辦法」自 1953 年 4 月 1 日起開始實施，至 1961 年 9 月 30 日為止，前後約為九年。

　　「日臺貿易辦法」包括付款辦法和貿易計畫等，大體以「日臺貿易協定」為藍本，付款辦法仍依照以前的專戶記帳方式，貿易計畫則由雙方提出每一年度的貿易計畫，而日臺雙方的進出口商品「至少應達到貿易計畫內規定之數量」，同時「日臺雙方政治當局對於該項貿易計畫內所規定之貨物及服務之購買與銷售均將盡量予以便利，現有對於貿易貨幣及其他方面之管制，凡其結果可能限制貿易者，均將盡量設法予以放寬」。因此，可以說「日臺貿易辦法」是屬於積極促進日臺貿易的新法規，但「辦法」也對「日臺貿易協定」有所調整和修正。如「日臺貿易辦法」第一條特別規定：「每項交易之進行應以自由訂約為基礎」，這是「協定」中所沒有的。對於關稅及貿易總協定（世界貿易組織 WTO 的前身），「協定」僅提出「應予適當的注意」，而「辦法」則明確強調「應予適當的遵守」。對於多邊貿易，在「協定」中僅提出進行協商的可能性，但「辦法」則明確規定與第三國貿易時透過專戶付款。

　　「日臺貿易辦法」共實施九個年度，對戰後初期日臺貿易的發展有著很重要的影響。這一時期由於有貿易計畫規定的貿易量作為目標，加上結匯仍使用記帳貿易方式，手續較為便捷，對日出口成長很快。1952 年至 1961 年臺灣平均每年對日本出口為 5,670 萬美元，比前一

戰後美日臺關係關鍵 50 年 1945-1995（修訂版）

期成長了 52.1%。隨著日本對臺灣資本與技術輸出的不斷增強，日臺貿易額迅速上升。1950-1960 年代臺灣對日出口主要是農產品，而自日本進口的主要是機械設備等工業產品，仍持續著日據時期殖民地出口經濟的依賴性。而同一時期美國則是臺灣的主要進口來源國。1953 年至 1963 年 11 年間，除了 1958 年從美國進口略少於從日進口外，其餘年份都居於日本之前而占首位，這一階段來自美國的進口額占臺灣進口總額的比重每年平均為 40.56%，而同階段日本的這一比重為 34%。美國長期占臺灣進口第一大國，主要與「美援」有著直接的聯繫，「美援」多以實物形態流入，故自美進口數額居高不下。

戰後初期，日本在積極開拓美國市場的同時，力求借助美國的實力占領臺灣與東南亞市場，其策略意圖有二：

1. 把臺灣與東南亞當作策略依託、原料供應地和產品銷售市場。利用經濟上的互補性，用資本貨物換取臺灣與東南亞的自然資源，牟取經濟利益；
2. 發展臺灣與東南亞經濟，以在政治上穩定該地區，使之成為對抗中蘇的壁壘。

為達此目的，經濟亟待恢復的日本只能乞求美國予以「合作」。1957 年 6 月 19 日至 21 日岸信介首相訪美，爭取美國的經濟支持；1958 年 7 月 5 日的一份美國白宮文件表明，時任日本大藏大臣的池田勇人曾向美國駐日大使麥克阿瑟第二表示，日美聯合開發東南亞有助於阻止共產主義並緩和日本的貿易問題。在這種情況下，日臺經濟關係進一步發展的外部條件逐漸齊全。

日本對臺灣的進出口貿易總額 1950 年為 7,594 萬美元，1956 年為 12,337 萬美元，1960 年為 16,576 萬美元。從臺灣對日出口額所占

第四章　戰後初期美日臺經濟關係（1940 年代後期 -1960 年代中期）

第二節　美國主導下日臺貿易的恢復與發展

出口總額的比例來看，1951 年為 48.3%，1955 年為 66.6%，1959 年仍為 40.7%。在整個 1950 年代臺灣出口的將近一半依賴對日出口。進入 1960 年代臺灣對日出口有所減少，1963 年為 33.1%，1965 年為 31.1%，仍占對外出口的首位。由此可見，臺灣對日出口的依賴度仍然極高。就對日出口的商品結構來看，出口商品的九成為砂糖、稻米、香蕉、鳳梨罐頭等農產品。對日出口商品結構的特徵，全然是沿襲了戰前的殖民地經濟結構。同時，臺灣也開始承接日本對美國出口的紡織品、膠合板、洋菇罐頭等加工裝配業務。如此，臺灣的出口貿易形態開始逐漸轉型，即開始進入自日本綜合商社訂貨，接受日本方面的機器設備、中間原料和技術等，在島內進行加工裝配成最終產品後再經由日本綜合商社出口至美國市場。這種「日→臺→美三角流線型」加工出口貿易體系的雛形開始確立。1964 年自美國的進口額占臺灣進口總額的比重為 32.48%，自日本的進口額占 34.80%，日本超過美國成為臺灣的第一大進口供應國。而且自 1965 年起日本開始取代美國的「角色」，對臺灣施以經濟援助，此後，在「日援」形式下的日本的進口逐漸增加，長期超過美國而居臺灣的第一大進口來源地。

在「日臺貿易辦法」實施期間，臺灣當局外貿主管部門也歷經資源委員會、生產管理委員會、經濟安定委員會等的調整。原屬生管會之下的產業金融小組，則改為臺灣省外匯貿易審議小組，負責進口初審、普通外匯初審、公民營工礦器材原料進口、管制物品進口及輔助出口物品審議工作。1953 年 3 月外匯貿易審議小組改組為「行政院」直接管轄的外匯貿易審議委員會。其後，臺灣仍實行進出口管制及複式匯率的政策，臺灣當局依舊執行著對外貿的強力干預。如 1953、1954 年度鳳梨罐頭、茶葉、柑橘等農產品滯銷時，臺灣省府即以匯率

戰後美日臺關係關鍵 50 年 1945-1995（修訂版）

補貼；而在 1955 年基本匯率、官價結匯證及市價結匯證等多重匯率下，民營的香蕉出口，只能拿到結匯證的 50%，即基於香蕉只有單一日本市場不宜給予較高匯率，以免刺激香蕉生產。這種管制直到 1958 年 3 月才正式解除。

為加強日臺經濟關係，1957 年 9 月中旬「總統府」祕書長張群率團赴日訪問，主要成員有臺灣銀行董事長張茲闓、臺灣水泥公司董事長林伯壽、臺日文化協會幹事長汪公紀等，他們主要是與日本方面就共同開發東南亞地區的經濟計劃進行協商。

由上可知，日臺經濟關係僅在戰後斷絕短暫的幾年後，便隨即重建並迅速發展起來。在極度缺乏外匯的前提下，臺灣積極推動以專戶記帳貿易的形式，使戰前就已存在的日臺貿易聯繫再度啟動。臺灣以稻米、砂糖等傳統農產品換取島內生計和恢復生產急需的日本機器設備、紡織品及化肥等。透過與日本的貿易往來並在得到「美援」的前提下，島內社會秩序逐漸趨於穩定，島內經濟漸漸駛入恢復的「軌道」。同時，日本也由於大批積壓的工業產品能夠對臺出口，使陷入絕境的日本經濟得到一線生機。但不應忽視的是，日臺重啟雙邊貿易是在美國的「准許」下進行的，日臺發展雙邊關係符合美國的東亞策略利益，這是美日臺關係得以形成與發展的重要前提。

在 1950 至 1961 年間，由於外匯短缺等原因，日臺貿易一直採用專戶記帳貿易制度，客觀地講，這種專戶記帳貿易制度屬於當時世界各國普遍通用的一種貿易形式，在光復初期日臺貿易重新啟動過程中確實發揮出實效的功能。但這種貿易記帳方式畢竟是對於外匯和貿易自由化的嚴格限制，屬於經濟管制時期或經濟恢復初期的特殊貿易形式，它不利於自由貿易的進一步擴大延伸和民間企業的介入。韓戰爆

第四章　戰後初期美日臺經濟關係（1940 年代後期 -1960 年代中期）
第二節　美國主導下日臺貿易的恢復與發展

發後，日本經濟獲得「特需」繁榮並重獲國家主權，在美國的大力支持下，日本相繼加入國際貨幣基金組織、關稅及貿易總協定等國際組織。日本經濟的迅速恢復使其在國際收支上大為改觀，它不再需要限制外匯和貿易自由化的日臺雙邊貿易協定。因此，在 1959 年的日臺貿易計畫會議上，日本強烈要求取消日臺間的專戶記帳貿易制度。經過日臺多次磋商，雙方同意再延長一年的實施時間，至 1961 年 9 月 30 日正式終止。其後，日臺雙方另訂新的貿易協定。

從 1950 年至 1961 年日臺貿易統計的實際情況來看，臺灣對日本的貿易依存度明顯比日本對臺灣的依存度要高，1950 年至 1961 年臺灣對日本的出口額占臺灣出口總額的 30%-60% 之間，1955 年為最高峰達 60.2%；自日本的進口額則占進口總額的 39%-64%，1955 年進口額為 64.4%，與出口額同為此階段的最高峰。

隨著戰後日臺貿易的恢復與擴大，尤其是隨著韓戰爆發及美國對日占領政策的急遽轉變，一度被解體的日本財閥系大商社又在美國的支持下重新組合，並再次開始對臺灣進行經濟滲透。這些大商社在資金、技術、外銷經驗等方面均有較強的力量，特別是三井商社、三菱商事等更是在殖民統治時期獨占臺灣經濟的大商社，對臺灣島內狀況可謂「非常熟悉」。戰後日本企業在海外投資的一個特點，就是企業與商社合作開拓，這個特點與日本式企業經營有著密切關聯。1950 年代初許多日本大商社就在臺灣設立營業機構，一方面參與日臺雙邊貿易業務；一方面也從事對臺投資、貸款和經營活動。1950-1960 年代臺灣對外貿易幾乎為日本大商社所控制。如長期占臺灣出口第一位的紡織品，經日本商社出口的比重曾一度高達 60% 以上。至工業化之前，日臺貿易關係保持著漸次升溫的趨勢（參考表二）。

戰後美日臺關係關鍵 50 年 1945-1995（修訂版）

表二日臺貿易統計（1950-1965 年）（單位：千美元，%）

年份	日本出口（臺灣進口）	佔臺進口總額比（%）	日本進口（臺灣出口）	佔臺出口總額比（%）	進出口合計
1950	38041		37874		75915
1951	50602		53045		103647
1952	60666	29.3	63765	53.3	124431
1953	60965	28.5	64040	46.4	125005
1954	65928	30.3	57075	53.9	123003
1955	63828	30.9	80879	60.6	144707
1956	77858	34.7	45508	35.8	123366

續表

年份	日本出口（臺灣進口）	佔臺進口總額比（%）	日本進口（臺灣出口）	佔臺出口總額比（%）	進出口合計
1957	84257	33.6	67225	38.9	151500
1958	90040	35.1	75620	43.9	165660
1959	86846	39.4	71546	42.7	158392
1960	102237	34.6	63522	37.4	165759
1961	96322	32.1	67748	28.4	164070
1962	118576	32.7	61325	24.3	179901
1963	107142	28.8	122640	33.1	229782
1964	137891	34.2	140905	30.2	278796
1965	217916	37.1	157317	31.1	375233

資料來源：臺灣「財政部關稅總局」統計室：《臺灣地區進出口貿易統計月報》，各年版；吉澤清次郎：《日本外交史》第 28 卷（鹿島和平研究所出版會 1975 年版）；日本鹿島和平研究所編：《日本外交史·媾和後的外交·對列國關係（上）》，鹿島和平研究所出版會 1972 年，第 245 頁統計表。

第三節　戰後初期美日對臺貿易、投資

一、戰後初期美、日對臺貿易

　　戰後初期美國對日、臺的大規模經濟援助決定了美日臺貿易關係的基本內涵，屬於美國主導的特殊貿易模式。如對臺援助主要是美國對臺提供各類商品物資，因此，美國始終保持對臺的高額出口水平，成為臺灣最主要的進口貿易國。美國在臺灣進口貿易中所占比重1952-1959年均為42.2%，1960-1965年為40.1%。1960年之前美國在臺灣出口貿易中所占比重較小，1953-1959年年均為5.3%；1960年之後則明顯上升，1960-1965年年均為18.8%。因此，1950年代至1960年代上半期美國對臺貿易年年順差。1952-1965年美國對臺灣順差11.125億美元，年均0.795億美元。美國對臺灣輸出的商品主要有小麥、大豆等農產品，以及鋼鐵、機械設備機器等。從臺灣進口的主要有膠合板、蘑菇罐頭、服裝等。值得注意的是，美臺雙邊貿易多為日本商社所控制。

　　1945年至1951年美國以占領地區救濟基金和占領地區經濟復興基金的名義，向日本提供21.28億美元的物資援助。日本曾短暫依賴對美貿易，但很快美日貿易結構發生較大調整。如1946年日本出口的65.1%、進口的86.4%與美國進行，但至1952年日本自美進口僅占其進口總量的37.9%。比1946年降低48.5%。儘管當時日本處於美國的占領下，但一方面美國不可能滿足日本的全部進口需求，另一方面日本也無法向美國出口足夠的適銷對路的產品。

　　在1965年以前，美國在臺灣進口中所占的比重一直壓倒日本所占比重。從1965年起情況正好相反，日本所占比重超過美國所占

戰後美日臺關係關鍵 50 年 1945-1995（修訂版）

的比重。1965 年美日所占的比重為 31.65% 和 39.75%，1975 年為 27.76% 和 30.44%，1985 年為 23.61% 和 27.60%。美日在臺灣出口中的地位之變化又恰恰與上述情況相反。1965 年和此前，日本在吸收臺灣出口方面大大超過美國，1965 年以後美國則漸漸超過日本。美日占臺灣出口的比重 1970 年為 33.08% 和 14.58%，1980 年為 34.12% 和 10.97%，1985 年為 48.08% 和 11.26%。到 1980 年代中期，日本是臺灣進口的最大來源國和出口的第二市場。美國則是臺灣的第一市場。美國向臺灣輸出的主要是三大類型產品：動植物油脂、麥類及其制產品等農產品；金屬礦塊、紡織品纖維、化學原料、煤等工業原料和電機、電子設備、化學製品、辦公室機器、運輸工具、日用品等製造品。1965-1985 年美國輸往臺灣的前十位商品占臺灣輸入該商品總額的比重在 1965 年、1973 年和 1985 年三個年頭裡，油籽類為 70.6%-96.3%、小麥類及其加工品為 59%-84.6%、金屬塊為 34.6%-63.9%、電機設備為 20%-35.5%、日用品和化學品在 1985 年占 50% 以上。可見臺灣首先是美國的農產品和原料市場，其次才是美國的製造品市場。日本向臺灣出口的主要有高級鋼材、電機設備、工業機具、電子設備、化學品和運輸工具等。同一時期日本輸往臺灣的前十位商品占臺灣輸入該類商品的比重是，鋼材為 76.3%-90.4%，特殊工業用途機具（械）為 49.2%-68.3%，紡織品為 54%-63.3%，電機電子設備為 44.7%-50%。可見，臺灣幾乎完全是日本的工業中間產品和終極產品的市場。1965-1985 年美國從臺灣進口商品的結構有一個變化過程。1965 年林木產品和熱帶農產品是美國從臺灣進口的兩宗最大商品。到 1973 年精密機器則取而代之成為最大宗進口產品。紡織品、鞋類、旅行用品等勞動密集型成品都成為主要進口產品。1973 年後在

第四章　戰後初期美日臺經濟關係（1940年代後期-1960年代中期）
第三節　戰後初期美日對臺貿易、投資

　　勞動密集型產品持續為大宗進口產品之同時，電子通訊器材、電子機器、辦公室機器及資料處理設備已成為主要進口產品，到1985年美國從臺灣進口此類產品占臺灣輸出此類產品的一半以上。美國占臺灣家具和鞋類出口的70%以上。日本從臺灣進口的主要商品1965-1973年間主要有糧食、水果、蔬菜、肉類等農產品，林木產品、服裝和紡織品、日用品。到1985年除了這些產品之外，水產品成為一大宗進口產品。此外還有鋼鐵和機電產品。

　　由上可知，美日長期自臺灣進口農產品等，美國自1973年後則成為進口臺灣工業品的最大市場。臺灣對日本的出口貿易與進口貿易額之比自1960年代中期以來一直穩定在0.3%至0.4%之間。臺灣對美國的進出口貿易之比則從1955-1959年的0.10%上升到1986年03.50%。因此，自1960年代中期以來日本對臺灣一直保持順差，1965-1973年累計順差32億美元。1979年一年順差為23億美元。1984年的順差為32.55億美元。1971-1973年累計順差達452.71億美元。美國對臺灣自1968年後便一直保持逆差。1971-1973年累計逆差總額為18.823億美元，1979年一年的逆差為22.714億美元，1984年為98.26億美元，1973-1987年逆差總額達749.061億美元。

　　從美日與臺灣的貿易結構和國際收支狀況可看出，在美日臺形成了一種極具特色的多邊貿易關係模式。即日本向臺灣提供技術樣品及半成品，在臺灣利用廉價勞動力進行加工並製造成品向美國輸出，而且這些出口訂單多來自美國對臺灣的訂單，其效果是日本借助臺灣最大限度地獲取美國市場的利益。表面上看，在獨占臺灣市場的美日經濟較量中，日本競爭力似略勝美國一籌，但其實這是美國出於其東亞策略的謀略，有意對日本作出的「政策性讓步」。

戰後美日臺關係關鍵 50 年 1945-1995（修訂版）

　　當美國於 1965 年停止對臺經援時，美國銀行的商業貸款開始進入臺灣。1965-1980 年底美國進出口銀行為臺灣提供中長期貸款共為 26.9 億美元，連同它所擔保的美國商業銀行和其他國家商業銀行聯合貸款在內，合計 48.5 億美元。在美國進出口銀行的帶動下，從 1970 年代開始，美國民間金融機構對臺灣的經建貸款也不斷增加，到 1977 年底，由臺灣當局擔保的美國民間金融機構貸款總額（不含美國進出口銀行聯合貸款）約 5.3 億美元。上述兩項合計共 53.8 億美元。1965 年和 1971 年日本進出口銀行為臺灣提供兩筆日元貸款，共折合 1.39 億美元；1968 年還提供造船貸款 0.3 億美元，合計 1.69 億美元。

　　在美日臺貿易的過程中，一個不可忽視的現象就是日本商社對美臺貿易的實際控制。美國雖在投資金額、市場占有率等方面占據首位，但美臺雙邊貿易卻多為日本商社所控制，成為戰後美日臺貿易中很不規則的一個特徵。如上所述，臺灣小麥、大豆、香蕉等農產品和膠合板等的對美出口多被日本商社控制。但不僅僅如此，根據美國對日本商社的觀察可知：日本大商社基本控制了臺灣主要的對外貿易。例如臺灣出口美國的蘑菇罐頭有一半是透過日本商社經營的，向其他國家出口的鳳梨和膠合板也多是由日本商社所經營。另外，作為臺灣外匯主要來源的紡織品出口也幾乎為日本商社所獨占（大約 60-90%）。日本商社如此控制對臺灣紡織品進口，主要始於美國開始對棉紡織品進口實行配額制之後。日本商社在美國取得的棉紡織品訂單必定大於他們所能得到的進口配額，於是日本商社設法用臺灣的配額在美國銷售預定的棉紡織品。此後，日本商社透過遍布世界的銷售網積極開發臺灣服裝和棉紡織品的其他國際市場，日本商社的所作所為實際上是導致臺灣對美和對第三國出口的比例大幅升高的主要動因。

第四章　戰後初期美日臺經濟關係（1940 年代後期 -1960 年代中期）
第三節　戰後初期美日對臺貿易、投資

戰後初期 1950-1960 年代日臺貿易主要是臺灣對日出口農產品而進口工業品，即維持日據時代的貿易結構，正如馬克思所說的的富國榨取「窮國」的貿易關係，也就是以價值低的農產品去換取附加價值較高的工業品，臺灣資源受到榨取，經濟受到日本控制。

二、戰後初期美、日對臺投資

為全面控制臺灣經濟，自 1950 年代起美日開始對臺灣進行投資。美國對臺投資的主要有合成纖維、化肥、抗生素和玻璃等企業。簡言之，如果不包括華僑資本，從 1950 年代初期至 1960 年代中期，美國資本占臺灣外資的 90%，主宰了臺灣的投資市場。日本則在 1950 年代占 6.6%，1960 年代前半期約為 12.2%，美日兩國成為進入臺灣外資的主要來源。

日本對臺灣的直接投資是一個逐漸擴增規模的過程。1950 年代初期在臺灣的直接投資幾乎全是美國資本，當時尚處於經濟恢復時期的日本對臺投資極其有限。1958 年日本電氣公司對臺灣通訊工業公司投資 33.8 萬美元（合作生產電線、電話等通訊器材，日電公司占 80% 股份）；同年日本米星商事、羽幌煤礦貸款 95.7 萬美元給臺灣南莊礦業公司。1954 年 5 月至 1965 年 5 月，日本以技術合作形式對臺投資的項目有：

1. 化學醫藥類 (21 項)：日本中外製藥與臺灣永豐製藥 (1954 年)、三共製藥與中國化學 (1958 年)、森下製藥與臺灣森下仁丹 (1960 年)、田邊製藥與臺灣田邊製藥 (1962 年)、山之內製藥與臺灣山之內製藥 (1962 年)、萬有製藥與臺灣完有製藥 (1963 年)、榮西製藥與信東化學 (1964 年)、岩城製藥與永豐化學 (1965 年)、津村順天堂

戰後美日臺關係關鍵 50 年 1945-1995（修訂版）

與臺灣津村順天堂（1962 年）；日本關西油漆與臺灣唐榮油漆（1954年）、日本油脂與東方油漆（1960 年）、日本油漆與亞洲工業（1963年）、橫濱橡膠與南港輪胎（1959 年）、擠石橡膠與泰豐橡膠（1961年）、東洋橡膠與義堂橡膠（1961 年）、墨水產業與臺灣塑膠（1965年）、共和塑料與厚生化學（1965 年）、大日本印刷油墨與林商號合板（1962 年）、三笠化學與臺灣三笠化學（1962 年）。

2. 電機（24 項）：日本東京芝浦公司與臺灣日光燈（1955 年）、日本東京芝浦公司與臺灣玻璃管（1958 年）、日立電燈與新亞洲電器（1962 年）、三菱電機與中國電器（1963 年）、本田科學研究與三陽工業（1962 年）、松下電器與臺灣松下電器（1965 年，生產半導體收音機）、日立製作與新亞電器（1965 年）、松下電器與臺灣松下電器（1965 年，生產電飯鍋）、早川電機與三厚電機（1962 年）、東京芝浦與大同煉鋼機械（1963 年，生產電冰箱）、長谷川鐵廠與臺灣機械（1960 年）、日立製作與臺灣日立（1964 年）、大金工業與大同煉鋼機械（1964 年）、關西二井製作與士林電工（1958 年）、東京芝浦與大同煉鋼機械（1961 年，生產變壓器）、三菱電機與士林電工（1963年）、大阪變壓器與三厚電機（1965 年）、茶中電子與聲寶電器（1965年）、東京芝浦與大同煉鋼機械（1955 年，生產電子電腦）、湯淺電池與亞洲電池（1964 年）、沖電氣與遠東電器 1958 年）、任友電器與太平洋電器（1959 年）、古河電工與中國電線（1962 年）、日本電氣與臺灣通訊工業（1958 年）；

3. 機械類（4 項）：三菱重工與臺灣機械（1963 年）、日本汽車製造與大榮煉鋼（1964 年）、雅馬柴油機、井關機械與中國農業機械（1960 年）、久保田鐵工、三井物產與新臺灣農機（1961 年）；

第四章　戰後初期美日臺經濟關係（1940 年代後期 -1960 年代中期）
第三節　戰後初期美日對臺貿易、投資

4. 食品類（2 項）：明治乳業與味全食品（1958 年）、關東酸乳酪與中國發酵（1964 年）、協和發酵與中國發酵（1959 年）、森永製果與臺灣製果（1961 年）、明治製果與味全食品（1962 年）；

5. 汽車造船類（4 項）：日產汽車與臺灣裕隆汽車製造（1958 年）、新潟鐵工與臺灣機械 1961 年）、石川島播磨重工與臺灣造船（1965 年）、米星商事、羽幌煤礦與南莊礦業（1958 年）；

6. 其他（3 項）：八幡煉鐵與臺灣機械（1963 年）、旭玻璃與臺灣玻璃（1965 年）、桃井制網與臺灣桃井制網（1959 年）等等。

1950 年代日本企業對臺投資的多是製藥業，主要從日本進口半成品，然後利用臺灣的廉價勞動力進行簡單包裝後就地銷售。因為日據五十年的歷史因素，臺灣民眾普遍有服用日本藥品的習慣，所以，日資製藥企業效益、利潤都很高。到 1965 年止，臺灣本地有 700 多家日資企業（少數為日臺合辦）。從 1955 年起，日本經濟超高速發展，1960 年代中期國民生產總值已超過了英法和西德，外貿出現大量順差，國際收支盈餘劇增，國力漸增的日本開始具有資本輸出能力。由於日本出口長期出超，與歐美不斷發生貿易摩擦，1960 年代美國就對傾銷至美國市場的日本紡織品、電子產品設定配額限制。為緩解與美國的貿易摩擦，避開美國的配額限制等貿易壁壘，日本開始調整對臺投資策略目標，即利用臺灣的低成本突破美國的限制，將勞動力密集型工序轉到臺灣進行。日本首先提供技術樣品和中間產品，直接在臺灣加工裝配至成品，再以臺灣產品的標籤，最終出口至美國。這樣，臺灣就成了日本對美出口的「加工基地」。日本不僅利用臺灣大量向美國出口產品，還藉機轉嫁日美貿易摩擦的危機，並將臺灣推向與美國發生貿易摩擦的邊緣。這也是 1970-1980 年代美日、美臺及日臺不斷

戰後美日臺關係關鍵 50 年 1945-1995（修訂版）

發生貿易摩擦的重大現實背景。

　　1952 年至 1960 年日本企業對臺直接投資共 12 件，投資額 168.1 萬美元，占外國資本對臺直接投資的 6.6%。1961 年至 1965 年日本企業對臺灣投資成長很快，達 41 件，投資額 817.1 萬美元，占外國資本對臺直接投資的比重上升至 12.2%。同期，隨著臺灣工業化的進展，日本企業也開始占領臺灣的電子產品市場。日本各大綜合商社與各大機電企業聯手開拓臺灣市場，1962 年松下電器株式會社設立臺灣松下電器公司，這是最早進入臺灣的日資大機電企業；以 1963 年三洋電器設立臺灣三洋電器分公司為起點，東芝電氣、三菱電機和日立等大機電企業也先後到臺灣投資設廠。他們的主要做法是與當地資本合資，由日方提供技術設備，從日本進口原料和半成品，然後利用一部分臺灣資本和全部利用臺灣的勞動力進行加工裝配，成品主要在當地銷售。產品主要是機電，如電視機、電冰箱、電纜、變壓器、日光燈等。

　　同期的 1952-1960 年，美國資本對臺灣直接投資共 15 件，投資額 2,348.1 萬美元，占外國資本對臺灣直接投資的 93.2%。同期日本資本對臺灣直接投資共 12 件，投資額 168.1 萬美元，占外國資本對臺灣直接投資的 6.6%。這段時期，臺灣外資總額為 12.5 億美元，其中 82% 是美國的援助，15% 為借款，直接投資僅占 13%。至 1960 年代上半期，美國資本始終占據對臺灣直接投資的絕對優勢地位。1961-1965 年美國資本直接投資共 42 件，投資額 5,506 萬美元，占外國資本直接投資的 82.3%。同期，日本的資本直接投資成長很快，達 41 件，投資額 817.1 萬美元，占外國資本直接投資的比重上升至 12.2%。同期日本企業對臺投資亦成長迅速，1967 年臺灣批准日本投

第四章　戰後初期美日臺經濟關係（1940年代後期-1960年代中期）
第三節　戰後初期美日對臺貿易、投資

資總額達1500萬美元，當年底日本投資占所有外國投資的11%。僅1968年臺灣當局就批准了總額為2,500萬美元的日本投資，這個數額幾乎是過去15年的總和。1968年底日本投資項目已高達5,400萬美元。日本在兩年間就將其在所有臺灣外國投資中占的比例從11%提升到25%。至1968年底臺灣當局批准的日本投資總額為5,400萬美元，共264個投資項目。相比較，臺灣當局同期批准高達1.5億美元的美國投資，只涉及114個項目。換句話說，日本對臺投資只有美國在臺投資的三分之一，但其涉及的單個項目卻是美國的2倍。美國在臺投資項目的產品主要是為了出口，而日本投資項目的產品不僅為了出口，也試圖占領當地市場。可見，美日對臺灣投資的動因均是利用臺灣獎勵投資待遇和突破臺灣貿易壁壘，擴大占有臺灣本地市場。因而這個時期美日企業投資項目都集中在臺灣市場緊缺而需急速發展的進口替代工業上。

1965年以前，在美國占絕對優勢的情況下，美日共享臺灣的投資市場。從1960年代下半期開始，臺灣不僅作為商品銷售市場而且作為商品加工轉口基地而成為美日合作獨占的對象。1960年代中期至1980年代中期美國在原有的基礎上繼續加大對臺灣直接投資的力度。1966-1980年投資總額達6.9774億美元，年成長率為8.79%，1981-1987年投資總額為14.9253億美元，年成長率為20.83%。

這一時期，美日在臺灣的投資競爭採取了新的形式，即建立加工出口基地。為了抵制日本利用臺灣擴大對美國市場的滲透，確保自己對本國市場的主宰地位以及提高美國的競爭能力，在亞洲市場排擠日本產品，大致從1970年代始，美國企業開始在臺灣建立加工基地以利用臺灣的廉價勞動力資源降低生產成本。如美國通用電氣、美國無

戰後美日臺關係關鍵 50 年 1945-1995（修訂版）

線電、國際電報電話、通用電話國際、通用儀器、標準電子等著名大公司，其產品絕大部分回銷美國。1970 年代初，為打破日本汽車對亞洲市場的壟斷，在臺灣投資的美國福特汽車公司實行「製造亞洲車計畫」，即將汽車零部件和裝配廠分設在亞洲各地和澳洲，裝配的汽車主要供應亞洲市場。這種做法使其車價降低 50%，足以與在亞洲市場的日本汽車相競爭。有的美國企業對臺投資是為了占領臺灣市場，如美國電信業、電機業及化學業企業等。這類公司主要有電報電話公司（電子交換機）、聯合碳化物公司（乙二醇）和奇異公司（氣渦輪機）等。進入 1980 年代後，美日對臺投資多集中在電子和汽車裝配領域。美國電子公司已將小型電視機生產全部轉到臺灣和南韓。1980 年代臺灣新興的資訊產品製造業投資幾乎都來自美國。美國企業在這一行業的投資占該行業投資總額的 77%（1984 年）。日本從 1960 年代中期開始對臺灣的直接投資猛增。1966-1965 年間總投資額為 4.478 億美元，相當於 1953-1965 年間的 45 倍，年成長率為 28.17%，1980-1987 年總投資額達 13.256 億美元，年成長率為 24.51%。日本持續加大對臺灣以及東亞地區的投資力度，美日對臺投資形成競爭關係。

　　觀其原因，日本之所為，主要是由於其戰後經濟的迅速恢復與提升，至 1960 年代中期日本國民生產總值超過英國、法國和西德，導致了對美歐市場出口的迅速成長，美歐則設置貿易壁壘對日本商品進行限制，迫使日本轉回亞洲尋找和擴大自己商品的市場；1960 年代實施的「十年國民收入倍增計畫」（自 1961 年施行）使日本工人的平均薪資在 1960 年代中期成為亞洲最高；1970 年代初日本國際收支開始出現大量盈餘，1971 年至 1973 年日元兩次被迫大幅度升值，日元對美元升值 28%。1973 年實行浮動匯率制後，日元繼續緩慢升值。而同一

第四章　戰後初期美日臺經濟關係（1940 年代後期 -1960 年代中期）

第三節　戰後初期美日對臺貿易、投資

時期臺灣工人的工資水平只相當於日本工人 1/3-1/6，新臺幣對美元的上升幅度比日元對美元的上升幅度低得多（5%-10%：28%）。因此臺灣成為日本必須爭奪的重要投資場所。日本以在臺灣建立加工轉口基地的形式對臺灣投資要比美國早，開始於 1960 年代下半期。建立加工轉口基地的主要是紡織和電子電器企業。到 1980 年日本在臺灣加工出口區設立的獨資與合資企業就達 90 家。其產品面向美國和其他第三國市場的企業占企業總數的 63%，全部或部分產品返回日本的企業占企業總數的 31%。1980 年代日本企業迫於日元急速大幅度升值，對臺投資的規模和速度大大超過美國企業，加強對臺灣生產基地的利用。

雖然戰後初期臺灣經濟主要是在「美援」的支持而發展起來的，但日本對臺投資、貿易的作用也是不容忽低估的。確切地講，戰後初期日臺貿易以及後來日本對臺灣的直接援助是對美國援助臺灣經濟發展的「有力補充」。戰後初期日本對臺灣的投資模式一直延伸至 1990 年代冷戰結束時。至 1990 年代美臺投資關係表現為從美國對臺灣單向的間接投資開始，發展至雙向的直接投資，且投資規模不斷擴大。美臺投資關係的形成和發展過程，展現了臺灣經濟對美國經濟的依附和從屬關係。

至 1963 年 12 月末，日本對亞洲各國（中東除外）的直接投資額為 9,910 萬美元（其中已到位資金 9,630 萬美元，合約金額 280 萬美元），貸款及延期出口債權 7 億 8,370 萬美元（實際到位 3 億 3,500 萬美元，合約金額 4 億 4,870 萬美元），二者合計 8 億 8,280 萬美元。日本共在海外 13 個國家和地區建立 162 家企業（含獨資、合作或合資），臺灣為 32 家（其他依次為印度 26 家、泰國 25 家、香港 19 家、馬來西亞 17 家和新加坡 16 家等），是日本建立合資企業數量最多的地區。

戰後美日臺關係關鍵 50 年 1945-1995（修訂版）

日本利用投資的方式，把控制臺灣經濟從流通領域的進出口貿易發展到生產領域，使臺灣成為日本的「技術殖民地」。

第五章　美日臺關係的跌宕發展（1960 年代中期 -1970 年代）

　　二戰後美國的經濟實力空前膨脹，在美國主導下建立的布雷頓森林體系確立了美國在資本主義世界經濟的支配地位。但自全面介入越南戰爭以來，戰爭開支高居不下，美國經濟迅速衰落，戰後初期強盛的世界經濟霸主地位不復存在；美國開始進行重大策略調整，「尼克森主義」由此而生。同時，美日圍繞東亞地區經濟權益的爭端日趨激化，美日同盟關係亦出現裂痕。日本與臺海兩岸同時保持經濟交往、獨占兩岸市場資源的策略繼續得以貫徹。這一階段美日臺關係亦充滿波折。

戰後美日臺關係關鍵 50 年 1945-1995（修訂版）

第一節　趨變的世界格局與美日臺關係的折衝

一、「尼克森主義」與美日經濟爭端的激化

　　由於越南戰爭等因素，自 1960 年代以來美國經濟不斷衰落，在國際金融領域具體表現為美元霸權地位的不斷衰落和以美國國際收支赤宇為主要矛盾的國際收支大面積失衡，布雷頓森林體系受到嚴重衝擊。至 1960 年代末期美國的經濟形勢進一步惡化，越南戰爭的連年龐大軍事開支和財政赤宇使美國國內通貨膨脹繼續上升。面對如此空前的經濟困頓，1969 年 7 月 23 日尼克森總統提出其亞洲新策略——「尼克森主義」，開始進行策略性政策調整。至此，包括退出越戰等現實對策的「尼克森主義」取代了二戰以來的「遏制」理論。1973 年 1 月 27 日《越南停戰協定》在巴黎簽訂，歷時 12 年之久的越南戰爭最終結束。在這場曠日持久的戰爭中，美軍 57,000 人喪命，直接軍費開支達 1500 餘億美元。

　　在美國經濟面臨空前危機之時，日本經濟則持續高成長，在東亞地區日本經濟勢力開始超越美國。更重要的是，美日經濟實力的消長極大地改變了兩國的巨大懸殊。例如在關稅、進口限額、農產品貿易等方面，日本與西歐對美國實行了越來越厲害的競爭與排斥。因此，在「尼克森主義」確定之後，雖然美國與日本繼續保持在東亞經濟方面的合作，但美日對東亞市場和東亞經濟主導權的爭端日趨激化。

　　從政治角度講，戰後美國一直欲以軍事實力遏制共產主義在東亞的「擴張」，從經濟角度來解釋則是美國以武力保衛和擴大其在東亞的商品市場、原料產地和投資場所等，美國的行為完全重蹈戰前日本軍國主義的覆轍。美國為推行其新殖民主義的東亞策略，戰後曾堅決

第五章　美日臺關係的跌宕發展（1960 年代中期-1970 年代）
第一節　趨變的世界格局與美日臺關係的折衝

拒絕英法荷等國重返東南亞地區。但韓戰造成美國國力的巨大消耗，久拖不決的越南戰爭更使美國陷入泥沼，耗費美國大量的軍力財力。就在美國經濟地位因越戰而急遽下降之際，而日本經濟卻持續成長，1968 年超越西德，成為僅次於美國的第二位資本主義經濟大國，更成為美國在東亞地區的主要競爭對手。

戰後日本的經濟大國化完全是美國策略扶持的結果，戰後初期，美國出於維持地區均勢的考慮，急需扶持經濟實力較強的日本與社會主義國家抗衡。為此，美國幫助日本解決資源引進和商品市場問題；出於意識形態上的考慮，美國力圖將日本建為亞洲地區資本主義國家的「樣板」。美國還要求日本在東亞安全方面發揮更多的「積極作用」。1962 年 12 月 3 日甘迺迪總統在出席美日貿易經濟聯合委員會第二次會議時發言稱：他期待美日進一步合作，以「防止共產主義運動支配亞洲」。日方代表當場積極回應。但日本採取的則是政治上支持但經濟上不介入的現實主義策略。自 1960 年代中期起，國力枯竭的美國一直企盼日本能為越戰提供財政支援。美國認為「最重要的問題之一是日本經濟和貿易的成長與美國國際收支的惡化相巧合。因此，美國……鼓勵日本努力取得更大的獨立性，開始指望日本透過承擔與其力量相適應的義務和責任而在『自由世界』獲得新的地位」。

1965 年 11 月日本首相佐藤榮作訪問美國，在美日首腦會談時，詹森總統直接要求日本對越南戰爭進行財政支持。詹森認為，美國之所以捲入越南戰爭是出於這樣一種考慮，即越南作為整個地區尤其是作為日本的安全計畫的一部分而必須保住的。總之，美國政府認為經濟實力大為增強的日本有責任、有義務為陷入越南戰爭而經濟又開始走下坡路的美國提供某種幫助，因為美國軍人也是在為日本的利益打

戰後美日臺關係關鍵 50 年 1945-1995（修訂版）

仗。但日本並沒有按照美國的意圖去做。在兩國經濟力量的對比發生重大變化的 1960 年代中期日本仍以 1950 年代初韓戰時的老辦法，即以向美國出售戰爭物資而賺取美元的方式來「支援」美國的越南戰爭。1962-1968 年日本向美國出口 5.08 萬枝手槍，某些精確炸彈的零部件也由日本提供。從 1965 年到 1972 年日本每年從與美國越戰有關的軍費支出中賺取 10-15 億美元。但美國並不滿意日本僅發揮這種後勤補給作用。1967 年 9 月 4 日臘斯克國務卿在致詹森總統的備忘錄指出：「我們希望和需要的是，日方對中共和中國周邊國家內部不穩所構成的威脅持一種更加成熟和負責的態度。」

　　日本拒絕在越南戰爭問題上與美國進行深度合作，證實日本的經濟擴張目標與美國對日本在東亞地區發揮「策略合作者」的期待是完全不同的。美國的真實意圖是：日本應對安全，尤其是對越南戰爭做出不斷的、重要的貢獻，特別是當英國 1968 年宣布它將在 1971 年以前從馬來西亞和新加坡撤走其軍事力量之後。在華盛頓看來，日本的所作所為與美國的希望背道而馳──只是一味努力發展自己的資產和控制東南亞貿易。非但如此，而且在 1960 年代中期就可以明顯看得出，日本對東南亞發動的經濟攻勢只不過是它全球經濟擴張的一部分。由於日本拒絕為美國分擔負擔，促使美國的東亞政策逐漸發生「根本性的變化」。

　　美日矛盾是一個結構性的存在，如美國制定《吉田書簡》對日中關係進行「策略性」限制，但日本並未確實「執行」。為實現其經濟利益的最大化，自戰後以來日本一直與臺海兩岸同時保持經貿聯繫。一般認為，在戰後 1950-1960 年代吉田內閣、鳩山內閣、池田內閣時期中日民間貿易得到較快發展，只是在反中親臺的岸信介、佐藤內閣

第五章　美日臺關係的跌宕發展（1960年代中期-1970年代）
第一節　趨變的世界格局與美日臺關係的折衝

時期有所倒退，其實不然，如岸信介為提高中日民間貿易規格、規模等與美國曾有過多次激烈交鋒。1960年代中日民間貿易的發展非常顯著，至1966年日本已成為中國的首要貿易夥伴，美國對此深表憂慮。1965年1月13日美國當選副總統漢弗萊曾警告日本政府：如果繼續給予中國的優惠貸款的話，「將危害我們在世界上的地位」。但日本表面應從，實則陽奉陰違。至1968年由於越南戰爭的壓力迫使美國與越南舉行停戰談判，美國對東亞的強權介入大幅減弱。佐藤榮作首相隨即在內閣會議稱，在中日貿易方面，日本今後將不再受《吉田書簡》的約束。

自1965年美國全面介入越南戰爭後，美國經濟愈加陷入困境，日本則乘機不斷增大對東南亞地區的貿易和投資。此時，美日在東亞的商品貿易、直接投資和經濟援助等方面開始激烈競爭。至1980年代中期日本在東南亞經濟中的影響遠遠超過美國。自戰後初期到1964年美國對日貿易一直是順差。自1965年始至1985年美國對日貿易卻年年逆差（逆差額年均91.47億美元），逆差總額達1,920.96億美元。美國持續大量的貿易赤字是導致美日貿易摩擦的直接原因，1968年美國對日貿易赤字相當於1967年4倍。1971年又從1968年的11億美元激增至32億美元。美國學者認為：日本拒絕向越戰提供超過象徵性的經濟和人道主義支援以外的援助，這種日美關係的摩擦，又加重了貿易不平衡給雙邊關係帶來的經濟關係緊張程度。

1960年代末美日又發生紡織品貿易摩擦，由於自1969年5月至1971年9月美日多次談判無果，尼克森總統遂引用《對敵國貿易法》（1917年頒布）對日本紡織品對美輸出進行嚴厲制裁。在美國規定解決紡織品貿易問題的最後期限之前，日本最終選擇讓步。在這場貿易戰

戰後美日臺關係關鍵 50 年 1945-1995（修訂版）

中，美國還將紡織品問題與歸還沖繩問題掛鉤，使經濟問題政治化；並進一步以對付敵國之辦法威脅日本，迫其就範。第二次發生在 1970 年代末。1975 年美國的全球經常帳戶為 183 億美元，日本為 -7 億美元，其中美國對日貿易帳戶為 -17 億美元。可是在 1977 年這三個數宇依次變成 -141 億美元、109 億美元和 -80 億美元，1978 年為 -143 億美元、165 億美元和 -116 億美元。也就是說，美國的全球經常帳戶赤宇 1977 年的 56.7% 和 1978 年 81% 是與日本貿易造成的。嚴重的貿易失衡導致美日先後爆發農產品大戰與通訊產品大戰。

在農產品貿易戰中，美國要求日本擴大進口美國農產品，取消對美國柑橘、牛肉及其他農產品的非關稅障礙，實現柑橘、牛肉及貿易自由化。美國嚴重警告日本政府：日本對美國不斷成長的大量貿易順差嚴重地威脅著華盛頓和東京的關係。在通訊產品貿易戰中，美國要求日本開放日本通訊市場。日本起初對美國的這些要求均堅決抵制。1980 年代初美對日貿易貿易赤宇再創新高，從 1982 年 157.89 億美元躍至 1983 年的 192.89 億美元。如此鉅額貿易赤宇使美日在集成電路產品、鋼鐵產品、家電產品、汽車等領域相繼發生貿易摩擦。這使得 1960 年代中期至 1980 年代中期的 20 年成為美日關係最為緊張的時期。幾乎每次都由開始時的貿易摩擦激化轉至政治對立，儘管最終以雙方的妥協而告終。但不論如何，美日貿易摩擦是資本主義發達國家之間圍繞工業品展開的，主要是由於經濟格局變動而造成的，受國際政治影響的因素較少。

二、1960 年代海峽兩岸對峙與美臺關係的演變

1961 年 1 月 20 日甘迺迪就任第 35 屆美國總統。在杜魯門和艾森

第五章　美日臺關係的跌宕發展（1960年代中期-1970年代）
第一節　趨變的世界格局與美日臺關係的折衝

豪時期美國確立對中國「遏制且孤立」、對臺灣「控制並援助」的臺海政策。甘迺迪在對中政策上沿襲了「遏制且孤立」的路線，但曾試圖有所改變，在對臺政策上則在援助的基礎上加強了控制。甘迺迪逐漸確定其對臺的基本策略：(1)支持臺灣國民黨政權，但不支持其反攻大陸的野心；(2)支持「國民黨政府」在聯合國的代表席位，但要求其在聯合國會員國問題上給予合作；(3)給予大量美援，支持其防守臺灣，但希望其從沿海島嶼撤退軍隊。

1960年10月7日甘迺迪在競選演講時曾表示：他堅信美國必須保衛臺灣，但是應該劃一條清楚的防線。他從1954年以來就一直認為金門、馬祖對於防守臺灣並非必不可缺，美國的防線應僅僅劃在臺灣本島周圍。他強調，為了兩個在軍事上無法防守或者對臺灣的防禦並不重要的小島，而被伺機拖入一場可能導致世界大戰的戰爭是不明智的。10月11日蔣中正不僅公開反駁甘迺迪的講話，還於10月29日親臨金門島視察。臺灣當局「外交部」則激憤表態稱：「在任何情況下，我們都不會放棄一寸土地來討好他人，包括甘迺迪參議員在內」。一度引發甘迺迪的憤怒。為避免甘迺迪當選後影響美臺關係，臺灣當局遂將「外交部次長」許紹昌撤職貶到拉美當「大使」，事態得以平息。

但甘迺迪執政伊始就與臺灣國民黨當局發生重大風波，美國從其東亞策略總體考慮出發，一直督促臺灣當局撤出其滯留緬北地區的國民黨軍殘部。但臺灣當局始終不肯撤軍，還縱容殘部建立所謂的緬泰老三角游擊區並種植和輸出毒品，以作軍資。2月15日臺灣一架運輸機在飛越泰國北部給緬甸境內國民黨殘部空投補給時，被緬甸空軍戰鬥機擊落，引發重大國際糾紛。在東南亞國家的抗議和甘迺迪政府的壓力下，臺灣當局最終在美國空軍協助下，被迫撤回滯留在緬北等地

戰後美日臺關係關鍵 50 年 1945-1995（修訂版）

的國民黨殘部。美臺的緊張關係得以和緩。

1961 年 4 月 12 日甘迺迪上任後首次就美臺關係發表談話，表示美國將繼續履行它對臺灣當局的承諾，繼續支持臺灣當局在聯合國的席位，美國繼續反對在目前情況下允許中華人民共和國進入聯合國。5 月 14 日副總統詹森訪問臺灣；5 月 3 日國會參眾兩院兩黨領袖提出聯合議案，要求甘迺迪政府繼續支持國民黨，恪守對臺灣的防務協議，反對中華人民共和國加入聯合國。美國政壇加強美臺關係的傾向日趨顯著。

此時，中國遭遇空前的困難，在國際上中蘇關係破裂，國內則陷入「大躍進」後的三年大災害。蔣中正認為此時是「反攻大陸」的「絕好時機」，1961 年雙十節蔣中正發表文告，再次宣揚「光復大陸」。1962 年元旦蔣中正發表《告全國軍民同胞書》宣布：「國軍對反攻作戰，已經有了充分準備，隨時可以開始行動」。此刻，兩岸同時調集重兵，臺海局勢空前緊張（史稱第三次臺海危機）。

臺灣當局要進行「反攻大陸」的重大軍事行動，沒有美國的軍事支持是無法實現的。3 月初臺灣當局向美方通報臺海局勢情況，並期待得到美國的支持，但美國未置可否。甘迺迪政府此刻正在醞釀新的臺海危機對應措施，助理國務卿埃弗里爾‧哈里曼及國務院情報司長希爾斯曼訪問臺北，與臺灣當局進行「磋商」與「溝通」，但遭到蔣中正的拒絕。雖然中央情報局長麥考恩等認為中美直接衝突不可避免的，主張支持蔣中正「反攻大陸」。但是占主導地位的意見仍然是應謹慎從事，如國務卿臘斯克、國防部長麥克納馬拉等人堅決反對麥考恩的建議。

1961 年 6 月 23 日中國駐波蘭大使王炳南在華沙與美國駐波蘭大

第五章　美日臺關係的跌宕發展（1960年代中期-1970年代）
第一節　趨變的世界格局與美日臺關係的折衝

使卡伯特緊急約見並交換意見。王炳南強調：蔣中正的冒險行動要由美國政府來負完全責任。而卡伯特不僅當即明確表示美方不支持臺灣當局對中國大陸的進攻，甚至透露美國願與中國聯合起來制止蔣中正。7月底8月初臺灣「行政院院長」陳誠應邀訪美，但在其訪美結束時，「沒有任何跡象表明美國準備支持臺灣當局對大陸的軍事行動」。6月27日甘迺迪在記者招待會上表示：美國在臺海地區的政策是「和平和防禦性的」，美國政府的立場一向是：如果對金馬的攻擊是對臺澎的攻擊的一部分的話，美國將防衛金門與馬祖。另外，在未獲得美國同意之前，國民黨將不採取「反攻大陸」的行動。至此，美國政府公開了它不支持蔣中正「反攻大陸」的立場，但同時也加強第七艦隊在臺灣海峽的巡邏，顯示美國「防衛」臺海地區的決心。

雖然甘迺迪已公開表態，但臺灣當局仍在沒有美國武力支持的前提下，對中國沿海地區進行了一系列小規模的武裝騷擾。根據中國公安部的統計，1962年中國沿海軍民全殲國民黨九股武裝登陸人員；1963年6月又繼續殲滅從海上登陸的六批國民黨武裝人員。

1962年3月8日美國駐臺灣「大使」莊萊德期滿離任，但美國政府遲遲不派遣新的「大使」赴臺，造成臺灣當局難下最後決斷。6月7日甘迺迪政府最終宣布艾倫・科克出任新的駐臺「大使」，美臺外交關係始得恢復正常。6月19日甘迺迪召集會議研討兩岸軍事對峙的臺海局勢。1963年9月蔣經國以臺灣「行政院」政務委員的身分低調赴美，再次乞求美國支持，但無果而終。至此，臺灣當局被迫放棄其「反攻大陸」的政策，臺海緊張局勢漸次和緩。此次危機雖然不像第一、第二次臺灣海峽危機那樣以雙方炮戰和海空力量直接交鋒為特徵，但同樣造成了臺灣海峽地區局勢的緊張，它也是對美國甘迺迪政府的對中

戰後美日臺關係關鍵 50 年 1945-1995（修訂版）

政策的一次探測。事實證明，在臺灣和沿海島嶼問題上，美國民主黨政府與共和黨政府的政策並無多大區別，他們都不肯放棄臺灣，但也都不支持蔣中正反攻大陸。

1963 年 11 月國民黨召開「九大」確定「反攻復國總體戰」方略，將反共鬥爭的方式從軍事方面擴大到政治、經濟和文化各個領域。此後海峽兩岸的對峙繼續存在，除了 1965 年 5 月和 8 月兩次海戰外，再沒有發生大的軍事行動。臺海無戰事，美臺關係亦趨於平穩。

1963 年 11 月 22 日甘迺迪總統遇刺身亡，執政僅 1,000 天（1961 年 1 月 20 日上任），副總統詹森繼任美國總統。詹森繼續沿襲甘迺迪時期的對臺政策，1964 年 4 月詹森發表講話，強調對現狀的維持和美國對臺灣的承諾，他聲稱：「只要中國共產黨人奉行衝突和暴力的政策，就不可能、也不會有關係的和緩」。美國對外政策的形式無論如何變化，但其中有一個重要特點，那就是看對手的實力行事。中國國力的增強，對美國對中政策的影響是不容忽視的。1964 年 1 月中法建交；10 月 16 日中國成功試爆第一顆原子彈；就在同一天，赫魯雪夫被解除蘇共中央第一書記的職務。中蘇兩國實況的如此驟變，促使詹森政府開始調整對中政策。

此時，繼韓戰之後，越南戰爭遂成為中美對立的另一主要焦點。自 1954 年日內瓦協議後，美國取代法國干涉越南事務；1964 年 8 月發生北越魚雷艇襲擊美國海軍艦艇的「北部灣事件」，1965 年 2 月 7 日詹森總統下令美國海空軍對越南北方進行報復性攻擊，隨後大量增兵越南，戰爭驟然升級。自 1965 年 4 月開始，中國傾國力援助越南，不僅派遣大批解放軍後勤部隊直接赴越，還無償提供大量武器裝備和其他作戰物資。據 1978 年的統計，中國對越援助價值達到 200 億美

第五章　美日臺關係的跌宕發展（1960年代中期-1970年代）
第一節　趨變的世界格局與美日臺關係的折衝

元，其中無償部分達到188.4億美元，貸款為13.5億美元（貸款到期，視越方償還能力，還可給予照顧）。

繼韓戰以來，中國援越抗美再次引起美國的高度敵視，國防部長麥克納馬拉在國會作證時表示：美國要「堅定不移地」反對中國，並把中國當成「今天美國最主要的敵人」。越南戰爭一度使得中美關係處於高度緊張狀態。

雖然美臺多方阻撓，法國仍堅持於1964年1月與中國建交，同時法臺「斷交」。受此影響，美國國內亦出現改善與中國關係的輿論傾向，例如，1964年3月25日美國參議院外交委員會主席威廉‧富布萊特發表講話，批評美國外交政策的僵化。富布萊特認為：實際上並沒有「兩個中國」，而只有一個，那就是中國大陸。1966年3月8日至30日在富布萊特主持的參議院聽證會上，鮑大可、費正清等一批學者呼籲詹森政府對中國採取更加靈活的政策。美國國務卿臘斯克也在國會聽證會上提出美國對中的十大政策：

(1)　我們必須堅定信心，繼續協助那些尋找我們幫助的盟友，抵抗「中共」對其領土直接和間接的武力威脅；

(2)　繼續幫助亞洲國家建立有效和具有廣泛基礎的政府，以致力於推行進步的經濟和社會政策，從而抵抗亞洲共產黨的壓力；

(3)　繼續信守對「中華民國」及臺灣那些不願意生活在共產主義之下的人民所做出的承諾，繼續協助其防務，並試圖勸說「中共」同美國達成不在臺灣地區使用武力的協議；

(4)　美國將繼續防止「中華民國」被驅逐出聯合國及其所屬機構。如果「中共」堅持其現行政策，美國就將反對其加

戰後美日臺關係關鍵 50 年 1945-1995（修訂版）

　　　　入聯合國；
(5) 　美國應繼續努力使「中共」相信美國無意進攻中國；雖然存在戰爭危險，但美國不需要戰爭，也無意挑起戰爭，因此，沒有理由相信中美之間的戰爭是不可避免的；
(6) 　我們必須記住：「中共」的政策和態度並不是一成不變的。我們應該避免這種假定，即在我們和中國的統治者之間存在無法避免的敵對狀態；
(7) 　在不危及美國自身利益的前提下，美國應該爭取更多的機會同「中共」開展非官方的接觸，如果這種接觸有助於改變「中共」對美國的態度；
(8) 　美國應繼續保持其同「中共」在華沙的外交接觸，希望此種接觸有助於促成有成效的討論；
(9) 　美國準備同「中共」和其他國家談判裁軍及防止核擴散等重大問題；
(10) 美國必須加強分析和蒐集有關「中共」的情報工作，以便制定一項實際的政策。只有在「中共」放棄使用和表明其與美國之間並無不可妥協的敵意之後，雙方才有擴大接觸和改善關係的可能。

　　美國副總統漢弗萊就聽證會內容指出：「鮑大可等專家主張對中國實施富有建設性的政策，政府應該積極友好地對待，他們提出『遏制——可行，孤立——行不通』的對中政策是一種理智姿態，是有益的重大突破」。5 月 19 日國防部長麥克納馬拉建議美國政府要設法架設與中國共產黨溝通的「橋梁」。6 月 17 日民主黨參議院議員麥克‧曼斯菲爾德甚至建議應將中美大使級會談升級為部長級的會談。

第五章　美日臺關係的跌宕發展（1960年代中期-1970年代）
第一節　趨變的世界格局與美日臺關係的折衝

7月12日詹森總統發表電視廣播講話，正式確定「遏制但不孤立」的對中政策的內容：「亞洲的和平有幾個必要條件是所有條件中最困難的，即目前稱自己為敵人的國家之間的緩和：一個和平的中國大陸是一個和平亞洲的中心環節；必須打消一個敵對中國的侵略念頭；應該鼓勵一個迷失方向的中國了解外部世界，朝和平與合作的方向發展。因為只要七億中國人民被其領導者隔絕於世界之外，那麼持久的和平永遠不會降臨亞洲」。1967年初詹森總統在國情咨文中再次明白無誤地向中國表達了和解的願望。他第一次使用了「中國」（China）一詞來表述中華人民共和國，而不是使用中國大陸（Mainland China）或中國共產黨（Communist China）。他指出：「如果中國決定尊重鄰國的權力，美國將第一個表示歡迎。如果中國能把它巨大的精力和智慧用於改善本國人民的福利上，美國將第一個表示歡迎。美國無意否認中國有與其鄰國維護安全和友好關係的合理需求」。1968年5月美國國務院宣布允許中國記者到美國進行報導美國總統競選的活動。7月副總統漢弗萊發表演說，主張「謀求同大陸（中國）建立較正常的關係」、「取消對非策略物資貿易的限制」。但就在詹森政府欲改善與中國的關係之時，中國已深陷空前的「文革」狂飆之中，1967年7月至8月間北京發生嚴重的「三砸一燒事件」（即砸印度、緬甸和尼泊爾的駐華大使館和火燒英國駐華代辦處），包括外交部在內的政府機構正常工作一度受到嚴重干擾，「文革」初期中國同30多個國家先後發生外交糾紛。由此，雖然美國多次發出改善關係的試探，但動亂之中的中國未能予以積極回應。而且，這場「暴風驟雨式」的「文革」，使美國認為「中國變得更加不可預測和更加危險」。

1960年代的臺灣政界也發生變化，1960年代中期開始，蔣經國

戰後美日臺關係關鍵 50 年 1945-1995（修訂版）

逐漸成為臺灣政壇的實權人物。1965 年 1 月蔣經國出任臺灣「國防部長」，掌握臺灣軍權；1969 年 6 月 25 日出任「行政院副院長」，實際掌控「行政院」大權。至 1960 年代末期蔣經國基本上已完成接班的準備。1972 年 3 月蔣中正當選第五屆「中華民國總統」；6 月 1 日蔣經國就任臺灣「行政院院長」；8 月 6 日蔣中正住進榮總療養，不再「垂詢國是」；蔣經國實際上已是臺灣當局最高權力人物，臺灣亦由蔣中正時代漸次進入蔣經國時代。

1969 年 1 月美國共和黨尼克森就任美國第 37 屆總統，開始調整美國的東亞策略。在尼克森執政時期，出於政治上對抗蘇聯、經濟上壓制日本的新東亞策略，美國開始積極與中國改善關係。1970 年代美臺關係的發展進入「多事之秋」。

第二節　日本政府對臺政策（1960 年代期 -1970 年代初期）

一、佐藤榮作內閣時期的對臺政策（196 年 -1972 年）

1964 年 11 月 9 日佐藤榮作內閣成立；同月佐藤訪問美國，與尼克森達成自動延長《新日美安全條約》和沖繩行政權歸還日本的協定。在當選之前，佐藤榮作曾表示他若當選的話，「將致力於日中關係的改善」。故在執政初期一度採取對臺灣「疏遠」的態勢，但在美國和臺灣的雙重壓力下很快轉向。如在臺灣當局的強烈要求下，11 月 20 日佐藤內閣拒絕彭真率領的中共代表團入境。隨後，11 月 21 日佐藤榮作在國會發表施政演講時稱：日本「政府將一面維持迄今同中華民國政

第五章　美日臺關係的跌宕發展（1960年代中期-1970年代）
第二節　日本政府對臺政策（1960年代期-1970年代初期）

府之間的正式外交關係，一面以政經分離的原則，同中國之間繼續民間貿易以及其他事實上的接觸」。

在美國的經濟援助下，至1960年代初期，臺灣經濟發展也非常順暢。但受越南戰爭的影響，美國開始計劃削減對臺經援。1964年5月美國國務院發表聲明稱，鑒於臺灣經濟已達到自立程度，美國將於1965年6月終止其對臺經援計畫。美援的停止則對臺灣經濟影響極大，當時臺灣即將實施第四個經濟建設四年計畫，該計畫至少需要外資6,000萬美元。在美國的策略安排下，經濟迅速崛起的日本取代美國這一角色，「美援」驟變為「日援」。1965年4月日臺雙方簽訂日元貸款協議。該日元貸款項目總額為540億日元（1.5億美元），分5年支付。這也是日本戰後首次向臺灣提供政府貸款。無疑給臺灣經濟注射了一支強心劑，對臺灣當局完成既定的經濟目標，穩定臺灣經濟和政治都造成了極重要的作用。因此，這項貸款也具有日美在穩定臺灣經濟問題上互相「換肩」的性質。日本透過向臺灣提供政府貸款，大大加強了日臺雙邊關係，不僅確立了日美在臺灣問題上分擔責任的體制，此亦為戰後美日臺政經關係確立的標誌之一。

為進一步發展日臺關係，1965年2月佐藤內閣公然宣布中日民間貿易受《吉田書簡》的約束，不惜破壞池田時期達成的中方購買日本成套設備貿易時使用日本進出口銀行資金延期付款的雙邊協議。1965年3月日本法務大臣石井光次郎以特使身分赴臺參加前「行政院長」陳誠葬禮；8月臺灣「外交部長」沈昌煥訪日；9月7日佐藤榮作首相訪問臺灣；10月日本在高雄設立領事館；11月張群以臺灣當局「特使」身分赴日參加前首相吉田茂葬禮；11月27日時任臺灣「國防部副部長」的蔣經國訪問日本。訪日期間，蔣經國不僅與日本政界親臺政治家多

戰後美日臺關係關鍵 50 年 1945-1995（修訂版）

次密談，還會見日本天皇，日臺政治關係日趨密切。1966 年 3 月佐藤內閣拒絕中國人民外交學會代表團入境；1967 年 6 月又拒絕中日友協代表團入境。1969 年 11 月 21 日《佐藤 - 尼克森聯合聲明》中的「臺灣條款」宣稱：「維護臺灣地區的和平與安全，對日本安全來說是極為重要的因素」。1971 年 8 月佐藤內閣再次對臺提供 80 億 8,200 萬日元的政府貸款。

　　1971 年 10 月美國總統特使季辛吉訪問北京；10 月 25 日中國恢復在聯合國的席位；1972 年 2 月 21 日尼克森總統訪問北京；28 日發表中美《上海公報》，確認「從臺灣撤出全部美國武裝力量和軍事設施的最終目標」。但尼克森政府同時也認為「日本是美國亞洲政策的基石」。決定繼續加強美日同盟，緩和同日本的矛盾，同時利用日本來牽制蘇聯。面對中美接近以及中國政治崛起的態勢，日本經濟界「非常擔心佐藤內閣敵視中國的政策會導致美國搶先於日本『占領』中國市場」，從而對佐藤內閣施加壓力，要求盡快改善對中政策。為挽回「被動態勢」，佐藤內閣採取了積極態勢。1972 年 3 月 6 日佐藤內閣提出中日復交的正式見解：

（1）　日本在《舊金山對日和約》中放棄了對臺灣的一切權利和權利根據，因此不能對臺灣歸屬發表意見；

（2）　但日本根據歷史經驗、中華人民共和國已在聯合國代表中國等，完全可以理解中華人民共和國關於「臺灣是中華人民共和國的領土」的主張；

（3）　政府基於上述認識積極推動日中復交。

　　6 月 7 日在眾議院外交委員會會議上，樽崎眾議員提出質詢：是否可以認為 1969 年《佐藤 - 尼克森聯合聲明》中的「臺灣條款」已經

第五章　美日臺關係的跌宕發展（1960年代中期-1970年代）
第二節　日本政府對臺政策（1960年代期-1970年代初期）

消除，福田外相對此予以肯定。隨後，佐藤首相向中國傳遞出多次所謂的「外交口信」，企圖在恢復中日邦交問題上有所建樹，以延長其內閣生命，但中國政府未予理會。中國政府已明確採取「不以佐藤為對手」的對日方針，佐藤從此陷入尷尬的困境。1972年6月佐藤被迫宣布下台。

二、田中角榮內閣時期（1972-1974年）的對臺政策

1972年7月7日田中角榮就任日本首相後，為實現日本國家利益最大化，決定加速實現中日邦交正常化，以為日本正在推行的「列島改造國策」創造更好的外部環境。田中角榮內閣確定的對臺策略是：以實現日本國家利益為宗旨，將日臺關係與中日關係的位置進行「置換」。即實現日本與中國政治關係正常化的同時，保持與臺灣的經濟聯繫，這樣日本就可以實現其外交策略的最大利益；同時占有海峽兩岸的市場與資源，這也是日本歷屆內閣既定的策略。中日接近並結為反蘇的策略夥伴，符合美國的世界冷戰策略要求。

在田中內閣成立後的第一次內閣會議上，大平正芳外相發表談話稱：「日臺關係的處理與日中邦交正常化，是同等重要的問題。臺灣的將來究竟如何，不能妄加評論，但我們希望日臺之間的經濟、文化關係能夠保持穩定」。在中日邦交正常化之後，他仍強調「存在於日本和臺灣間的關係是根深蒂固的，因此，即使外交關係結束，雙方間的行政上的聯繫仍應得到尊重和珍視。只要不影響到日本與臺灣之間業已存在的根本關係，我們仍願意盡最大的努力，以保持日本與臺灣之間業已存在的行政聯繫」。

臺灣當局對田中內閣改善中日關係的態勢進行了多方阻撓，1972

戰後美日臺關係關鍵 50 年 1945-1995（修訂版）

年 7 月 25 日臺灣駐日「大使」彭孟緝奉命約見大平正芳外相，堅決反對日本與中國改善關係。8 月 8 日臺灣「行政院長」蔣經國發表談話，督促日本「反省」；臺灣當局還透過日本自民黨「臺灣幫」勢力對田中內閣施加壓力，幾經周折，自民黨內達成基本協議。9 月 25 日田中角榮首相、大平正芳外相訪問北京；同月 29 日兩國政府發表《中日聯合聲明》，宣布中日「邦交正常化」。在《中日聯合聲明》中，日本對於「臺灣是中華人民共和國領土不可分割的一部分」的主張，表示「充分的理解和尊重」。同日大平外相在北京宣布「日臺和約」失效。這樣，中日關係由以往的「民間」形式走向兩國「邦交」的正常化，實現了政治、經濟、文化關係的全面恢復。日臺關係則由「官方」下降為「民間」形式，臺灣當局受到巨大「衝擊」，陷入了長期的「內外交困」。

田中角榮、大平正芳在訪問北京之前，為「安撫」臺灣當局，特派出與臺灣當局關係密切的自民黨副總裁椎名悅三郎於 9 月 7 日赴臺，向臺灣當局進行「解釋」。在與蔣經國會談時，椎名悅三郎做出「日臺歷來關係將繼續保持」的承諾，使臺灣當局一時難以判斷其真實性。事實證明，田中角榮與大平正芳共同策劃的這一外交謀略，實為矇蔽臺灣當局的障眼法，一可減少日本國內親臺政治團體的攻擊，為田中訪華創造條件；二可麻痺臺灣當局，使其不致在田中訪華期間，貿然採取極端措施，例如田中、大平最擔心臺灣當局會動用軍艦干擾日本航船途徑臺灣海峽的正常行駛，因為那樣一來，日本國內親臺勢力就可借此破壞田中的訪華。

不應迴避和應當明確的歷史事實是，田中內閣雖表面上在《中日聯合聲明》中表示「承認中華人民共和國是代表中國的唯一合法政府」，開始執行「一個中國」的對中政策，但實質上仍延續著吉田茂內

第五章　美日臺關係的跌宕發展（1960年代中期-1970年代）
第二節　日本政府對臺政策（1960年代期-1970年代初期）

閣時期以來歷屆內閣執行的「兩個中國」的政策。其間的差異只在於1972年9月29日前，日本與臺灣維持正式「外交」關係，而以「政經分離」的方式處理與中國的民間貿易關係；中日邦交正常化以後，日本把政府承認轉移至北京，但仍與臺灣彼此著密切的經濟關係，而日本政府依舊利用其所謂的「政經分離」手法來合理化其「政治中國、經濟臺灣」的新外交方針。在中日建交會談中，臺灣問題是最具爭議的議題。在9月26日中日外長第一次會談時，日本外務省條約局長高島益郎發言稱：「由於《舊金山和約》，我國放棄了對臺灣的一切權利，不能對臺灣現在的法律地位作出獨自的判斷」。在9月28日中日政府首腦第四次會談上，大平外相則重申：「日本政府今後也不會採取『兩個中國』的立場，完全沒有支持『臺灣獨立運動』的想法，對臺灣不抱任何野心。」日方不明確、直接地說臺灣是中華人民共和國的領土。中方一再要求日本將臺灣排除於《美日安保條約》的「遠東條款」範圍之外，並以明文規定，但日本方面竭力迴避。田中首相、大平外相在回日本後的記者招待會及國會答辯時多次表示：日本政府將堅持「遠東定義，解釋依舊」，「臺灣條款不變」。

而值得關注的是，1972年9月30日在自民黨國會議員聯席會議上，大平正芳宣稱：「對於臺灣的領土權問題，中國方面主張其為中華人民共和國領土不可分割的一部分，但日本只表明理解和尊重中國的此一立場，而未採取承認中國主張的方式。這是兩國間永久無法一致的立場」。10月6日在自民黨內外情勢調查會上，大平正芳又說：「一如共同聲明所言，中國方面表示臺灣是其領土不可分割的一部分，日本方面對此表示理解和尊重，而未以明文加以承認」。10月28日在日本國會會議上大平再次重申以上論述。這既是日本政府在臺灣問題上

戰後美日臺關係關鍵 50 年 1945-1995（修訂版）

的一貫立場，亦為今後日本隨時挑戰臺海兩岸預留了空間，更給未來的中日關係以及日臺關係的「翻盤」隱埋下嚴重後患。

日臺「斷交」後，為維繫日後的雙邊交流，分別設立日本「交流協會」與臺灣「亞東關係協會」作為日臺之間的聯絡窗口。1972 年 12 月 26 日田中內閣官房長官二階堂進在臺北與臺灣當局「外交部長」沈昌煥簽署由兩會達成的「互設辦事處協定」。協定具體內容共有 14 條：

1. 日臺僑民的保護；2. 僑民子女的就學；3. 相互出入境的問題；4. 僑民的領事事項；5. 促進雙邊貿易；6. 相互促進貿易之調查與聯絡；7. 促進雙邊民間各類貿易、投資、技術合作等；8. 保護雙方的融資以及債權；9. 促進雙邊技術合作；10. 保障雙方漁船的正常作業；11. 為雙方船舶、飛機的出入境（包括避難時）提供便利；12. 保障雙方的海空運輸；13. 促進雙方學術、文化、體育之交流；14. 相互協助調查。

具體看，兩會承辦的公務業務與以往日臺雙方「使領館」業務完全相同，也證明以往日本政府對臺政策的實質性內核部分得以承襲。

1973 年 3 月 14 日 152 名日本自民黨國會議員成立「日臺關係懇談會」，右翼政客灘尾弘吉任會長。這標誌著在新形勢下日本政壇「臺灣幫」的重新組合，是日臺「斷交」以後維持日臺關係的重要右翼團體。

1974 年 4 月 20 日中日在北京簽訂開啟中日航線的協定。同日大平正芳外相在東京發表談話稱：日中航空協定是國家間的協定，日臺之間則是地區性民間航空往來關係。自日中兩國的聯合聲明發表之日起，日本就「不承認臺灣飛機的旗幟標誌是表示所謂的國旗，不承認『中華航空公司（臺灣）』是代表國家的航空公司」。對於日方的這一舉措，臺灣當局的反應相當激烈，同日臺灣當局「外交部長」沈昌煥宣

第五章　美日臺關係的跌宕發展（1960年代中期-1970年代）
第二節　日本政府對臺政策（1960年代期-1970年代初期）

布日臺航線「即刻停航」，並宣布不允許日航飛機經由臺灣的「航空識別區」。日臺斷航對日本社會造成的衝擊是巨大的，由此造成日臺關係再次跌宕。直至1974年12月田中內閣下台為止，臺灣始終堅持對日「強硬」態勢，日臺關係處於低潮。

三、三木武夫內閣（1974年-1976年）的對臺政策

田中首相由於「洛克希德事件」被迫辭職後，繼任的三木武夫內閣對臺政策並未出現大的調整，因而日臺政治、經濟關係的發展相對平穩。三木武夫本人的對臺構思也有一個反覆的過程，1972年4月時任日本郵政大臣的三木武夫（當時只有40歲，為日本戰後以來最年輕的內閣大臣）在訪問中國之際，曾對中國領導人明確承認「中日復交三原則」，應宣布中日戰爭狀態結束，應宣布「日臺條約」無效，主張中日復交之後應簽署永不再戰宣言等。回國後的4月28日，他在眾議院外交委員會上的發言中指出：中華人民共和國是代表中國的唯一合法政府；臺灣是中華人民共和國不可分割的一部分。

但三木上臺組閣後，主要在自民黨內親臺勢力的壓力下，其對臺政策開始發生「倒退」。經過日臺雙方的反覆折衝，1975年7月三木內閣決定以民間方式（專門設立日本航空的子公司——日本亞洲航空）恢復自1974年4月中斷的日臺航線。但臺灣當局要求日方先做出2點復航要求：1. 撤回或否定大平談話；2. 公開表明今後對臺灣的立場。由此，三木內閣決意採取「以虛論實」的「迂迴性」對應策略，且就臺航之「國旗」問題做一表態，以滿足臺灣當局對於「復航」的起碼要求。由此，按照宮澤喜一外相事前精心設計的程序，在7月1日日本國會參議院外務委員會會議上，參議員秦野章向宮澤喜一外相提出質

戰後美日臺關係關鍵 50 年 1945-1995（修訂版）

詢：「目前有許多國家，包括美國，都承認青天白日滿地紅的旗幟為國旗。你的看法如何？」宮澤喜一在答覆稱：「對於去年春天，我國對於青天白日旗的發言（1974 年 4 月 20 日大平外相對於中日航空協定的談話）招致誤解一事，我個人深感遺憾。誠如你所指出的那樣，即，有些國家承認青天白日旗為國旗的事實，包括我國在內，任何人均無法否認。」這樣，宮澤以極為隱晦的方式間接地否定了大平談話。臺灣當局對宮澤的「表態」表示滿意，遂決定恢復日臺航線。

此後，不僅日臺關係開始升溫，三木首相本人的思想也急速右轉，1975 年 8 月 15 日三木首相以私人身分參拜靖國神社，這是二戰後日本首相首次參拜靖國神社。日臺航線復航後，三木內閣期間親臺勢力大大膨脹，日本外務省還提升其駐臺機構的規格、增加人員費用等，以期進一步加強日臺關係。1975 年 4 月 5 日蔣中正病逝，三木內閣官房長官井出一太郎發表「非正式」談話，表示「弔唁」；隨後三木首相以自民黨總裁名義給蔣經國發去唁電；4 月 7 日自民黨幹事會決定派遣前首相佐藤榮作以自民黨「總裁代理」名義赴臺參加「葬禮」。由於中國的強烈抗議，三木首相被迫將佐藤榮作的赴臺身分改為自民黨「友人代表」。中日圍繞佐藤訪臺身分的爭端，嚴重地影響著當時正在進行的有關《中日和平友好條約》締約交涉。同時也由於蘇聯及日本右翼勢力的嚴重干擾等，更由於三木首相本人的優柔寡斷，《中日和平友好條約》未能順利締約，有關締約談判中斷了近三個年頭。日臺關係升溫的同時，中日關係則趨於低潮。

第三節　日本對中貿易政策——同時獨占兩岸市場、謀求最大策略利益

　　自 1960 年代以來，日本政府奉行「以日美同盟為基軸」的外交策略方針，加入了以美國主導的「巴黎統籌委員會」對中國進行貿易禁運的遏制體系。但是日本經濟戰前主要依賴中國大陸市場，戰後雖全力開拓東南亞市場，卻從未放棄重返中國大陸市場的希望，試圖在不違背美日同盟的前提下，有限地發展中日經濟貿易關係。戰後日本對臺政策的核心就是同時獨占兩岸市場，謀求最大策略利益。這樣，基於戰前日本經濟對大陸策略資源的依賴性，戰後日本經濟的恢復對中國大陸的資源需求尤為迫切。但日本試圖擴大與中國大陸的經濟貿易的舉措遭到美國的策略壓制。如 1954 年鳩山內閣擬把中日民間貿易協定提升為中日「政府間協定」，1960 年代池田內閣亦擬為中日民間貿易提供出口信貸，以及超越「巴統」貿易禁運清單對中出口策略物資等，都因美國壓制而受阻。隨後，在美國的壓力下，親臺的岸信介內閣與佐藤榮作內閣對推動中日民間貿易發展的態度趨於消極，致使中日貿易長期停滯在易貨貿易的低水準層次上。從 1952 年 6 月至 1958 年 3 月，中日兩國間簽訂了四個民間貿易協定，但第一個貿易協定（1952 年 6 月 -1953 年 10 月）的執行率僅為 5.05%；第二個（1953 年 10 月 -1954 年 12 月）為 38.8%，第三個（1955 年 6 月 -1957 年 5 月）為 75.12%，第四個根本沒有執行。1953 年至 1955 年間，中日貿易不僅遠遠低於戰前水準，甚至比 1950 年水準還低。1955 年至 1957 年間，易貨貿易雖有所成長，但是日本對中國出口從未超過其總出口的 3%，日本從中國的進口也只在其總進口的 3% 之內。

戰後美日臺關係關鍵 50 年 1945-1995（修訂版）

　　吉田茂內閣時期。戰後以來，日本一方面為了獲得美國的經濟支持而「被動」地遵循美國不承認共產黨中國、不與中國進行貿易的東亞策略。另一方面，由於中日經濟傳統的互補關係、歐美市場對日本商品的排斥，以及當時東南亞原料和市場還未達到能取代中國的程度等原因，而不得不在一定程度上與中國保持貿易來往。為此，吉田茂首相很早就提出「政經分離」的原則。1952 年 10 月 28 日吉田茂在國會答辯中稱：今後的日中關係將「建立於基於通商貿易的考慮上」，「把政治關係與經濟關係區別開來處理，謀求無邦交情況下推進與中國的貿易關係」。他始終認為：「我不在乎中國是紅色的或綠色的，中國是一個天然市場，日本考慮市場時它就成為一種需求。」

　　外交官出身的吉田茂以為，德國戰後重建之所以比日本順暢，就在於德國的「鄰國有優質鋼鐵……附近有英法等購買力很大的歐洲市場」。而日本不僅嚴重匱乏發展經濟的必需礦產資源，而且東亞地區多為購買力很小的市場，這就是日本經濟「復興遲緩的原因」。因此，「只有在東南亞得到開發，共產黨中國採取門戶開放政策以後，才能期待我國經濟的獨立發展」。他自以為是地向美國建議：「為了引導共產黨中國採取這種門戶開放政策」，只有依靠「地理上、歷史上同中國關係最密切」、「和中國同文同種的我國國民力量」。不過，吉田茂這一「異想天開」的謀劃，並沒有得到美國的「理睬」。

　　吉田茂內閣時期確定並大力推行的「政經分離」原則，成為戰後以來日本歷屆內閣長期執行對中貿易的準則，如吉田茂的追隨者池田勇人、佐藤榮作等均積極推行了這一原則。佐藤榮作曾表態稱：日本願意在「政經分離」的基礎上，在不損害日本與臺灣友好關係的前提下發展與中國的經濟和文化交流。

第五章　美日臺關係的跌宕發展（1960年代中期-1970年代）

第三節　日本對中貿易政策——同時獨占兩岸市場、謀求最大策略利益

　　1950年6月25日韓戰驟然爆發；7月「巴統」即把中國列為禁運對象；9月美國決定全面禁止對中貿易；12月4日美國商務部正式宣布對中實施全面貿易禁運。隨著中美在朝鮮半島戰場的較量升級，美國愈加強化其對中禁運措施以及中日貿易交易品項的嚴格審查。根據美國的戰時法案，從1951年1月1日起，日本所有的與中國的貿易活動都必須由美軍占領總部（GHQ）審批。1952年4月2日起，GHQ拒絕審議任何中日貿易的申請，並凍結出口裝船許可證。為此，日本政府受到來自經濟界的巨大壓力，因為GHQ此舉極大地損害了日本工商業特別是紡織業中小企業的利益。日本政府向GHQ申辯說，非策略性物資的貿易並不損害美國的利益，欲說服GHQ默許某些領域的中日貿易，但仍遭到GHQ的強硬拒絕。為防止日本與中國發展雙邊貿易，美國先後制定一系列嚴格之抑制措施。在1952年7月28日至8月2日舉行的五國出口安全控制會議上，日本雖然加入了巴黎統籌委員會及新設立的中國小組委員會，但被迫繼續實行較西歐更為嚴格的對中貿易管制標準。9月5日美日在華盛頓祕密簽訂《對共產黨中國出口貿易管制協定》，規定在對中禁運方面，日本必須接受任何國際管製表、美國的安全表以及有待美日攜手的補充禁運商品表的限制。在日本外交不能自主的情況下，美國透過迫使日本接受比西歐更嚴格的禁運標準（這主要表現在美日商定了一個多達400種的補充禁運商品表），暫時達到了阻止中日發展經貿關係的目的。這導致中日在1952年6月1日締結的第一次民間貿易協定無法順利實施，僅實施協議金額的5.05%。

　　此後，日本要增加任何對中貿易出口品種，均須經得美國的許可，但日本一直在「堅韌地」推進著對中貿易的進程。韓戰期間日本先

戰後美日臺關係關鍵 50 年 1945-1995（修訂版）

後兩次放寬對中貿易限制。自 1953 年 7 月 27 日韓戰結束後，日本又於 9 月先後兩次放寬對中貿易限制。10 月大藏大臣池田勇人與美國助理國務卿瓦爾特·羅伯遜在華盛頓舉行會談，池田向美方宣布日方將再次放寬對中貿易限制，並明確要求放寬日本對中禁運限制到與西歐相同的程度，羅伯遜表示同意。至 1954 年 3 月 11 日美國政府決定把日本對中貿易限制清單上的項目逐漸削減到巴統限制清單的程度。儘管如此，中日民間貿易程度仍然很低，1953 年 10 月 29 日簽訂的第二次中日民間貿易協定到 1954 年秋季僅完成協議金額的 33.8%。1950 年代美國對中貿易禁運政策仍是限制中日民間貿易擴大的主要因素。

美國限制中日民間貿易的最大策略目的就是企圖使中國的經濟崩潰。助理國務卿羅伯遜在 1953 年解釋美國反對中日貿易的政策時說，美國實行禁運政策的最大希望就是導致中國的饑餓與貧困，從而使其經濟全面崩潰。他認為不限制中日貿易的話，其後果是危險的。他對那些認為日本產品出口中國會減輕美國市場壓力，從而有利於美國經濟利益的人說，與其讓日本依靠中國市場，妨礙我們最大的政治利益，還不如讓日本產品傾銷美國，以保證「自由世界」的安全。1953 年 4 月 28 日美國國家安全委員會擬定 NSC125/5 號文件，專門對中日貿易作了詳細規定，其主旨就是避免日本依賴中國的市場和資源，排斥中日貿易在日本經濟復興中所占的重要地位。美國非常擔心「日本和共產黨中國貿易的發展將透過給共產黨中國提供戰爭資源，威脅美國策略和政治目標的實現，並且還將透過在市場和天然資源供應地方面依賴共產黨中國，使日本在共產黨壓力面前具有更大的脆弱性」。因此，為了防止日本因發展對中貿易而向社會主義陣營靠攏，文件規定「日本必須無限期地從美元區進口大量的資源，如稻米、小麥、棉花和

第五章　美日臺關係的跌宕發展（1960年代中期-1970年代）

第三節　日本對中貿易政策——同時獨占兩岸市場、謀求最大策略利益

石油」，同時保持日本對自由世界、而不是對共產黨中國的經濟依賴。

但當時日本政府並不完全「願意」服從美國政府的策略意圖，日本更關注本國發展策略的實現，具體講就是以經濟、外交等一切手段促使本國經濟的早日恢復與重建。日本經濟界人士參對主持日本經濟結構改革的美國總統特使道奇說，如果限制中日貿易，日本將不得不從北美進口原料，並將產品銷往美洲，這樣日本在價格和運費上要比同中國進行貿易所付出的代價要高，美國也會增加負擔。

鳩山內閣時期。1954年12月10日鳩山一郎內閣成立，中日民間貿易進入一個新的階段。由於鳩山內閣奉行間接脫離美國控制的外交策略，所以在中日貿易問題上採取了積極的態勢。1955年3月29日中國貿易代表團訪問日本，就第三次中日民間貿易協定與日本貿易團體進行談判。對此，美國援外事務管理署署長史塔生當面對鳩山一郎首相威脅稱：「日本和共產黨國家的貿易擴充將導致政治上的困難」；3月7日積極主張日中貿易的通商產業相石橋湛三受到美國政府的警告。國務卿杜勒斯還對日本施加壓力稱：如果日本大企業參與擴大對中貿易活動，美國將重新考慮對日經濟關係。在美國的壓力下，鳩山內閣趨於消極：外務省提出限制中國貿易代表團的考察地區範圍；3月15日內閣會議決定與中國貿易代表團訪日活動「概不發生關係」；鳩山首相本來打算會見代表團團長雷任民，也曾設想與中國簽訂政府間貿易協定，但外相重光葵徵求美國的意見時遭到強烈反對，不得不放棄；日本政府還讓那些向美國出口產品和生產美國軍用物資的大企業避免與中國代表團接觸。這樣，在美國的反對下，鳩山內閣希望與中國簽訂政府間貿易協定的計畫落空，5月4日中日第三次貿易協定仍以「民間」形式在東京簽訂。在冷戰體制下的現實環境中，鳩山內

戰後美日臺關係關鍵 50 年 1945-1995（修訂版）

閣亦唯有服從美國所規範的國際政治秩序。

儘管受到美國的多方限制，鳩山內閣時期中日貿易額仍成長明顯，從日本 1953 財政年度的 3,500 萬美元增至 1956 年財政年度的 1.5 億美元。但在美國的嚴格限制下，中日三個民間貿易協議均沒有得到完全履行，協議規定的金額完成的百分比甚小。

岸信介內閣時期。1957 年 2 月 25 日岸信介內閣成立，在外交策略上放棄鳩山內閣的自主外交路線，重新做出「對美一邊倒」的政策選擇，更加強調與美國的協調而非自主。雖然日美在中日貿易問題上存有較大分歧，但岸信介內閣「卻並未想英國那樣與美國唱對臺戲，而只是採取與美國保持一定距離併力圖在雙邊談判中說服美國的做法」。6 月 20 日岸信介在華盛頓對杜勒斯稱：日本期待著合理地增加對中貿易，同時要與「巴統」成員國合作。岸信介明確對美承諾：「日本政府無意承認共產黨中國或與之建立正式的外交關係」。

在岸信介的默許下，1958 年 3 月 5 日第四次中日民間貿易協定在北京簽署。3 月底美國商務部副部長烏里阿姆斯對岸信介內閣施加壓力稱：「美國現在依然全面禁止對中共的貿易……從過去的經驗看，中共能否確實履行國際協定是個疑問，因此希望日本政府持謹慎態度。」5 月 2 日在長崎中國郵票與剪紙展覽會上，發生 2 名暴徒撕毀中國國旗的嚴重事件，岸信介內閣卻採取縱容暴徒的態勢。可見，岸信介內閣是既想在經濟貿易問題上有所得益，因為它沒有禁止第四次中日貿易協議的談判和達成協議；又想在政治上重施昔日之故技，因為它以不平等態度對待中國，欺侮中國。

對此，中國決定斷絕同日本的一切進出口貿易，停止簽發對日進出口許可證；廢除 1958 年 2 月簽訂的中日鋼鐵長期貿易協定、停止

第五章　美日臺關係的跌宕發展（1960年代中期-1970年代）

第三節　日本對中貿易政策——同時獨占兩岸市場、謀求最大策略利益

延長漁業協定。至此，第四次中日民間貿易協議已成廢約，由於岸信介內閣的對中敵視，致使中日關係全面惡化。

然而，中日貿易的停滯並不符合日本的國家利益，日本經濟對中國的資源依賴仍是很大的。在1960年1月《新美日安全條約》簽訂之後，岸信介即將恢復與發展中日民間貿易重新列為其內閣當前的重要外交目標之一，簽約當日岸信介就對艾森豪總統表示：「日本雖然不會承認共產黨中國，卻有可能重開與（中國的）貿易以及在非政治的技術領域與共產黨中國進行接觸。」但岸信介同時保證說：要在包括中國問題在內的所有亞洲問題上與美國最密切的協商。至此，戰後初期吉田茂內閣確立的同時獨占臺海兩岸市場、資源的政策，再次成為日本大力推行的策略。

池田勇人內閣時期。1960年7月池田勇人內閣成立，8月中國政府隨即提出中日民間貿易三原則：(1)政府協定；(2)民間合約；(3)個別照顧，中國堅持強調「政治和經濟不可分的原則」。1961年1月池田勇人在國會表示：「改善與中國的關係，特別是增加貿易，我國是歡迎的。今年在這個問題上努力是我的任務之一。」在池田看來，「日本的對中貿易政策，應完全由日本自己決定。即便美國說三道四，我們亦應按照我們的主意辦。」日本不顧美、臺的一再反對，於1963年8月批准以延期付款方式向中國出口維尼綸成套設備；1964年4月19日中日簽訂互設民間貿易聯絡事務所會談紀要。在池田內閣時期，中日民間貿易發展較為顯著。

1962年11月9日中日簽訂《廖承志和高崎達之助貿易備忘錄》（史稱LT貿易備忘錄）。自此，中日貿易形式由民間升級到半官方性質。根據《廖高貿易備忘錄》確定中日貿易合約均採用廖承志、高崎

戰後美日臺關係關鍵 50 年 1945-1995（修訂版）

姓氏的第一個英文字母，即「LT」作為編號，「L」是廖（LIAO）英文拼音的第一個字母，「T」是高（TAKASAKI）英文拼音的第一個字母，因此，備忘錄貿易又稱「LT」貿易。日本學者江渡真吉說：透過「LT 貿易備忘錄」，日本成為世界上能相當自由地與臺灣和中國進行貿易的唯一國家。至此，基於兩岸發展各自經濟的內在需求，致使日本長期推行之同時獨占臺海兩岸市場、經濟資源的目標得到確實之「政策保障」。

事實的確如此。1961 年中國在日本進出口貿易額中所占比重分別只有 0.53% 和 0.39%，而同年臺灣在日本進出口貿易額中所占比重則分別是 1.16% 和 2.27%。到 1965 年中國所占的比重分別是 2.75% 和 2.9%，臺灣所占的比重分別是 1.92% 和 2.57%。中國已超過臺灣。從貿易金額來看，1964 年日本與中國的貿易值為 3.105 億美元，超過蘇聯與中國的貿易值；日本與臺灣的貿易值為 2.795 億美元，超過美國與臺灣的貿易值。1965 年日本對中國的出口和進口分別為 2.61 億美元和 1.92 億美元。對臺灣出口和進口分別為 2.21872 億美元和 1.37265 億美元。總之，日本一直享受著臺灣海峽兩岸的整個中國市場，1962 年以後尤其如此。日本從中國進口的商品主要有煤、鐵、大豆和食鹽。對中禁運放寬後，日本向中國出口的主要是機器、設備和化學品等。

佐藤榮作內閣時期。1964 年 10 月 9 日佐藤榮作內閣成立，佐藤榮作奉行了與其胞兄岸信介同樣的「對美一邊倒」政策。此時，歸還沖繩問題成為佐藤內閣外交政策的當務之急。1965 年 1 月佐藤首相訪問美國，承諾將積極配合美國的東亞策略。其後，為促進沖繩的早日歸還，佐藤內閣開始在中日民間貿易上採取強硬態勢。2 月佐藤內

第五章　美日臺關係的跌宕發展（1960年代中期-1970年代）

第三節　日本對中貿易政策——同時獨占兩岸市場、謀求最大策略利益

閣決定執行《吉田書簡》，不批准以延期付款的方式從事對中出口貿易。這既是對臺灣當局的承諾，更是日本對美國發出積極靠攏的外交信號。此階段日臺經濟關係發展勢頭旺盛，至1973年底日本在臺灣的522個企業的總投資達1.53億美元；給臺灣當局及民間的貸款總額為3.3億美元。佐藤內閣亦調整池田內閣確定的中日民間貿易原則，再次將重心偏向臺灣。

1967年底為期五年的備忘錄貿易協定期滿，中方決定不再續簽長期協定，只簽年度議定事項。在1968年2月雙方廖承志辦事處和高崎事務所分別改名為「中國中日備忘錄貿易辦事處」和「日本日中備忘錄貿易事務所」。在雙方辦事處名稱更改的同時，備忘錄貿易的合約代號也作了相應調整，由LT改為MT，M是英文「備忘錄」（MEMORANDUM）的第一個字母，T是英文「貿易」（TRADE）的第一個字母，因而，自1968年開始，LT貿易改稱為MT貿易。

不過，儘管佐藤內閣時期不斷提升日臺關係，但並未完全放棄與中國的接觸，佐藤時期的中日民間層次的交流仍有一定的發展。具體講，日本欲同時占有臺海兩岸市場、資源的策略仍未放棄，只是暫時放慢了步伐，採取了更加隱諱的施行方式而已。在1966年7月舉行的美日貿易經濟聯合委員會第5次會議上，日方再次向美提出應按照日本與西歐一樣的標準要求以延期付款的方式進行中日貿易，但仍遭到美國的拒絕。

雖然美國繼續壓制日本擴大對中貿易，但陷入經濟困境的美國也在與中國積極改善關係。1969年1月尼克森就任美國總統後，這一趨勢漸次明顯化。自1969年3月發生珍寶島地區軍事衝突後，中蘇關係急遽惡化。美國基於「聯中抗蘇」的外交策略，加快緩和對中國

戰後美日臺關係關鍵 50 年 1945-1995（修訂版）

的經濟封鎖，甚至放鬆了對於策略物資和軍事技術輸入中國的嚴格限制，意在適當促進中國國力的增強，以抗衡蘇聯咄咄逼人的「進攻性策略」。美國改善對中關係的背景之一，除了越南戰爭及美蘇對立等因素之外，還有日趨緊張的美日經濟爭端，美國已由扶植日本變為打擊日本。以美日紡織品摩擦空前嚴重為背景，美日關係趨於惡化，美國甚至稱日本是其「潛在敵國」。1971 年 9 月 8 日美國對日正式宣布：美方準備依《對敵國貿易法》（《敵國貿易法》頒布於一戰期間的 1917 年，規定美國總統在國家處於戰爭或其他緊急狀態期間有權調整與敵對國家之間的貿易關係）對日本採取單方面的制裁。9 月 21 日美方對日發出最後通牒：如不接受美方條件，就將依法《對敵國貿易法》從 11 月 15 日起單方面限制日本紡織品輸美。尼克森還指示白宮助手們公開宣布，《同敵國貿易法》的使用「只針對針織品──也就是日本人」。美日經濟關係空前嚴峻。另外，在越南戰爭等問題上，日本拒絕配合美國的東亞策略，引發美日政治關係的嚴重下降。由此，美國政府決定打中國牌，不僅旨在對抗蘇聯，而且亦抑制日本的「犯上」。

美國東亞策略的大幅調整，對中日貿易的進展亦影響甚大。1970 年 4 月美國開始放寬對中出口限制，宣布頒發從美國出口到中國的「有選擇性」的非策略物資許可證。鑒於中美關係改善日趨明朗化，日本政府認為應抓緊時機，擴大對中貿易的規模。1971 年 5 月 11 日大藏大臣宮澤喜一匆忙宣布：關於以延期付款方式進行對中貿易的問題，可以逐項研究，而不受「吉田書簡」的限制。此時佐藤內閣的如意打算是：恢復至池田內閣 1963 年制定的對中貿易路線上，再次實施日本占有臺海兩岸市場、經濟資源的長期策略規劃。

1972 年 2 月尼克森總統訪問北京，長期嚴重對峙的中美關係開始

第五章　美日臺關係的跌宕發展（1960年代中期-1970年代）

第三節　日本對中貿易政策——同時獨占兩岸市場、謀求最大策略利益

「融冰」。此後，在美國連續打擊下「處境艱難」的日本開始修正其「對美一邊倒」的外交策略。日本無其他選擇，只能以發展中日關係來抗衡美國。7月6日田中角榮內閣成立，標誌著日本再次選擇自主外交策略；9月29日中日關係實現正常化。至此，聯合抗拒蘇聯的中美日大三角開始形成。

中日貿易也進入全面發展的軌道，先後簽訂了關於建設兩國間海底電纜的協議（1973年5月）、貿易協定（1974年1月）、航空運輸協定（1974年4月）、海運協定（1974年11月）、漁業協定（1975年8月）、商標保護協定（1977年9月）、長期貿易協議（1978年2月）、文化交流協定（1979年12月）、科學技術合作協定（1980年5月）、關於對所得稅避免雙重徵稅和防止偷稅漏稅協定（1983年9月）、和平利用核能協定（1985年7月）、投資保護協定（1988年8月）等。同時建立了多種架構的雙邊磋商形式，如中日21世紀委員會、貿易混合委員會、科技合作委員會、文化交流協商會議等。

按照中日長期貿易協議，日本先後於1979年和1984年兩次向中國提供政府貸款（15億美元和21億美元）。日本先於美國與中國建立外交關係已使美國極為不悅，此時，美國對中日經濟關係的發展更存有異議。當然這個異議已不同於以往，美國現在更擔憂的是日本將利用其地理優勢，搶在美國之前獨占中國市場。美國的這種擔憂繼續發酵，1979年10月17日-18日美日在華盛頓協商援助計畫時，一度在日本對中貸款問題上發生對峙。美方要求明文規定，日本對中貸款「沒有附加條件」。而日方則表示反對，後在美方的強大壓力下，日方才勉強同意「原則上沒有附加條件」。據中國海關統計，中日建交後的雙邊貿易額增幅顯著，由1972年的10億美元發展至1988年

戰後美日臺關係關鍵 50 年 1945-1995（修訂版）

190 億美元。

第六章　跌宕曲折的美日臺關係（1970年代初期-1980年代中期）

　　進入1970年代，美日臺關係可謂跌宕起伏、危機四起。1972年中日建交、日臺「斷交」；1979年中美建交、美臺「斷交」，給臺灣社會造成巨大的震盪，戰後形成的美日臺關係一度趨於解體邊緣。但美臺憑藉《臺灣關係法》形成「隱性同盟」或「準聯盟」的關係，繼續維繫實質性的發展；日臺關係也進入「半官半民」的狀態，雙邊經濟關係繼續得到極大發展。這一時期，中美圍繞美國對臺軍售仍處於較量與折衝的狀態；美國對日歸還琉球群島後，又產生出長期困擾臺海兩岸的釣魚島問題。日本為追求大國化而與美國重新構築新美日安保體制，而臺灣則繼續成為美日的重要地區夥伴。

戰後美日臺關係關鍵 50 年 1945-1995（修訂版）

第一節　1972 年後日本與臺灣關係的嬗變

一、中日邦交正常化與日臺「斷交」

　　1972 年 7 月 7 日田中角榮就任日本首相。他以實現日本國家利益為宗旨，將日臺關係與中日關係的位置進行「置換」。即在實現中日邦交正常化的同時，繼續保持與臺灣的經貿及其他聯繫。這樣，日本就可以實現其外交策略的最大利益，可同時占有海峽兩岸的市場與資源，這也是日本歷屆內閣對臺海兩岸的既定策略。田中角榮在就任首相前日宣稱：「日本不僅需要《日美安保條約》，與中國也要締結友好關係。日中美三國如成為等邊三角形關係，就可以維持遠東和平。日本與中國的邦交正常化，是比在亞洲建立北約更為有力的安全保障。」在首次內閣會議上，外相大平正芳亦宣稱：「日臺關係的處理與日中邦交正常化，是同等重要的問題。」

　　對於田中內閣的新動向，臺灣當局進行了一系列干擾。8 月 8 日蔣經國發表談話，向日本施壓；臺灣還透過日本自民黨親臺政治家灘尾弘吉等人對田中內閣進行牽制。田中首相在基本統一自民黨意見的基礎上，9 月 25 日與大平外相等訪問北京；29 日上午在北京簽署中日《聯合聲明》，宣布中日邦交正常化；同日大平外相宣布：「作為日中邦交正常化的結果，可以認為『日臺和約』已失去存在的意義，宣告結束。」同日上午 9 時日本外務省次官法眼晉作緊急召見臺灣駐日「大使」彭孟緝，提前一小時通告《聯合聲明》的內容，並通知臺灣方面：「日本希望與臺灣維持經濟、文化和其他關係」，「希望國民政府採取必須的措施保護日本公民的生命和財產」。同日臺灣當局「外交部」發表聲明，宣布與日本「斷絕外交關係」，但同時亦宣稱：「臺灣將繼續與

第六章　跌宕曲折的美日臺關係（1970年代初期-1980年代中期）
第一節　1972年後日本與臺灣關係的嬗變

日本的反共民主人士保持友誼」。

　　按照筆者的粗淺判斷，中日建交在大策略上是基本正確的，但基於雙方「急於求成」的因素，在諸多具體問題或重要環節上留下諸多隱患，如對臺灣問題的「詮釋」就是一例。中日《聯合聲明》強調：「臺灣是中華人民共和國領土不可分割的一部分。日本國政府充分理解和尊重中國政府的這一立場，並堅持遵循波茨坦公告第8條的立場」；《波茨坦公告》第8條載明：「開羅宣言之條件必將實施」；而《開羅宣言》又明確規定：「日本所竊取於中國之領土，例如滿洲、臺灣、澎湖列島等，歸還中國。」日本為什麼不按照《波茨坦公告》明確表示臺灣已經「歸還」中國？其實，日本的目的在於說明，當年《開羅宣言》規定的日本將攫取的中國領土「歸還中國」，是指歸還給了「中華民國」。中國學者指出：日本政府的行為「內含著兩重目的」，「第一，既承認了中華人民共和國政府是唯一合法政府，又表示了臺灣當局的『中華民國』的存在。這是搞隱形的『兩個中國』。第二，如果說，『中華民國』已不復存在，則形成臺灣『歸屬未定』的局面。日方善於談判，以造成矛盾的方式為以後萬一需要改變立場預埋伏筆」。日本堅決反對在《聯合聲明》中寫進有關廢除「日臺和約」的條款，中方卻在如此重大的問題做出讓步。日方的真正目的在於說明：從日本方面來看，中國的合法政府在1972年《中日聯合聲明》簽訂以前是臺灣當局的所謂「中華民國政府」，在1972年中日復交以後方為中華人民共和國，即1972年中日復交以前，「日臺和約」是合法的，有其存在的意義。如此，中日關係由以往的「民間」形式走向兩國邦交的正常化，實現了政治、經濟、文化關係的全面恢復。曲折發展23年的日臺關係則由「官方」下降為「民間」形式。

戰後美日臺關係關鍵 50 年 1945-1995（修訂版）

　　如第五章所述，田中在訪問北京前，曾派自民黨副總裁椎名悅三郎攜帶其致蔣中正的親筆信於 9 月 7 日赴臺進行「解釋」。田中的親筆信通報臺方：日臺「外交關係」將在其訪問北京之後終結，日臺「只能透過民間渠道維持貿易經濟等務實關係」。但椎名悅三郎又對蔣經國做出「日臺歷來關係將繼續保持」的承諾。

　　椎名悅三郎的言論在臺海兩岸引發種種猜疑，其實椎名訪臺是對田中訪華的「外圍障礙」的清除作業，日本僅是期待日臺「斷交」不致引發更大的風波。另外，對於田中內閣而言，為保護在臺日本人的生命和財產安全，必須使日臺「斷交」平穩實現。

　　田中內閣雖積極推動中日邦交正常化，但實質上仍延續著「兩個中國」的對中政策。如中國曾要求將臺灣排除於《日美安保條約》的「遠東」條款之外，但日方則堅持其一貫立場。中日邦交正常化後的 10 月 1 日，大平外相堅持認為：「存在於日本和臺灣間的關係是根深蒂固的，因此，即使外交關係結束，雙方間的行政上的聯繫仍應得到尊重和珍視……我們仍願意盡最大的努力，以保持日本與臺灣之間業已存在的行政聯繫」。在 10 月 6 日自民黨內外情勢調查會上，大平又稱：「……對於日本已放棄的領土，其權利究竟屬誰，就日本人的立場而言，是即使憑著切掉舌頭也無權表示意見的事」。

　　在涉及臺灣的問題上，日美始終保持著密切的外交互動。9 月 29 日《中日聯合聲明》發表前的 1 個半小時，日本外務省次官法眼晉作約見美國駐日大使英格紹爾，遞交聯合聲明的文本，並做出簡要說明稱：在「日臺和約」、臺灣問題等方面，日本政府「成功地守住了其基本立場」；10 月 3 日大平外相亦致電英格紹爾稱：中國理解「日本政府與臺灣維持經濟關係的意圖」。

第六章　跌宕曲折的美日臺關係（1970 年代初期 -1980 年代中期）

第一節　1972 年後日本與臺灣關係的嬗變

　　由此，筆者認為，奉行現實主義的田中、大平等日本政治家之所以在推動中日邦交正常化的問題上得到自民黨內（包括臺灣幫在內）的基本支持，主要是基於日本戰後確定的臺海策略，即同時獨占臺海兩岸的市場、資源得到充分的展現，其國家利益最大化的目標得以確保的因素。如果說在 1972 年之前日本始終不敢「過於公開地」推行、貫徹這一策略，但自 1972 年之後日本政府則開始「堂而皇之」地與臺海兩岸同時進行經濟貿易。日本的經濟勢力則「長驅直入」中國市場，長期在中國對外經濟領域占據很大影響，尤其是中國的策略資源如煤炭、石油等源源不斷地為日本經濟「輸氧」。同時日本對臺灣的投資也不斷增加，日臺經濟關係發展很快。而臺灣基於發展經濟的內在需求，自 1972 年後也一直維繫著密切的對日經濟聯繫，至 1970 年代中期臺灣不僅成為日本的「對美出口加工基地」和重要投資場所，也成為日本「雁行經濟模式」下的「亞洲四小龍」之一，日臺經濟的內在聯繫極為密切。迄今，國內多有著述對田中、大平等促進中日邦交之舉不乏「讚美之詞」，而對佐藤、岸信介等的對中政策則多持批判態勢。可見，中國學界多是「從意識形態和政治立場的視角作針對個人的批評，鮮有對國家間政治的結構分析」。但歷史邏輯從來都是統一的。隨著近年來有關外交檔案解密和當事人證言問世，我們可以明白，田中等人之所以積極促進中日邦交正常化，不過是與美國爭奪中國市場資源，以實現日本國家利益的最大化的外交策略。日本看重的是中國豐富的策略資源和龐大市場，而非想像中的「中日人民友好」因素。

二、日臺「斷交」對雙邊經濟關係的影響

　　為保持日臺「斷交」後的雙邊經貿與人員來往，1972 年 12 月日

戰後美日臺關係關鍵 50 年 1945-1995（修訂版）

本和臺灣分別在東京和臺北設立具有官方性質的「財團法人交流協會」與「亞東關係協會」，以作為對等交流窗口。為此，日臺決定互設「交流協會臺北事務所」與「亞東關係協會東京辦事處」，並確定辦事相處的功能。其實，就其功能而言，這兩個機構「與一般駐外公使館辦理的官方事務機構幾乎沒有什麼不同」。在岸信介等右翼政治家的操縱下，1973 年 3 月成立有 152 名自民黨親臺國會議員參加的「日華（臺）關係議員懇談會」，由灘尾弘吉任會長。該會與臺灣政界保持密切聯繫，企圖使「斷交」後的日臺關係保持準官方的性質，並積極推進雙邊的「實務關係」。如此，形成於 1957 年 2 月的「臺灣幫」再度糾集起來，這是日臺「斷交」以後維持和推進日臺關係的重要右翼團體。其後，日臺還先後設立東亞經濟人會議等諸多雙邊經濟團體。

日臺「斷交」後，日臺貿易、投資等領域一度發生糾紛。日本在取得美國的許諾後，於 1974 年 4 月與中國簽訂中日航空協定，日本擬繼續維持日臺航線。但由於大平外相發表不承認臺航懸掛「國旗」的談話，臺灣單方面宣布「停航」。日臺航線「中斷」等一系列重大對抗性事件，對日臺經濟關係頗有衝擊。1972 年 11 月臺灣「國際貿易局」宣布：自日本進口機器限於 2 億美元以下，2 億美元以上者須經特別申請，一般原料、材料的進口不受限制，但有關向日本貸款之計劃，決定除了 9 月 29 日以前簽訂者外，一律停止。12 月 14 日臺灣「行政院」又發表對「斷交」後的經濟方針，強調停止未簽字的向日貸款，工廠機器設備、原材料進口由日本轉向歐美市場等其他市場，關於投資方面，日本與其他國家受同等待遇。

但是，臺灣當局決策集團最終能夠冷靜對待激變的局勢，審時度勢，堅持發展經濟建設為臺灣既定的最高目標。由此，在 1972 年日臺

第六章　跌宕曲折的美日臺關係（1970 年代初期 -1980 年代中期）

第一節　1972 年後日本與臺灣關係的嬗變

「斷交」後，臺灣並未對日本採取進一步的經濟貿易方面的報復措施，而是採取了「務實性」的應對措施。從經濟層次來看，由於臺灣處於工業化的發展初期，因而對日本市場、工業技術及機器設備等有著嚴重依賴，臺灣不會也難以澈底斷絕與日本的經濟聯繫。若在經濟上也實行對日「斷絕」的話，則意味著臺灣經濟將走向「崩潰」，也將危及國民黨對臺灣的控制。臺灣最終只能重建與日本的「非官方」雙邊關係，以維繫臺灣對外的經濟窗口。

從日臺「斷交」的實際過程後，日臺雙方均採取了維持經貿關係等實務態勢，更多是臺灣採取了克制態勢。不過，日本亦採取了相應的一系列對策，畢竟日臺關係有著很長的歷史淵源和現實利益。若與臺灣斷絕經濟聯繫，不僅對於日本損益頗多，而且美國也不允許。日臺「斷交」後，原有的雙邊貿易聯絡機構如日臺合作促進委員會（日本方面的名稱是日華協力委員會）、日臺貿易委員會等不得不停止活動。但「斷交」後的日臺間交流仍需要維持並擴大，1972 年 4 月臺灣當局成立對外貿易發展協會，並在東京設立遠東貿易服務中心東京事務所，主要業務是向日方提供有關臺灣島內的經濟訊息、舉辦臺灣商品展銷會等。

1972 年 12 月 1 日日本成立半官方性質的「財團法人交流協會」，崛越楨三（日本經團聯副會長）出任會長，前駐臺「大使」板垣修為理事長，交流協會的具體工作人員全部由日本外務省、通產省官員（以「民間人士」身分）組成。交流協會在臺北、高雄設立事務所，負責日本對臺的「民間聯繫」及其他事宜。12 月 3 日臺灣也成立半官方性質的「亞東關係協會」，臺灣糖業公司董事長張研田任理事長，臺灣工商協進會理事長辜振甫任常務監事。「亞東關係協會」在東京、大

戰後美日臺關係關鍵 50 年 1945-1995（修訂版）

阪、福岡設立辦事處，負責臺灣對日的「民間聯繫」及其他事宜等。兩組織的成立旨在推進日臺間的經濟、貿易、技術及文化交流，12 月 26 日「交流協會」與「亞東關係協會」在臺北簽訂互設辦事機構的協定，日臺還約定每年定期召開一次經貿會議，商討日臺間的貿易及經濟問題。1973 年 1 月 4 日「亞東關係協會東京辦事處」正式開張，1 月 26 日辦事處首任代表馬樹禮到任。按照臺灣當局的慣例，辦事處應該隸屬臺灣「經濟部」。但經「行政院長」蔣經國裁決：「亞協及其所屬駐日各單位，在體制上仍屬外交部，亞協駐日代表之地位，一如派駐其他國家之大使，代表國家元首駐東京」。「交流協會」臺北事務所也同時成立，由原日本駐臺「大使館公使」伊藤博教擔當首任所長。日臺互設辦事機構，為確保日臺經濟關係以及其他方面的交流提供了制度保障。

綜上所述，儘管臺灣對日本與中國的邦交正常化極為「憤慨」，但迫於其所處的「外交困境」，最終採取了與日本發展「實質性外交」的基本政策，即以發展日臺經濟關係為主旨，繼續與美日保持密切的往來。而日本也基於本國經濟利益需求及美國的策略要求下，一再對臺表示出發展日臺雙邊經濟關係的「願望」。正是由於日臺雙方發展經貿關係的積極態度，以及有關措施的發表，日臺貿易額非但沒有減少，反而比上一年增加了 60%，達到 23 億美元，超過了同期日本與中國內地的貿易額。

1972 年日臺經濟界成立了旨在促進日臺經濟交流的「東亞經濟人會議」，這是一個日本經團聯（日本經濟界的最高組織）和臺灣工商協進會共同推動設立的民間性質的定期協議機構，由日方「東亞經濟人會議日本委員會」和臺方「東亞經濟人會議中華民國委員會」兩部分組

第六章　跌宕曲折的美日臺關係（1970 年代初期 -1980 年代中期）
第一節　1972 年後日本與臺灣關係的嬗變

成。日方會長由東急集團會長五島升出任，臺方會長則由臺灣工商協進會董事長辜振甫出任。「東亞經濟人會議」雖然標榜是民間組織，但從其領導機構、組織規模、組織活動、出席會議的人員背景、會議性質與議題來看，實質上是由日臺「官方機構」直接指導，民間具體執行與配合方式所進行的半官方或準官方性質的「半官方機構」。辜振甫兼任國民黨「中常委」的要職足可說明這一政治背景。「東亞經濟人會議」標榜：「日臺經濟關係加強將成為亞洲經濟的『火車頭』」，主張透過經濟途徑密切與臺灣的政治關係。1973 年 11 月 29 日第一屆「東亞經濟人會議」在臺北開幕，其後，每年在日臺兩地輪流舉辦一次會議。

中日邦交正常化後，中國要求日本政府對既存的日臺經濟關係的性質作出澄清。1971 年日本政府曾按照聯合國貿發會議的決定，並根據日本「關稅暫定實施法」的規定，向貿發會議成員國提供「普惠」，其中包括臺灣。中國政府根據《中日聯合聲明》的原則，要求日本政府廢除這種「國際許諾」（不是指取消「普惠」本身，而是宣布它不是政府間的國際許諾）。對此，日本政府說明「普惠」是日本政府單方面提供的，它不是雙邊協定，也不是國際承諾，中日邦交正常化後，日本政府已在官報上發布政令，刪除「中華民國」名稱，改稱「臺灣地區」，因此在「普惠」問題上，不存在作為「國際許諾」加以廢除的問題。日本政府於 1973 年 3 月 15 日給中國外交部照會中稱：「日本國與臺灣當局之間其他一切政府間的條約、協議及其他許諾，作為 1972 年 9 月 29 日日中邦交正常化的結果，已經全部失效。其中包括了有關貿易的一切政府間條約、協議和國際許諾」。1973 年 11 月 17 日，日本政府向中國政府提交口頭確認事項稱：「根據日中聯合聲明的精神，

戰後美日臺關係關鍵 50 年 1945-1995（修訂版）

日本國同中華人民共和國之間的貿易協定是國家間的經濟貿易關係，日本國與臺灣之間現在進行的一切經濟貿易往來都是地區性的民間的關係」。

綜上所述，日臺「斷交」後，雖然對日臺經濟關係造成一定程度的衝擊，但在臺灣當局的克制下，日臺間又迅即形成「民間形式」的經濟關係網路，使日臺經濟關係得以進一步發展。至 1970 年代末期中國開始改革開放，對於日臺經濟關係的現狀開始持有「包容」的立場。1978 年 11 月 5 日 14 日鄧小平在同緬甸總統尼溫會談時指出，在解決臺灣問題時，我們會尊重臺灣的現實。比如，臺灣的某些制度可以不變，美日在臺灣的投資可以不動，那邊的生活方式可以不動。中國學者俞新天在吳濟南著《冷戰後日臺關係》(2009 年) 一書序言中亦指出：在東亞地區國際分工體系發生深刻變化後，作為亞洲「四小龍」之一的臺灣不僅是日本輸出資本貨物和技術的對象，也是日本進軍中國的重要跳板。日本和臺海兩岸在經濟領域的良性互動無疑會有利於構築地區和平機制。

三、美日臺關係下日臺經濟關係的持續提升

1972 年日臺「斷交」當初，日臺間雙邊貿易額是 12 億美元左右。「斷交」對日臺政治關係造成嚴重衝擊，但出於雙方的利益需求，日臺經濟貿易來往並未停頓，反之有擴大之勢。1960 年代中期至 1970 年代末期，臺灣完成了工業化的基本過程。工業化時期，臺灣對日貿易出口依賴不斷減少，1983 年最低時降低至 10% 以下；對日進口依賴日益增加，1970 年最高時一度達 42.8%。長期以來，臺灣對日貿易入超嚴重，但同時美日臺經貿聯繫密度亦有所提升。

第六章　跌宕曲折的美日臺關係（1970年代初期-1980年代中期）

第一節　1972年後日本與臺灣關係的嬗變

在美日臺關係的大格局中，日臺雙邊的經濟貿易往來不斷提升。除1975年因受世界經濟危機影響而呈負成長外，其餘年份均為成長之勢。1985年日臺貿易額達到90.14億美元，比1953年成長了76倍。不過，當時的日臺貿易在日本的外貿中所占的比重甚低，日本對臺灣的出口雖然一直在增加，但在日本的出口總額中所占的比重僅占2%-4%；日本自臺灣進口也僅占日本進口總額的1.5%-2.5%左右。我們再將1970年代亞洲「四小龍」對日貿易在日本外貿中的地位作一比較。1960年臺灣對日本出口值占日本進口總值的比重為1.4%，1978年成長為2.2%；同期韓國由0.4%提高到3.3%；香港由0.5%提高到0.6%；新加坡由0.3%提高到1.1%。1960年臺灣自日本進口值占日本出口總值的比重為2.5%，1978年提高為3.7%；同期韓國由2.5%提高為6.2%；香港由3.9%降低為3.2%；新加坡由2.2%提高為2.4%。其中最主要的原因，韓國是「四小龍」中對日出口工礦產品較多的地區，而臺灣對日輸出則以農漁產品為主，成長幅度有限。

隨著日本經濟的持續高成長以及配合美國東亞策略的需要，日本有意識地從經濟上控制東亞地區，使之成為其經濟發展的腹地，奉行所謂的「雁型」經濟發展模式，即以日本為領頭，臺灣等「亞洲四小龍」為後續，帶動東亞地區經濟順序發展，從而最終保證日本經濟本身的持續發展。日本依靠其所累積的經濟與技術實力，「利用直接投資與技術轉讓交互使用的手段，以最低製造成本為依歸，透過投資項目與技術相互間的有機結合，在亞洲建立起了以其為中心，以最低生產成本為依屬的多國間產業分工體系，臺灣被納入其中的重要一環」。也就是說「臺灣的經濟發展正好銜接日本經濟成長的後一階段，因而臺灣設法引進日本的生產技術及生產設備者固多，而日本也獲得了一個

戰後美日臺關係關鍵 50 年 1945-1995（修訂版）

資本與商品輸出的良好市場」。至 1970 年代末期，美國成為臺灣的直接銷售市場和日本的間接市場，從而形成日本對臺投資、在臺灣加工裝配為成品、而後銷售至美國這樣的貿易關係。臺灣成為美日的廉價「海外加工基地」，其剩餘價值亦多為美日資本「榨取」，更進一步使臺灣納入美日的經濟體系之中。

臺灣工業化的 1960-1970 年代，臺灣自日本進口商品的結構開始變化，由主要進口生活消費的工業品，轉向主要進口工業原料和機器設備。臺灣從日本進口工業原材料和機器設備，發展加工工業，產品出口至美國等國家，因而使日臺貿易從順差轉為逆差，而美臺貿易則從逆差轉為順差。這充分說明了臺灣的進出口貿易，在進口方面，對日本的依賴度不斷提高，而在出口方面，對美國的依賴度也在提高。

如前所述，1972 年 9 月日臺「斷交」，並未對日臺雙邊貿易產生重大影響，仍保持了較好的發展勢頭。1973 年臺灣對日輸出增加 20%，自日本輸入成長 36%，到 1979 年達到 52 億美元，7 年間增至近 4 倍，1982 年日臺貿易額已增至 71.59 億美元。但除了 1952 年和 1955 年外，臺灣對日貿易長期為逆差。臺灣透過從日本大量進口技術、機器設備、關鍵零配件等，加工後出口到美國等市場，從而促成了臺灣出口加工工業的迅速發展，並推動了經濟的高速成長，臺灣因此也進一步加深對日本進口市場的嚴重依賴。換言之，臺灣經濟成長越快，從日本進口的規模也就越大，這是日本穩居臺灣的進口市場榜首，對日貿易存在鉅額逆差而難以改變的根本原因。

隨後為適應世界經濟形勢的變化，特別是石油危機的衝擊，臺灣開始有步驟地調整島內產業結構，從 1970 年代側重發展重化學工業，1979 年開始轉向鼓勵發展策略性工業，試圖透過大力發展高科技產業

第六章 跌宕曲折的美日臺關係（1970 年代初期 -1980 年代中期）
第一節 1972 年後日本與臺灣關係的嬗變

並以此帶動島內的「工業升級」。工業化升級時期的日臺貿易關係進一步發展，雙邊的貿易結構也發生變化。隨著臺灣工業升級，對日本進口商品的需求開始轉向技術含量較高的機器設備和工業半成品原料等，但日臺貿易不平衡更進一步深刻。1953-1961 年臺灣對日貿易逆差額年平均 0.2 億美元；1962-1971 年增加到 2.1 億美元；1978 年突破 20 億美元；1981 年達 34.5 億美元，1985 年由於臺灣投資意願不佳，進口大幅度下降，臺灣的機器設備大部分自日本進口，1985 年自日進口降低了 13.8%，逆差額也降為 20.9 億美元。

在戰後日臺貿易中，日本對臺灣的出口貿易結構基本上一直保持優勢，出口的商品絕大多數是高附加價值的工業品，臺灣在對日出口商品結構上也發生了較大的變化。1960-1970 年代臺灣的對日出口中，粗糖、稻米、香蕉占絕對優勢，從 1970 年代末期開始，對日出口的重點逐漸轉向機電設備、食品、金屬製品、一般機械等附加價值較高的商品上，而且這一發展勢頭越來越強。這表明，日臺間貿易結構上的不平衡正在逐漸縮小，但仍然有相當的差距。臺灣對日貿易在 1980 年超過 30 億美元，1981 年為 34.5 億美元，1982 年因臺灣經濟嚴重衰退，內外投資意願低落，逆差額暫時減少為 24 億美元。因此，從 1972 年至 1982 年期間，臺灣對日貿易平均每年入超竟高達 17.7 億美元。總計 1963-1982 年底止的二十年間，臺灣對日貿易逆差累計金額已高達 222 億美元。1972-1982 年，臺灣對日貿易年平均逆差額占臺灣年平均出口額的 10.5%，而等於 135.7%。如果將此逆差額按美國經濟規模來換算，則平均每年高達 600 億美元。因此，它已成為臺灣經濟發展一個十分沉重的負擔。

80 年代前期，日本對臺出口約占其出口額的 5%，世界排名第 9

位,而臺灣從日本的進口卻占其進口總額的 25%,世界排名第 1 位。1980 年代中期以後,因日元升值、日本開放國內市場等原因,雙方的貿易規模繼續增大。1985-1987 年,日臺貿易額從 90.1 億美元增至 187.8 億美元,三年間成長了 2.1 倍,而且超過同一時期的中日貿易總額;臺灣對日本的出口額占其出口額的比例也從 11.3% 升至 14.6%,日本成為臺灣的第二大出口市場。從 1987 年起,日臺雙邊貿易總額便連續三年超過日本和中國內地的貿易額,1990 年日本與中國內地的雙邊貿易總額為 182 億美元(尚不足 1987 年日臺間的貿易額),而日臺間的雙邊貿易額卻高達 243.7 億美元,是日本與中國內地貿易總額的 1.34 倍;其中日本對臺出口額為 160.3 億美元,臺灣對日出口為 83.4 億美元,分別比日臺斷交的 1972 年成長了約 15 倍和 22 倍。日本成為臺灣最大的進口國和第三位的出口對象。

從上述資料可以看到,日本與臺灣的貿易關係有兩大特徵。一是從 1965 年以來,日本就一直是臺灣的第一進口對象國,而且進口金額逐年急速成長。1965 年臺灣從日本進口金額為 2.21 億美元,1979 年成長為 45.61 億美元,成長 19.61 倍,到 1989 年,進口金額為 160.31 億美元,比 1979 年成長 2.15 倍,至 1997 年,進口額更達 290.22 億美元,比 1989 年又成長 81.045,比 1965 年成長 130.13 倍。二是臺灣與日本的貿易,從 1960 年開始就一直呈現逆差,而且逆差的金額有不斷擴大的趨勢。1960 年逆差只有 0.43 億美元,1979 年擴大到 23.13 億美元。

1972 年日臺貿易額為 14 億美元,至 1992 年增至 307.76 億美元,增加近 22 倍,然而對日入超也由 6.6 億美元增至 129.56 億美元,擴增 19.6 倍以上。工業升級期間,日臺貿易逆差問題愈演愈嚴峻,從

第六章　跌宕曲折的美日臺關係（1970 年代初期 -1980 年代中期）

第一節　1972 年後日本與臺灣關係的嬗變

1960 年至 1981 年，日臺貿易逆差為 197.84 美元，而且有不斷擴大的趨勢，甚至出現日臺貿易幾近破裂的跡象。面對日本強勁的出口攻勢，1982 年臺灣當局一再要求日本減少對日貿易的不平衡，而日本政府則消極應對。臺灣當局乃採取強硬措施，禁止 1,533 餘種日本產品進入臺灣。雖然實施此貿易報復措施的目的是限制日貨進口，減少臺灣方面的逆差損失，但也致使當年臺灣島內企業因減少從日本的工業原料進口而大幅減產，企業停工率驟增。儘管如此，1982 年日本對臺貿易仍然有 24 億美元的順差，1983 年順差更達 31.85 億美元。據統計，臺灣每對外出口 1 美元，其相應自日進口便約為 0.28 美元；而臺灣經濟每成長 1%，日本對臺出口便成長 1.82%。「對臺灣享有相當大量貿易順差的唯一國家就是日本」。但是，一個重要的事實是，在日臺貿易逆差問題日趨嚴重的持續過程中，美臺貿易順差並未改變，1987 年臺灣對美貿易順差高達 160 億美元，後在美國實施對臺貿易限制措施的情況下，臺灣對美貿易順差有所減少，但至 1990 年時仍有 91.3 億美元。可以說這時期的日臺貿易關係仍是建立在臺灣對美順差的基礎上的。

　　日臺貿易逆差問題雖已成為日臺經濟關係中最尖銳的一個問題，同時又是一個無法根本解決的難題，難就難在臺灣工業生產對日本設備與原料的進口的過度依賴。第一，從歷史上看，臺灣對日貿易一直是對日出口以農產品和農產加工品為主。儘管進入工業升級時期，臺灣農產品和農產加工品對日出口的結構開始有所改變，從稻米、砂糖為主改變以水產品和畜產品為主，還有少許工業初級製品，但這些產品的附加價值遠比日本機器設備和工業半成品的附加價值低，再擴大也縮小不了對日貿易鉅額逆差的擴大；第二，臺灣製造業的產品要返

戰後美日臺關係關鍵 50 年 1945-1995（修訂版）

銷日本也很困難。因為日本對臺灣的製造業投資和技術轉移，目的不是為了返銷日本，而是除利用臺灣廉價勞動力，獲取可觀的利潤之外，主要的還是在擴大其機器設備、工業半成品及技術的對臺出口，壟斷臺灣市場和間接出口其他地區。因此，日本對臺投資方式大多是將其在日本國內所製造的機器設備及工業半成品等作為資金的大部分，這也促使日臺貿易逆差的延伸與擴大。

自 1972 年後日本停止對臺灣的政府援助（ODA）後，日本資本開始大量進入島內，至 1989 年日本對臺投資超過同期美國對臺投資，達到 28.56 億美元。臺灣工業升級時期，經濟發展速度的加快對外資的需求更加提升。臺灣當局為彌補內部資金短缺，策定積極引進外資、以帶動產業升級和出口工業發展的產業政策，是此階段臺灣發展經濟重要策略之一。工業升級時期仍是臺灣大規模吸引外資的階段，而來自日本的投資仍然是主要外資來源之一。

日本對臺投資真正形成勢頭是在 1970 年代中期以後。當時臺灣經濟發展速度明顯加快，出口持續上升，對外資的消化、吸收能力也大大加強。如表三所示，到 1980 年為止，日本對臺投資累計件數 757 件、金額 4.57 億美元，年均投資額超過了累計投資額的 1%-3%。僅 1980 年一年對臺投資就達 0.47 億美元。1980 年代初期，在「工業升級」政策的推動下，日本對臺灣的投資迅速增加，到 1985 年底為止，日本對臺投資累計 900 件、金額 11.3 億美元。也就是說，僅 1981-1985 年的 4 年間日本對臺投資達 143 件、金額為 6.73 億美元，超過了 1953-1980 年 27 年間的累計總額。

第六章 跌宕曲折的美日臺關係（1970年代初期-1980年代中期）

第一節 1972年後日本與臺灣關係的嬗變

表三 日本對臺灣的直接投資　（單位：百萬美元）

年度	全世界（不含華僑投資） 件數	全世界（不含華僑投資） 金額	美國 件數	美國 金額	日本 件數	日本 金額
1953—1960年累計	28	25.21	15	23.5	12	1.7
—1970年累計	587	396.2	156	242.2	386	89.0
—1980年累計	1258	1753.0	330	776.3	757	457.7
—1985年累計	1724	3985.4	—	1720.0	900	1130.4
—1987年11月累計	2281	5699.6	—	2254.0	1135	1699.4

資料來源：樊勇明：《日本的投資與亞洲的崛起》，三聯書店1991年版，第181頁。

日本對臺投資迅速發展的原因有三：第一，日本多數廠商對臺灣的投資環境都很了解，而且評價頗高。他們認為臺灣的基礎工業水準超過韓國，政治及社會穩定性高於香港，而勞動生產率則優於新加坡；第二，對到臺灣投資饒有經驗。由於經驗豐富，故其投資報酬率高過在其他國家與地區的投資。日資企業在臺灣的獲利能力特別強，為所有不同來源的外資企業之冠，這成為一個非常突出的現象。據臺灣「經濟部」投資審議委員會調查分析，1981年在臺灣外資企業的經營狀況，日資企業除資本獲利能力外，營業獲利能力、總資產獲利能力、固定資產獲利能力亦均居鰲頭。因此，日資企業以其所獲營利轉作增資，經營規模日益擴大者時有所聞；第三，臺灣當局為了平衡對日貿易逆差，同時希圖藉引進日本資本而引進日本的先進技術與經驗，幫助臺灣實現工業升級，因此不斷改善投資環境，千方百計爭取日本資本去臺投資。

1985年9月日元升值後，日本製造業在國際市場上漸漸失去競爭力，為了降低生產成本，保持競爭力，日本製造業企業紛紛尋找海

外生產基地。臺灣距離日本較近，有良好的工業基礎，地處海上交通要道，而且有廉價的勞動力。據測算，若以日本的工資成本為 100，1984 年和 1985 年臺灣的工資成本則分別為日本的 23.3% 和 22.6%。於是，日本企業對臺灣的投資慾望高漲。另外，日元升值，而臺幣則隨美元貶值，日本電器企業紛紛利用臺幣低匯價擴大對臺灣的投資，製造零件回銷日本。由於這兩部分投資增加，儘管經臺灣加工、產品輸往美國的企業投資停滯不前，日本私人資本對臺直接投資總額仍繼續成長。

1986 年日本貿易振興會對 207 家日本中小企業所作的調查顯示，有 140 家企業認為臺灣是日本企業海外投資的最佳場所。此後，日本對臺灣的投資出現跳躍性成長。1986 年比 1985 年的投資件數增加了一倍多，達 88 件，投資金額增加了 74%，達 2.54 億美元，日本對臺灣的投資額突破 2 億美元大關。1987-1989 年的 3 年間仍然保持持續成長，同期投資件數則呈下降趨勢，可見，1980 年代中期以前日本對臺灣的投資以小規模為主，此後則向著大型化的方向發展。從 1989 年起，日本對臺灣投資累計總額超過美國，居外國對臺投資之首。1990 年日本對臺直接投資為 8.27 億美元，而當年美國的對臺直接投資僅為 5.4 億美元。至 1990 年為止，日本對臺直接投資累計總額為 34.8 億美元，而同期日本對中國的直接投資總額為 28.23 億美元。

如果說日臺貿易關係從流通領域反映了日臺之間的經濟關係，日臺投資關係則主要從直接生產領域反映了日臺經濟關係。日臺投資關係是一種單向的投資關係。日臺之間的技術合作關係，也是一種單向的技術合作關係。也就是說，它們之間的投資和技術合作，是日本對臺投資和提供技術的單向關係。因此，日本對臺灣的投資和轉移生產

第六章　跌宕曲折的美日臺關係（1970年代初期-1980年代中期）

第二節　中美建交──《臺灣關係法》與美臺「準聯盟」關係的形成

技術，不僅能獲得直接的利益，而且透過投資和技術轉移，控制了臺灣經濟的發展方向，使臺灣經濟從屬於日本經濟。隨著日本對臺灣投資件數和金額的成長，這種控制和被控制，臺灣經濟從屬於日本經濟的關係就不斷加深。

第二節　中美建交──《臺灣關係法》與美臺「準聯盟」關係的形成

　　1977年1月卡特就任總統，牧師出身的卡特一向重視「道義」原則，他在競選期間就提出要「以世界秩序政治取代力量均衡政治」，試圖改變尼克森主義的策略收縮方針而重新採取美國在具有重大「利益」的地區直接進行軍事介入的做法。卡特還曾表示，美國政府在尋求與中國關係正常化，但不會犧牲臺灣利益。5月12日卡特發表談話稱：中美關係正常化「主要的障礙是我們一直與臺灣保持關係，我們不想看到臺灣人民遭到懲罰和攻擊」。但他同時也承認，承認中國是他的最終目標；但他要得到如下保證：臺灣「不受中國大陸的軍事壓制與統治」。

　　隨著國際形勢的變化，蘇聯日趨向全球擴張，尤以1979年軍事干涉阿富汗為其軍事擴張之頂點。此時的中國進入經濟建設為中心的穩定發展期，卡特政府開始調整其對中政策。1977年8月22日國務卿萬斯訪問北京，萬斯對中國外交部長黃華宣稱，他代表美國政府聲明，美國同臺灣的「共同防禦條約」即將終止，準備承認中華人民共和國是中國的唯一合法政府，美國將完成軍事部隊和設施自臺灣撤退。1978年4月卡特總統公開宣布：美國接受「一個中國」的概念，

戰後美日臺關係關鍵 50 年 1945-1995（修訂版）

同中國建立正式外交關係符合美國的最大利益。這樣，自 1972 年 2 月 28 日中美《上海公報》發表以來，經歷整整七個年頭的曲折迂迴，美國最終接受中國提出的建交三原則。中美經過反覆磋商後，達成以下三項協議：

一、美方承認中方關於「只有一個中國、臺灣是中國的一部分」的立場，承認「中華人民共和國是中國的唯一合法政府」，在此範圍內，「美國人民將同臺灣人民保持文化、商務和其他非官方關係」；

二、在中美關係正常化之際，美國政府宣布立即斷絕同臺灣的「外交關係」，在 1979 年 4 月 1 日前從臺灣和臺灣海峽完全撤走美國的軍事力量和軍事設施，並通知臺灣當局終止《共同防禦條約》；

三、從 1979 年 1 月 1 日起，中美雙方互相承認並建立外交關係，3 月 1 日起互派大使，建立大使館。

1978 年 12 月 16 日美國總統卡特和中國總理華國鋒分別在華盛頓、北京同時宣讀《中美建交公報》，宣布兩國於 1979 年 1 月 1 日正式建交。卡特總統還特別強調「我特別注意確保美國和中華人民共和國之間的關係正常化將不損害臺灣人民的福利。美國人民將透過非政府方式同臺灣保持目前的商業、文化和其他關係」。

1978 年 12 月 15 日深夜（中美建交公報發表前七小時），美國駐臺「大使」昂格爾奉命向蔣經國緊急通報中美建交及美臺「斷交」事宜，蔣經國當場對美國政府提出「強烈抗議」。昂格爾向蔣經國表達了卡特政府對臺的以下承諾：

(1) 美國同臺灣「斷交」後，還將與其保留「實質」與「人民」之間的關係；

(2) 雙邊關係將以「非官方」的機構來協調；

第六章　跌宕曲折的美日臺關係（1970年代初期-1980年代中期）
第二節　中美建交——《臺灣關係法》與美臺「準聯盟」關係的形成

(3) 除了「中美共同防禦條約」之外的現有雙邊關係將繼續有效；
(4) 美國政府將繼續有選擇地出售「防禦性」武器給臺灣；
(5) 美國將派代表團赴臺灣洽商雙邊「新」關係的框架。

16日上午8時國民黨中央委員會召開緊急會議，研究對策；隨後蔣經國發表聲明，對卡特政府進行了強烈譴責：「美國決定與共匪偽政權建立外交關係，不僅損害中華民國及其人民之權益，且將對整個自由世界產生嚴重影響，其因此所引起之一切後果，均應由美國政府負完全責任」。獲悉美臺「斷交」的消息後，臺北等地發生反美遊行。12月18日臺灣駐美大使沈劍虹向美國政府提出抗議。為安撫臺灣當局，16日卡特總統致電蔣經國：「美國在為維持臺灣居民的和平、繁榮和福祉而建立新安排方面將隨時準備進行充分的合作。」12月23日美國國務院向臺灣當局提出五項保證：

(1) 美國仍然認為臺灣有「國際入格」身分；
(2) 美國沒有承認「中共」對臺灣擁有主權：
(3) 美國繼續在臺灣保持外交以外的全面關係，說明對臺灣的「重要承認」；
(4) 美國與臺灣關係的基礎，仍是原有的58項條約（指「中美共同防禦條約」廢除後，美國與臺灣還剩下條約的數目），美國將就此另行立法；
(5) 美國將以新的交流形式來取代原有外交代表機構。

不過，即便美國政府反覆做出以上承諾，但美臺「斷交」給臺灣帶來的衝擊波仍是巨大的，美臺關係一時陷入深淵。為與臺灣當局商權建立今後的美臺關係，1978年12月27日美國副國務卿沃倫·克里

戰後美日臺關係關鍵 50 年 1945-1995（修訂版）

斯托夫率領代表團前往臺北，在機場遭到臺灣民眾的強烈抗議。臺灣「外交部常務副部長」錢復在與克里斯托夫的會談中，再次對美國政府的「斷交毀約之舉」表示「遺憾」；克里斯托夫則重申美國不會停止向臺灣出售武器。12 月 29 日蔣經國在會見克里斯托夫時提出建立新臺美關係五原則：

(1) 「持續不斷」。蔣經國回顧了雙邊歷史上的「同盟關係」，對美國「斷交」決定提出嚴厲指責，對美國事先沒有與臺方商量的做法表示了極大的憤慨；

(2) 「事實基礎」。蔣經國堅持「中華民國的存在一向是個國際的事實」。要求美國尊重其「法律地位及國際入格」。

(3) 「安全保障」。蔣經國認為，「中美共同防禦條約」本為「西太平洋自由國家集體安全連鎖防線的重要環節」。美國「片面終止」條約，將引發該地區的「動盪不安」「甚至戰爭危機」。他敦促美國重申其安全保證；

(4) 「妥定法律」。蔣經國稱卡特總統曾表示，在「共同防禦條約」終止後，美國仍將關切該地區的「和平安全與繁榮」，並繼續向臺灣提供「防禦性武器」。美國必須就此提供法律上的保證；

(5) 「政府關係」。美國已經聲明，日後仍與臺灣保持文化、經濟、貿易、科技、旅遊等關係。為了便於保持和發展關係，蔣經國認為「在臺北和華盛頓必須互設政府與政府間之代表機構」。

1978 年 12 月 29 日臺灣駐美「大使」沈劍虹離美回臺；31 日美國駐臺「大使館」降旗。美臺官方「外交」關係宣告結束。12 月 30 日卡

第六章　跌宕曲折的美日臺關係（1970年代初期-1980年代中期）
第二節　中美建交——《臺灣關係法》與美臺「準聯盟」關係的形成

特總統頒布一項題為《同臺灣人民的關係》備忘錄（史稱「卡特備忘錄」），宣稱「美國人民今後將同臺灣人民在沒有政府正式代表和沒有外交關係的情況下保持商業、文化和其他關係」。卡特備忘錄共有以下5項內容：

(A) 目前有權同臺灣執行或實施計畫、交易或其他關係和有權執行或實施同臺灣有關的計劃、交易或其他關係的部門和機構奉命從1979年1月1日開始，根據這種權力並透過下面（D）段中提到的機構來執行和實施這樣的計畫、交易和關係。

(B) 美國和臺灣之間現有的國際協議和安排將繼續有效，從1979年1月1日開始，將由各部門和機構根據它們的條款並透過這一機構加以實施和執行。

(C) 為使本備忘錄的一切規定付諸實施，政府各部門和機構在解釋所有美國的法律、規定和命令中提到任何其他國家、政府和類似實體的條款以及應用這些法律、規定和命令時，應把臺灣包括在內。

(D) 在執行和實施同臺灣人民的計畫、交易和其他關係時，將由一個法入形式的非官方機構來代表美國人民的利益，這一機構的名稱不久就將公布。

(E) 除了我另作規定的情況以外，上述命令將適用於政府所有部門和機構並由這些部門和機構執行。

我要求國會制定有關美國人民同臺灣人民之間的關係的法律。

本備忘錄將在《聯邦政府紀事》中發表。

雖然「卡特備忘錄」對蔣經國所提出的「五項原則」中關於美國必

戰後美日臺關係關鍵 50 年 1945-1995（修訂版）

須與其保持「政府間關係」的要求予以了回絕，但是「卡特此時在對臺灣政策的設計方案中，已經開始出現從中美建交協議精神倒退的某種跡象」。

　　1979 年 1 月美臺在華盛頓舉行會談，就今後美臺關係等事宜進行協商，臺灣當局「外交部副部長」楊西崑堅持今後的美臺關係必須是「官方」性質，但美方則堅持主張雙邊關係的「非官方」性質。1 月 10 日美國通報臺灣當局，美國未來在臺灣的非官方機構是「美國在臺協會」，總部將設在華盛頓。1 月 16 日美國國務院發言人約翰‧沙利文宣布「美國在臺協會」正式成立，他宣稱：「這是從同臺灣的正式關係走向非正式關係過程的下一個步驟」。

　　從美國的國家利益出發，卡特政府雖實現了中美建交與美臺「斷交」，但並不等同於美國要澈底改變它以往干涉臺海問題的立場，卡特亦並非完全遵守其對中國的承諾，其最具標誌意義的就是《臺灣關係法》的發表。從美國國內政治的生態來看，這項法案是美國國會親臺勢力企圖制約卡特政府對中政策的產物。卡特與臺灣斷交時，宣布廢除美臺《共同防禦條約》及其他軍事性協議，對此美國國會要求總統提出保證臺灣安全的法案。1 月 26 日卡特政府向國會提交《臺灣關係法》草案；3 月 28 日和 29 日參眾兩院分別以壓倒性票數透過了包含有「保證臺灣安全」條款的《臺灣關係法》，並於 4 月 10 日經由卡特總統簽宇生效。至此《臺灣關係法》成為美臺關係發展的新基礎。《臺灣關係法》公然聲稱：「美國決定與中華人民共和國建立外交關係，是基於臺灣的前途將透過和平方式覺得這樣的期望」；「認為以非和平方式包括抵制或禁運來決定臺灣前途的任何努力，是對太平洋地區的和平與安全的威脅，並為美國嚴重關切之事」；「美國將向臺灣提供使其

第六章　跌宕曲折的美日臺關係（1970年代初期-1980年代中期）
第二節　中美建交——《臺灣關係法》與美臺「準聯盟」關係的形成

能保持足夠自衛能力所需數量的防禦物資和防禦服務」，等等。這些條款嚴重違反了《中美建交公報》和國際法原則，連美國人也承認，「甚至比共同防禦條約更為有力」。也就是說，實際上是美國宣布將終止美臺《共同防禦條約》之後，緊接著又用變相的方式恢復了那個「條約」。

從《臺灣關係法》的內容以及後來美臺關係演變的情況看，美國政府企圖在該法案的基礎上，繼續保持和發展與臺灣的「實質性關係」。所謂美臺「實質性關係」，首先以關心「臺灣的前途將透過和平方式解決」為理由，繼續為臺灣提供某種程度的安全保障，當時的主要方式是繼續向臺灣出售武器。其次是建立起與臺灣的特殊關係，即在「非官方」的框架內，保持雙方的各種聯繫。其實，當時的美國副國務卿亦承認，《臺灣關係法》實質上是要繼續把臺灣當作「國家」，把臺灣當局當作一個「國家」的「政府」，力圖使美臺關係帶有官方性質。是要「保證美國同臺灣的關係在實質上沒有發生變化的情況下繼續保持下去」。

美國將國內法性質的《臺灣關係法》凌駕於中美《上海公報》與《中美建交公報》之上，其實質是為美國繼續介入臺灣問題、干涉中國內政提供法律上的保障。這一做法當即就遭到中國政府強烈反對。3月16日中國外交部長黃華約見美國駐華大使伍德科克表明中國政府的態度，黃華指出：《臺灣關係法》「實質上是企圖在某種程度上保持美蔣『共同防禦條約』，繼續干涉中國內政，使美臺未來關係具有官方性質。對此，中國政府當然不能同意」。4月19日鄧小平在會見美國參議院外委會訪華團時指出：「中美兩國關係正常化的政治基礎就是只有一個中國，現在這個基礎受到了干擾；中國對美國國會透過的《臺灣關係法》是不滿意的，這個法案最本質的一個問題，就是實際上不

戰後美日臺關係關鍵 50 年 1945-1995（修訂版）

承認只有一個中國；卡特總統表示他在執行這個法案時要遵守中美建交協議，中國正在看美國以後所採取的行動」。4 月 28 日中國外交部照會美國政府，指出《臺灣關係法》的許多條款都違反了中美建交協議，給兩國關係造成了損害。中國政府絕不同意美國繼續向臺灣出售武器，中國反對「兩個中國」、「一中一臺」的立場是堅定不移的。

4 月 10 日卡特簽署《臺灣關係法》後發表聲明稱：「我今天簽署眾議院決議第二四七九號，即臺灣關係法，使之成為法律……授權美國在臺協會──按照哥倫比亞特區法律註冊的一個非政府團體──處理這些關係。同樣，臺灣人民將透過一個非政府組織──北美事務協調委員會──處理關係」。按照《臺灣關係法》的規定，「美國在臺協會」，「具有美國政府官方機構的一切屬性」。《臺灣關係法》在某種程度上是《中美共同防禦條約》的延續。

臺灣當局最初欲設立「準官方」性質的「北美事務協調辦事處」，但卡特政府不予許可。而且美國還對臺灣當局發出最後通牒式的做法，威脅說如果在 2 月 10 日前達不成協議，美國將考慮完全終止關係。最後臺灣當局被迫讓步，同意設立「北美事務協調委員會」。實際上，美國執行的仍是與臺灣保持「準官方」關係的策略安排。1980 年 10 月美臺簽訂《北美事務協調委員會及美國在臺協會特權及豁免權協定》，規定臺灣駐美人員享有免稅、免予起訴和搜查等外交特權，使臺灣駐美機構具有官方的地位。1979 年 2 月 15 日美臺互設代表處，蔣經國發表談話稱：「……由於現實的需要，不得不堅忍勇毅，來處理當前變局」。

美臺「斷交」促使雙邊關係發生了結構性的調整，表面上看，冷戰時期形成的美臺同盟關係降至較低級層次，實際上，「斷交」後美臺

第六章　跌宕曲折的美日臺關係（1970 年代初期 -1980 年代中期）
第二節　中美建交──《臺灣關係法》與美臺「準聯盟」關係的形成

關係不僅與之前並未有大的差異，反而在一些實質性問題上有了更密切的聯繫。對於「斷交」後的美臺關係性質，迄今有「半（準）官方」、「半（準）同盟」及「隱性同盟」等多種說法。筆者以為孫德剛的「準聯盟」定義比較合理、準確，所謂的「準聯盟」關係即「兩個或兩個以上的國際實體在非正式安全合作方面而非軍事聯盟之上形成的持久性或臨時性安全管理模式。孫德剛認為美臺互設代表處是美臺「斷交」後美國政府對美臺政治關係所作的第一步安排，它使美臺安全合作關係由公開逐漸走向祕密，由聯盟關係轉變為「準聯盟」關係。而且是一種心照不宣的「準聯盟」關係。但美臺「準聯盟」實際上是美國意志的反映，而不是臺灣當局意志的反映……具有很強的隱蔽性和模糊性。這一界定具有一定的客觀性，足可說明「斷交」後美臺關係務實發展的實況。另外，中國學者王衛星、信強等人把斷交後的美臺軍事關係定義為「準軍事同盟」。

　　本書認同上述對於美臺關係「準聯盟」的界定，同時強調，「準聯盟」關係模式並不意味著雙邊關係密切程度的低下。「準聯盟」現象是國際安全合作中的一種新模式，1970 年代末美臺「準聯盟」關係的建立對於美日臺關係的持續運行、對於東亞地區安全環境等有著重要的策略意義。美臺「準聯盟」關係之所以形成，主要是得益於美臺雙方策略利益的契合，也是美國東亞策略延續發展的表現形式。從實際歷程看，1979 年之後美臺政治、經濟關係以及軍事合作等並不亞於以前的程度，臺灣與日本仍然是美國在東亞地區最可靠的策略合作夥伴。而且，戰後美國與其盟國採取此類合作形式亦並非罕見，如美國與以色列亦屬於「準聯盟」的策略夥伴關係。這樣，美日臺關係中一度「受損」的美臺關係一邊得到「強力修補」，臺灣繼續成為支撐美日臺關係

的策略基點。

第三節　日本對臺政策（1970 年代中期 -1980 年代中期）

進入 1970 年代中期，日本對臺政策相對平緩，這一期間，日本歷經了福田赳夫內閣（1976 年 12 月 24 日 -1978 年 12 月 12 月 7 日）、大平正芳內閣（1978 年 12 月 7 日 -1980 年 7 月 17 日）、鈴木善幸內閣（1980 年 7 月 17 日 -1982 年 11 月 26 日）、中曾根康弘內閣（1982 年 11 月 27 日 -1987 年 11 月 5 日）等自民黨政權。

1976 年 12 月福田赳夫當選日本首相，他起用務實的園田直擔任外相，同時積極推行與所有國家友好相處的「全方位外交」。為緩和東南亞的反日氣氛，1977 年 8 月福田首相提出以「堅持和平、心心相印、平等合作」為原則的「福田主義」。福田赳夫內閣時期，在維持日臺既有關係的同時，促進中日關係的實質性進展。1978 年 3 月 16 日兩國簽訂中日長期民間貿易協定。此時，美國在中日關係接近的過程中予以推動的態勢，在 5 月福田首相訪美期間，卡特總統表示支持中日和約的早日簽訂；8 月 12 日《中日和平友好條約》在北京正式簽訂；同年 10 月 22 日至 29 日鄧小平副總理為參加《中日和平友好條約》批准書互換儀式訪問日本，這是中國領導人戰後第一次踏上日本的國土。日本天皇與鄧小平在皇宮進行歷史性會晤，「意味著中日關係新時代的開始」。在日期間，鄧小平就釣魚島等問題闡述了中國的原則立場，提出「擱置爭議、共同開發」的主張。

在中日關係穩步發展的過程中，福田內閣對臺灣駐日機構的多次

第六章　跌宕曲折的美日臺關係（1970年代初期-1980年代中期）
第三節　日本對臺政策（1970年代中期-1980年代中期）

外交試探予以拒絕，使日臺政治關係一度處於微妙的地步。不過，日臺經濟聯繫還是得以平穩發展。如福田內閣推動日本與臺灣之間的海底電纜建設。1977年7月日臺祕密商定，由日本國營的國際電報電話公司（KDD）出資設立「日本亞洲海纜公司」，與臺灣公營的「國際電信開發公司」合資建設一條由臺灣宜蘭頭城至琉球島間的「臺琉同軸海底電纜系統」。這條海底電纜的建成，對加強日臺雙邊關係的意義極為重大。

總體看來，福田赳夫內閣時期的日臺關係較為低穩，但這主要由於國際局勢所致，並非福田首相刻意對臺灣採取「冷淡」的政策。福田赳夫本是日本右翼親臺派的重量級人物，但他及他代表的勢力集團更重視日本的國家利益。在美國策略的督促下，福田赳夫內閣實行了積極的對中政策，其目的就是使中國與美日接近，共同抵制蘇聯的擴張。同時更為日本經濟發展所著想，欲借中國剛剛實行改革開放，搶先占領中國市場，實現其經濟利益最大化的策略目標。

福田內閣時期正值臺灣工業升級時期，日本與臺灣的政治經濟關係基本保持平穩狀態，這與當時的政治、經濟大背景是分不開的。這一期間，在抗衡蘇聯的大策略框架下，中美關係、中日政治、經濟關係發展穩定。由此，臺灣與外部的聯繫，特別是與日本的關係雖有緩慢之「改善」，但勢頭並不顯著。而此期間，日本經濟基本上處於穩定有升的狀況，國民生產總值連續保持成長勢頭。至1978年12月大平正芳內閣成立時，日本經濟連續三年經濟成長率維持在5%以上。從1978年末開始，日本經濟又出現設備投資高潮和以電子工業為先導的新技術革命。大平內閣的對臺政策基本維持1972年中日建交的政治原則，允許日本商界與臺灣商界進行經濟來往，但嚴格限制與臺灣方面

戰後美日臺關係關鍵 50 年 1945-1995（修訂版）

的「政府間交往」。

1972 年 2 月蔣中正再次當選「中華民國總統」，嚴家淦則連任「副總統」；同年 6 月 1 日蔣經國就任臺灣「行政院長」；1975 年 4 月 5 日蔣中正病逝臺北市郊陽明山別墅；4 月 6 日國民黨中常會根據「憲法」第 19 條作出決議，由「副總統」嚴家淦繼任「總統」；1978 年 3 月 21 日臺灣「國大一屆六次會議」選舉蔣經國為「總統」，謝東閔為「副總統」；5 月 20 日蔣經國正式就任「總統」一職，臺灣社會從此正式進入蔣經國主政時代。

蔣經國剛剛當上臺灣最高領導人，就碰上中美建交的「強烈風暴」。為安撫蔣經國剛剛執掌的臺灣當局，日本自民黨親臺右翼政治家金丸信和灘尾弘吉率領日本國會議員代表團於 1979 年 1 月 15 日赴臺訪問。期間，與蔣經國多次商談，就當前日臺關係及亞洲安全問題等交換意見。美國也於同月 16 日宣布設立「在臺協會」，負責處理美臺間文化、貿易及其他非官方事務。1979 年 7 月 9 日日本琉球與臺灣宜蘭之間的海底電纜開始啟用。1979 年 11 月 20 日臺灣與日本、韓國在臺北舉行「東北亞地區策略情勢研討會」，就東亞地區安全、經濟等進行研討，這是戰後首次在臺灣舉辦的臺日韓三方安全會議。

1980 年 6 月 12 日大平正芳因心肌梗塞逝世，他是日本戰後第一個在任期間逝世的日本首相。隨即成立的鈴木善幸內閣（1980 年 7 月-1982 年 10 月）宣稱「要在外交方面執行大平內閣的政策，保持和提高已故大平首相建立起來的國際信譽」。具體就是主張繼續鞏固日美關係為「基軸外交」，並同時增進與中國、東盟、中東各國的關係；內政方面提出要「整肅綱紀、重建財政、改革行政」。鈴木內閣期間，日臺關係雖然表面上維持低穩現狀，但隨著日臺經濟關係的進一步密

第六章　跌宕曲折的美日臺關係（1970年代初期-1980年代中期）
第三節　日本對臺政策（1970年代中期-1980年代中期）

切，政治關係也「悄然」地改善著。鈴木內閣時期的美日關係則得到較切實地「促進」，1981年5月鈴木首相與雷根總統會談，雙方在會後發表的「聯合公報」中，首次確認美日兩國關係是「同盟」關係。

　　大平內閣與鈴木內閣期間，將發展經濟作為首要目標，非常重視發展與東盟的政經關係，從1978年至1980年連續四次召開日本東盟外長會議或其他會議，討論日本與東盟地區的經貿合作、特惠關稅以及當前國際局勢等。在1980年和1981年，鈴木首相還兩次出訪東南亞各國，反覆強調日本在該地區的「政治作用」。鈴木內閣期間，日本向東盟各國提供了15億美元貸款。日本政府如此重視與東南亞尤其是東盟各國的關係，一方面是因為這些地區是日本的原材料市場、重要投資市場和商品推銷市場。就資源市場而言，1976年日本所需的98%的天然橡膠、96%的錫和錫合金、37%的銅礦石、32%的木材、24%的鎳礦石和14%的石油來自東盟各國。另一方面，從政治和「防衛」角度看，這一地區及其周圍海域是日本海上交通的重要通道。為確保美國撤走後空出的政治地盤，防止蘇聯勢力南下，日本必須控制東南亞地區及其海域，以確保海上運輸線的暢通無阻。日本由海外輸入策略資源必須經過臺灣海峽或臺灣東側的巴士海峽，因而，日本極為重視臺灣的重要地緣位置。1980年代以後日本對外經濟活動的重心放在對外直接投資上面，以東盟為中心的亞洲地區是日本直接投資的重點之一。1986年日本產銷量最大的100家國外製造業生產據點中，就有37家在亞洲。1985年以後日本取代美國成為世界最大債權國，在雄厚的經濟基礎上，日本提出建立其主導之「東亞經濟圈」的設想。即以日本為「領頭雁」，「亞洲四小龍」（韓國、臺灣、新加坡、香港）隨後，東盟五國緊隨的「一、四、五雁行發展模式」的經濟圈。在此

戰後美日臺關係關鍵 50 年 1945-1995（修訂版）

大背景之下，日臺政治、經濟關係趨於密切。

蔣經國時代的日臺關係「持續升溫」；1981 年 3 月 15 日臺灣省主席林洋港訪問日本。1982 年日臺關係則是明顯「上升」的一年。1 月 19 日在臺北召開第一屆日臺科學技術會議。在日本政府的支持下，日本企業開始向臺灣進行新的大規模投資。為調解嚴重的日臺貿易摩擦，並促進日臺關係的平穩發展，1982 年 7 月日本自民黨國際經濟對策特別調查會會長江崎真澄率領大型代表團訪問臺灣。在臺期間，與蔣經國等臺灣政要舉行會談，在同臺灣當局達成的協議中使用「日臺兩國」的語句。日本《產經新聞》還大肆宣揚「修復日臺關係」的論調。對此，1982 年 8 月 6 日的《人民日報》發表評論員文章指出，所謂「修復日臺關係」，就是「要改變日本和臺灣省之間只能有民間往來關係的現狀，就是要恢復中日邦交正常化以前日本與臺灣的官方關係」。同年 12 月 2 日，日臺共同在日本東京舉行的第十屆東亞經濟人會議。會議期間，臺灣代表團團長辜振甫曾詳細談到臺日「在經濟發展的過程中，產生非常密切而不尋常的關係」，臺日間的經濟貿易關係「具有在一般的雙邊經濟貿易關係中所罕見的特色」。他說：「一般地說，臺灣的經濟發展正好銜接日本經濟成長的後一階段，因而臺灣設法引進日本的生產技術及生產設備者固多，而日本也獲得了一個資本與商品輸出的良好市場」。

1982 年 11 月 26 日中曾根康弘內閣成立，日本進入戰後政治的重大轉折時期，其重要標誌是中曾根提出「戰後政治總決算」的口號和日本要成為「政治大國」的國家發展目標。中曾根不僅突破「防衛費」不得超過國民生產總值 1% 的限制，他還在美國公然提出「不沉的航空母艦論」；1984 年 6 月中曾根康弘更明確提出日美歐三極主導世界

第六章　跌宕曲折的美日臺關係（1970年代初期-1980年代中期）
第三節　日本對臺政策（1970年代中期-1980年代中期）

的政策主張。1985年8月15日中曾根康弘首次在戰後以內閣總理大臣身分參拜靖國神社，引發中日關係的強烈「震撼」。而與此同時，在日本親臺右翼勢力的鼓動下，日臺政治關係顯著升溫，日臺間「水面下」湧動的暗潮逐漸高揚。

1983年4月26日日本自民黨「日華（臺）關係議員懇談會」會長灘尾弘吉訪問臺灣，與蔣經國商談改善日臺關係。9月12日蔣經國與「行政院長」孫運璿先後接見日本輸入促進團團長安西浩，就盡快改變日臺間「鉅額貿易逆差」等問題交換意見。1986年9月4日日本前首相岸信介、眾議院議長灘尾弘吉等親臺政治家，在東京王子飯店舉行「蔣中正遺德顯彰會」，會場上日本國旗與「中華民國國旗」並列懸掛。9月20日在日本政界親臺勢力組織的一次集會上，有人公開要求恢復與臺灣的「外交關係」，甚至要求日本政府仿效美國，制定日本版的《臺灣關係法》，實現與臺灣的關係正常化。

在竹下登內閣、海部俊樹內閣、宮澤喜一內閣的五年多期間（1987年11月-1993年7月），日本經濟持續成長，截至1987年4月底，日本外匯儲備已超過西德，躍居世界首位。其排列順序是：日本、西德、美國、法國、義大利（尚未加入國際貨幣基金組織的臺灣，位於西德和日本之間）。日本大藏省同年5月1日公布的外匯儲備數字是680.2億美元，再創歷史最高紀錄。在經常項目收支盈餘（1986年為858.45億美元）和對外純資產（1986年底為1,803.5億美元）均已達到世界第一的形勢下，外匯儲備又居世界之首。1989年外匯儲備為644.37億美元（比上年度減少16.9%，即減少131.29億美元），加上黃金儲備共計770.53億美元。1991年5月底，日本大藏省發表統計數字表明。日本的外匯儲備達到681.6億美元。1989年日本一國

戰後美日臺關係關鍵 50 年 1945-1995（修訂版）

的國民生產總值已等於西歐三國（德、英、法）之和，相當於美國的 60%，但日本公司企業的國內投資總額已經超過美國（截止 1989 年 3 月 31 日的 12 個月內），日本為 5,214 億美元，美國為 4,948 億美元。1990 年世界十大銀行中日本占了七家，日本的金融實力居世界首位。在日本經濟高速發展期間，日本對臺投資增速明顯，但鮮有技術含量高的投資項目。

1984 年 3 月 12 日日野汽車株式會社與三井物產株式會社正式向臺灣當局「經濟部」提出「重車投資計劃書」，決定股本總投資額為 1,350 萬美元，占企業總投資額的 45%，並在當年內達到生產重車 2,050 輛的生產規模；1985 年 12 月 20 日日本豐田汽車株式會社正式向臺灣當局提出投資金額為 14 億新臺幣的投資計畫，其中投資國瑞汽車公司 4.4 元生產轎車及商用小卡車，並投資新創事業豐正股份有限公司 9.6 億元，生產汽車沖壓零件。正因為臺灣經濟靠掠取日本在經濟結構調整中相對淘汰的產業部門而發展，日本對臺灣輸出資本的同時，也大量向臺灣輸出這些部門的生產技術。從 1965 年到 1989 年日本對臺投資額達到 28.48 億美元，平均每年達 1.14 億美元。說明日本利用投資的方式把控制臺灣經濟從流通領域的進出口貿易發展到生產領域，使臺灣成為日本的「技術殖民地」。

1988 年 1 月 13 日蔣經國因病逝世；李登輝繼任第七任「中華民國總統」。李登輝時期日臺雙邊互動頻繁，關係日趨密切化。1988 年 7 月 18 日日臺經濟合作會議在臺北召開，臺灣方面建議日本方面協助臺灣電子零部件等工業產品輸日，以平衡日益嚴重的日臺貿易逆差；同年 12 月 13 日至 14 日日臺「東亞經濟人會議」在臺北舉行，會後發表共同聲明，表示雙方將努力進行經濟合作的結構調整；1989 年 2 月

第六章　跌宕曲折的美日臺關係（1970年代初期-1980年代中期）
第三節　日本對臺政策（1970年代中期-1980年代中期）

20「日臺核能安全設施合作備忘錄」在臺北簽訂（效期三年）。備忘錄規定日臺雙方將就核能設施安全訊息交流、核子事故通報及核子事故的援助進行合作。1989年6月27日李登輝接見赴臺參加第一屆「亞洲展望研討會」的日方代表。8月23日至24日臺灣首次舉辦「臺日光電材料研討會」，當時臺灣光電材料科技發展迅速，繼美、日、荷之後，成為世界第四個製造光學讀取頭的主要地區，年產量達60萬個，1987年光電科技出口產品價值達150億新臺幣，1988年更達190億元。日臺政治關係方面，1989年9月29日時任臺灣「國安會」祕書長蔣緯國赴日參加「東亞與太平洋安全會議」，在日期間，蔣緯國先後會見金丸信等親臺政治家。

戰後美日臺關係關鍵 50 年 1945-1995（修訂版）

第七章　冷戰格局解體與美日臺關係的演變（1980年代中期-1990年代中期）

在1980年代中期至1990年代中期，最大的事件莫過於雅爾達體系與兩級冷戰格局的激底崩潰，這為美日臺關係的延伸發展帶來諸多不確定因素。至20世紀末期中國經濟高速成長，臺海兩岸經濟貿易往來發展迅速，中國逐漸成為臺灣對外貿易的主要對象之一，臺灣對美日經濟的依賴逐漸降低。圍繞美國對臺軍售問題，中美展開長期反覆的較量與博弈；冷戰後期的日臺關係亦日趨升溫。隨著後冷戰時期美日同盟的重新定義及美國全球軍事策略調整、中國綜合國力的持續上升等，美日臺關係趨於「隱性」務實發展。

戰後美日臺關係關鍵 50 年 1945-1995（修訂版）

第一節　中美圍繞對臺軍售的較量與博奕

一、《八一七公報》——美國對臺軍售與美臺關係

　　自 1978 年中美正式建交以來，美國違背承諾、堅持對臺軍售成為中美關係矛盾交織中的最大焦點。1978 年 12 月 16 日中國總理華國鋒在人民大會堂有關中美建交的記者招待會上強調指出：「在兩國關係正常化以後，美方繼續向臺灣出售武器，這不符合兩國關係正常化的原則，不利於和平解決臺灣問題，對亞太地區的安全和穩定也將產生不利的影響」。1978 年卡特總統宣布「中美共同防禦條約」將在中（中華人民共和國）美建交一年後「自動失效」，在 1979 年一年內美國將凍結對臺軍售。但《臺灣關係法》則為美國繼續對臺軍售提供了法律依據。就在卡特宣布中美建交 2 個半小時後，總統安全事務助理布熱津斯基就發表電視談話稱：「我們並沒有放棄臺灣。」不久，卡特本人亦明確指出：「當共同防禦條約失效後，要向臺灣出售防禦性武器」。1980 年美國對臺軍售總價值達 2.67 億美元，大大超過 1978 年的 2.08 億美元。不過卡特政府也有所克制，如在臺灣提出的 18 項軍事用品清單中，卡特政府僅同意出售其中 6 項，臺灣當局最迫求購置的魚叉艦對艦導彈、標準型艦對空導彈及 F-4 幽靈戰鬥機等均遭美國拒絕。可見在卡特任期內並沒有大規模向臺灣出售武器，所以建交時遺留的「對臺軍售」問題並不突出。1979 年 4 月 25 日美國撤走最後一批駐臺美軍，從而完成了其在中美《建交公報》中做出的與臺「斷交、廢約和撤軍」的承諾。

　　另一方面，由於 1980 年是美國總統大選年，共和黨總統候選人雷根宣布如果他贏得此選舉，他將會恢復與臺灣的「官方關係」，並公

第七章　冷戰格局解體與美日臺關係的演變（1980年代中期-1990年代中期）

第一節　中美圍繞對臺軍售的較量與博奕

開宣稱他當選後要向臺灣出售高級武器裝備。雷根「一向被認為是臺灣的一位特殊朋友」。1980年11月4日雷根勝選，1981年1月正式就任後，他雖然沒有恢復與臺灣的正式「外交關係」，但卻決定提升對臺軍售的規格和規模。不過，雷根採取的是被稱為「雙軌」的對中政策：一方面表示要繼續發展中美兩國之間的正常關係，另一方面聲稱要「充分實施」《臺灣關係法》，其中著重強調向臺灣出售武器，實際上要在不少方面把美臺關係當做官方關係來處理。

對中國而言，美國對臺軍售不僅侵犯內政，更是「嚴重違反國際法的行為」。1981年6月中國外長黃華在與美國國務卿黑格會談時指出：美國對臺出售武器絕不是一般的商品貿易，也不是民間來往，美國這樣做違反公認的國際關係準則。黑格表示他意識到這個問題的敏感性，美國將非常謹慎和克制地對待這個問題。10月中國總理趙紫陽在出席墨西哥坎昆南北首腦會議時與雷根總統舉行會晤時提出：「美方必須在某個規定期限內停止對臺軍售」的嚴正要求，而美方則表示難以接受。隨後，根據中美坎昆首腦會談的約定，自1981年12月4日起，雙方開始就對臺軍售問題進行外交磋商。1982年1月美國宣布將不向臺灣出售FX戰鬥機，但繼續合作生產F5 E戰鬥機；4月13日美國又宣布向臺出售價值6000萬美元的軍事零配件，包括飛機部件等。在外交磋商陷入僵局的時刻，是年5月5日至9日美國副總統布希赴北京訪問。5日中國領導人鄧小平在與布希會見時指出：美國向臺灣賣武器問題，是中美關係中的一個陰影，而且今天來說是一個潛伏的危機。如果兩國關係中的這個疙瘩能夠解開，將對全球策略很有利。布希則對中方表示：美國不同意承諾一個向臺灣停止出售武器的日期，這並不意味著它今後要無限期地向臺灣繼續出售武器。雙方同

戰後美日臺關係關鍵 50 年 1945-1995（修訂版）

意兩國就此問題繼續保持外交接觸。

布希訪華兩個月後，美駐華大使恆安石向中方提交美方解決美國售臺武器問題的聯合公報草案。雙方經過反覆談判，終在 8 月 17 日簽訂旨在解決美國售臺武器問題的《中華人民共和國和美利堅合眾國聯合公報》（又稱《八一七公報》）。美國政府在公報中第六條中承諾：它不尋求執行一項長期向臺灣出售武器的政策，它向臺灣出售的武器在性能和數量上將不超過中美建交後近幾年供應的水準。它準備逐步減少它對臺灣的武器出售，經過一段時間導致最後的解決。在簽訂《八一七公報》前一個月，為安撫臺灣當局，雷根直接指示美國在臺協會代表李潔明向臺灣當局做出以下六點保證：

1. 美國不會設定終止對臺軍售的期限；
2. 美國不會修改《臺灣關係法》；
3. 美國在決定對臺軍售之前不會先跟中國諮商；
4. 美國不會在臺灣與中國之間充當調解人；
5. 美國不會改變對臺灣主權的立場；
6. 美國不會壓迫臺灣與中國進行談判。

講究現實利益的雷根政府在臺海政策上也始終採取所謂的「均衡策略」，《八一七公報》簽訂後，美方隨即發表雷根備忘錄稱：將繼續根據《臺灣關係法》進行對臺軍售，對《八一七公報》予以某種限定。此後美國政府均是按照以上六點保證及雷根備忘錄而非《八一七公報》，來處理有關對臺軍售問題。大致看來，自《八一七公報》簽訂到 1980 年代末，美國在臺灣問題上基本上能按三個聯合公報原則行事，未有大規模和高性能的對臺軍售。儘管美國在《八一七公報》簽訂前突擊擴大對臺軍售（1982 年 11 月美國表示將對臺出總額為 9,700 萬

第七章　冷戰格局解體與美日臺關係的演變（1980 年代中期-1990 年代中期）
第一節　中美圍繞對臺軍售的較量與博奕

美元的裝甲車輛等；1983 年 2 月美國宣布向臺灣出售 66 架 F-104 戰鬥機等），總額從 1982 年的 6 億美元猛增至 1983 年的 8.2 億美元。但從公報簽訂後直到 1991 年，美國還是按照公報中的承諾，逐年遞減軍售額，西元 1983-1991 年對臺軍售從每年約 8 億美元遞減至 4.7 億美元。但同時美國又以提供技術合作的方式來提高臺灣軍隊的裝備性能。至 1993 年美國對臺軍售額激增到 66.2 億美元，出現強烈反彈，以至發展到後來售臺武器平均每年超過 20 億美元，且都是比較尖端的先進武器。期間，有時為了繞過《八一七公報》的限制，還經常以租賃等其他形式向臺灣提供武器和技術合作。

與這一時期美臺軍事、政治關係跌宕起伏形成鮮明對照的是，美臺經濟關係則持續穩定發展。至 1987 年美國在臺灣的投資達到 16.83 億美元，是斷交前 27 年投資總額的 1.87 倍。美國在臺投資總額也居外國在臺投資的首位。另外雙方貿易總額也成倍成長，臺灣因此成為美國在世界上的第五大貿易夥伴。美臺經濟關係逐步取代了政治和安全關係，成為美臺關係的主要基礎。

至 1980 年代初期中蘇關係開始和緩，1982 年 10 月中蘇雙方代表在北京舉行磋商，商榷改善兩國關係的問題，中美蘇「大三角」的最新動向引起國際社會的重視。雷根政府亦對中國外交策略的調整極為關注，1983 年 2 月 2 日美國國務卿舒茲專程訪問中國，其主要使命就是試圖摸清中國調整對蘇政策的底牌，盡可能阻止中蘇接近。舒茲對中方表示：美國希望同中國建立「牢固而持久的」關係。中國總理明確告訴舒茲：「發展兩國關係的主要障礙是臺灣問題。要使中美關係得到發展，雙方必須認真執行 1982 年 8 月 17 日發表的中美聯合公報。」舒茲則回應稱：中美兩國「今後關係的基礎是美中兩國之間的直接接

戰後美日臺關係關鍵 50 年 1945-1995（修訂版）

觸和我們不僅僅在蘇聯可能做什麼或不做什麼問題上的利益，而是許多兩國及國際上都關心的問題上的利益」。就此，美國打消了把中國作為新盟國的念頭，而把中國當作是「友好的非盟國」。此後，中美雙方領導人開始互訪。1984 年 1 月趙紫陽總理訪問美國；4 月 26 日至 5 月 1 日雷根總統訪問中國，期間與中國領導人就臺灣問題進行商榷，他也是中美建交後第一位正式訪問中國的美國總統。1985 年 7 月 11 日至於 31 日中國國家主席李先念訪問美國。但中美關係發展的一個主要障礙——臺灣問題始終未得解決，《臺灣關係法》始終是影響中美兩國關係的陰影。

在雷根總統期間的 1986 年，日本加入美國主導的「星球大戰」計畫的研究，被認為是美日關係發展的重要一步。但也就在雷根時期，美日經濟關係空前緊張，貿易摩擦反覆跌宕、日趨激化，美國對日貿易赤字日趨增大，1982 年為 72 億美元；1983 年 190 億美元；1985 年 497 億美元。美國曾經多次施加壓力，要求日本開放市場、限制對美出口，提高日元比價等等，以減少對美國的出超。日本採取的策略是：對美國的要求既不斷然拒絕，也不一概接受，必要時稍作讓步。日本堅持認為，美國貿易赤字的根本原因在於美國推行高匯率和高利率政策，影響了美國的出口競爭力，同時表明日本絕不放棄「貿易立國」的基本國策。美國開始改變以往對日本的「盟國意識」，及至雷根任期即將結束的 1988 年，美國已明確把日本看作是「潛在的威脅」。

就在 1988 年，臺灣政壇發生重大變化。蔣經國因病逝世，本島出身的李登輝成為臺灣新一代領導人。同一時期，世界局勢風起雲湧，美國借東歐劇變、蘇聯解體等動盪時機，欲再次以臺灣問題來實施其對中「壓制」政策，從而達到「和平演變」中國的策略目的。從 1989

第七章　冷戰格局解體與美日臺關係的演變（1980年代中期-1990年代中期）

第一節　中美圍繞對臺軍售的較量與博奕

年6月「天安門事件」至1996年3月「臺海危機」爆發，美國政府（布希政府、柯林頓政府）積極推行「以臺制華」策略，乃從政治、經濟、軍事等方面不斷突破和提升美臺「實質關係」。此時，在美國的策略「關懷」下，李登輝主導下之臺灣政局也發生重大變化，島內的政治體制轉為美國所樂見的「民主政體」。李登輝則漸顯其「臺獨」意圖，更加尋求美國、日本對其「臺獨」的支持，逐漸形成美日臺「隱性安全同盟」。冷戰時期美國外交的基石乃是竭力推行與保持全球霸權主義。這歸根到底是由經濟動因引起的。

自1979年中美建交以來，美國一方面聲稱堅持「一個中國」的原則，另一方面又以《臺灣關係法》為依據，以保持臺灣海峽局勢穩定為藉口，向臺灣提供變相的安全保護，實際上就是企圖長久維持臺海兩岸的「和而不統」的局面，即兩岸關係相對緩和、但又繼續維持著分裂的局面。美國認為，這種局面既最符合它的近期利益，又符合它的長遠利益：首先，堅持「一個中國」的政策，能使美國同中國繼續保持符合其國家利益的策略合作；其次，繼續與臺灣保持各種利益合作，並在策略上利用臺灣牽制中國。

二、布希（1989-1993年）、柯林頓（1993-1996年）時期的對臺政策

進入1990年代，隨著兩級冷戰格局的崩潰，在失去蘇聯這個最大的遏制目標以後，美國遂將其遏制的主要矛頭再次轉向東亞地區的中國；美國對臺政策也隨之發生顯著變化，這一時期有（史稱老布希）布希政府（1989年1月-1993年1月）與柯林頓政府第一任期（1993年1月-1996年11月）。不過，在1989年6月「天安門事件」之前，

戰後美日臺關係關鍵 50 年 1945-1995（修訂版）

美國尚無確定對中強硬的政策。如 1989 年 1 月布希總統就任不久，就於 2 月 25 日至 26 日對中國進行工作訪問，雙方確定在中美三個聯合公報的基礎上進一步發展兩國的政治經濟關係。但 1989 年「天安門事件」至 1996 年的八年時間內，中美關係嚴重倒退。1989 年 6 月 5 日布希總統宣布對中國實施三項制裁措施：

(1)　暫停中美間一切軍售和商業性武器出口；
(2)　暫停中美兩國間軍事領導人的互訪；
(3)　同意重新研究中國留美學生要求延長逗留時間的請求。

6 月 20 日布希政府再次宣布新的制裁措施，包括：

(1)　暫停同中國一切高層（助理國務卿以上）互訪；
(2)　中止海外私人投資公司對在中國經營實業的公司的幫助；
(3)　反對世界銀行和亞洲發展銀行新的 10 億美元對中貸款事宜。

不過，由於當時蘇聯及東歐社會主義國家仍存，布希政府擔憂採取過激制裁行為可能將中國推向蘇聯。出於長遠的和全球的策略考慮，他對於國會提出的一系列提升對中制裁的措施，採取了選擇的做法。一方面採取了「暫停」（suspend）雙邊關係，另一方面小心謹慎不「打破」（disman-tle）雙邊關係的框架。為此，「天安門事件」後布希頂住國會反中勢力的壓力，拒絕召回美國駐中大使李潔明。同時布希總統繼續推動同中國保持「建設性接觸」。如他接受前總統尼克森等人的建議，派國家安全事務助理斯考克羅夫特將軍以總統特使身分於 7 月、12 月兩次祕訪北京，與鄧小平等中國領導人進行會晤。10 月 28 日-11 月 2 日前總統尼克森、11 月 7 日-10 日前國務卿季辛吉先後來北京進行「外交斡旋」。由於美國的這一態勢，避免了兩國關係

第七章　冷戰格局解體與美日臺關係的演變（1980年代中期-1990年代中期）

第一節　中美圍繞對臺軍售的較量與博奕

澈底破裂。

布希政府在「制裁」中國之同時，亦有迎合親臺勢力要求而大幅調整對臺政策之舉。1989年7月美國參議院透過《關於臺灣問題前途的政策》（第285號修正案）稱：「臺灣的前途應該以一種和平的、不帶任何強制的，並且是臺灣人民能夠接受的方式來決定，美國和中華人民共和國的良好關係取決於中國當局不使用武力解決臺灣前途或不以武力進行威脅的意願。」該法案把和平解決臺灣問題與中美關係掛鉤，顯然是對中國內政的公然干涉。此後，美臺雙邊關係明顯開始回升。美臺雙邊的高層互訪明顯增加。1992年11月美國貿易代表卡拉·希爾斯訪問臺灣，從而突破中美建交後13年來美國部長級以上官員不得訪問臺灣的限制。與此同時，1991年始起美國開始支持臺灣加入關貿總協定（世貿組織前身）、亞太經濟合作組織等國際性經濟合作組織，對臺灣當局擴大所謂「國際生存空間」的外交活動予以支持。

更為嚴重的是在1992年美國總統大選期間，布希總統主要出於其競選的需求，以中國從俄羅斯購買SU-27殲擊機，打破了海峽兩岸軍力平衡為藉口，在9月2日宣布向臺灣出售價值60億美元的150架F-16 A/B型戰機。美國這一對臺軍售的幅度大大突破《八一七公報》的限制。可見，美國外交政策的唯一考慮是美國的國家利益。當它與臺灣利益平行時，美國會支持臺灣的立場；但兩者間如有分歧，美國必須遵循自身的利益。

1991年12月25日蘇聯總統戈巴契夫宣布辭職，標誌著迄今已有69年歷史的蘇聯宣告終結。蘇聯解體後，中美接近的主要地緣政治基礎不復存在。布希政府末期美國對臺政策發生明顯逆轉，1993年1月柯林頓上臺後加速這一過程。2月28日柯林頓在美利堅大學發表演講

戰後美日臺關係關鍵 50 年 1945-1995（修訂版）

時，公開稱臺灣是「一個國家」。7月16日美國參院外交委員會（由參議員穆爾科斯基發起）透過了一項對《臺灣關係法》的「修正案」，主要內容就是取消對美售臺武器的限制。在 1994 年初國會開始審議國務院授權法修正案時，國務卿克里斯多福反對國會透過該項修正案，但他迫於國會壓力又同時聲稱：《八一七公報》並不損害美國對保持臺灣安全的承諾，「包括本政府的每一屆政府，皆確認《臺灣關係法》在法律上優先於 1982 年公報，前者是美國的法律，後者為政策聲明」。這項修正案規定：基於臺灣防務的需要，再度確認《臺灣關係法》。美國雖多次聲稱承認中美三個聯合公報，但這一法案的透過，無疑使《臺灣關係法》在安全、防務及軍售等方面的規定高於中美三個聯合公報，這對美國不受限制地維護臺灣所謂的「安全」，向其出售軍火，並對中國政府對臺灣的統一政策和活動構成「威懾」提供了美國國內法的依據。這是美國提升美臺關係的一個重要信號。7月柯林頓政府還以「銀河號」事件、所謂中國向巴基斯坦轉讓導彈技術事件等為由，對中國實行經濟制裁，同時擴大對臺軍售、大幅提升美臺關係。

1994年4月30日柯林頓簽署《1994年度和1995年度對外關係授權法》，其中包括允許美國部長級官員訪臺、美國在國際組織中繼續支持臺灣等內容。5月27日美國參議院透過一項決議案，敦促柯林頓總統努力使臺灣完全參與聯合國及其機構，並建議美臺進行「部長級」的交流。1994年6月7日臺灣「行政院長」連戰對紐約進行了為期兩天的「私人訪問」，美臺關係不斷升溫。9月7日美國政府宣布允許美臺「部長級官員」互訪；9月柯林頓政府正式宣布「調整對臺政策的框架」。美國政策調整的實質和方向，即透過加強美臺政治關係，提升美臺關係的交往級別，支持臺灣加入某些國際組織等等，使美國介入臺

第七章　冷戰格局解體與美日臺關係的演變（1980年代中期-1990年代中期）
第一節　中美圍繞對臺軍售的較量與博弈

灣問題的手段和目標公開化。對此，美國助理國務卿洛德宣稱：美國對臺關係的調整將有助於確保美在臺的經濟、商業和文化利益。洛德還掩飾說，美國同臺灣當局進行較高級別的接觸，是為了解決實際問題和做生意，而不應認為是官方關係，美國對中國的政策依然未變。

1995年4月7日美國眾議院制定《眾議院共同決議案》，支持臺灣加入聯合國；5月美國國會以絕對多數透過一項決議案，決定邀請李登輝進行所謂「非官方的、私人的訪問」，並參加康奈爾大學的畢業典禮。5月22日柯林頓總統簽署這一法案。5月23日中國副總理兼外長錢其琛緊急召見美國駐華大使，就美方宣布允許李登輝訪美一事提出強烈抗議。鑒於如此嚴重事態，中國政府以述職名義召回駐美大使李道豫。而在這之前，美國駐中大使芮敏儉已任滿離開中國，新大使尚未赴任，這樣中美之間出現建交16年以來從未有過的現象：「中美兩國首都在4個月內沒有對方的大使。李登輝訪美對中美關係的損害之大由此可見」。一時間，因李登輝訪美而導致中美關係出現重大危機。

臺灣問題是中美關係中的核心問題，也是最敏感的問題。1995年6月後中美關係跌落到兩國建交以來的最低點，即是因柯林頓政府「刻意」准許李登輝到康乃爾大學「訪問」引發的，究其根本原因則是冷戰結束後，美國對中政策一度背離了6屆總統所共同遵守的基本方針而失去重心、劇烈搖擺所造成的後果。柯林頓此舉也是美國試探中國政府在臺灣問題上的決心和立場，為其重新修訂冷戰後東亞策略之「窺探之舉」。在美國的支持下，美臺關係日趨提升，「臺獨」勢力有恃無恐，愈加猖獗。

為打擊極度膨脹的李登輝「臺獨」勢力，1996年3月中國解放軍

戰後美日臺關係關鍵 50 年 1945-1995（修訂版）

在臺灣海峽地區進行導彈試射和軍事演習，20 世紀末期的「臺海危機」就此爆發，中美關係面臨全面倒退的境地。事實證明，柯林頓政府對李登輝「臺獨」勢力的支持，是發生 1996 年臺灣海峽危機的主要原因。這場世紀末期的臺海危機，一方面嚴重地破壞臺海地區的穩定，另一方面為美國重新定義美日同盟找到「現實依據」。但是，保持臺海地區平衡是美國既定的策略目標，柯林頓政府於 1996 年上半年開始進行一系列調整，主要是將前段時期美國對李登輝「臺獨」勢力的支持力度予以適度「降溫」。是年 7 月美國國家安全事務助理訪問北京；11 月再次當選的柯林頓宣布：他將在第二個任期中加強與中國的接觸。

柯林頓第二任期（1997-2001 年）的對臺政策雖不在本書闡述範疇，但為了解柯林頓對臺政策的全貌，本節對 20 世紀末期的中美博奕略作闡述。1997 年 10 月 26 日至 11 月 3 日中國國家主席江澤民對美國進行了正式國事訪問。美方在兩國元首會談後發表的《中美聯合聲明》中指出：「美方重申，美國堅持一個中國的政策，遵守中美三個聯合公報的原則」。在與江澤民的會談中，柯林頓多次表示美國「不支持臺灣獨立，不支持臺灣加入聯合國，不支持製造『兩個中國』、『一中一臺』的主張」。1998 年 6 月 25 日至 7 月 3 日柯林頓總統對中國進行回訪。期間，柯林頓再次表示美國堅持一個中國的原則和恪守三個公報的原則，並明白、公開重申了美國已在內部多次向中國表示的「不支持臺灣獨立，不支持『一中一臺』、『兩個中國』，不支持臺灣加入任何必須由主權國家才能參加的國際組織」的「三不政策」。針對美國對臺軍售事宜，柯林頓在 6 月 29 日北京大學的演講時稱：「如果出售武器給臺灣，一定只是用於防衛的目的」。

筆者以為，柯林頓是在透過 1996 年公開干涉臺海危機、對美日同

第七章　冷戰格局解體與美日臺關係的演變（1980 年代中期 -1990 年代中期）
第二節　冷戰後期美日臺關係的演變

盟重新定義等，重新在東亞地區（具體看就是臺海地區）確立其策略威懾機制後，再赴北京進行中美關係的調整，以求其同時制衡臺海兩岸的「平衡策略」的實現。而且，自進入後冷戰時期，圍繞美國對臺軍售的中美博奕始終未見停息。

第二節　冷戰後期美日臺關係的演變

一、日本政府的對臺政策（1980 年代中期至 1990 年代中期）

進入 1980 年代中期至 1990 年代中期，日本雖已開始出現泡沫經濟的跡象，但仍是世界最具競爭力的經濟大國。在其對外政策開始發展轉變的過程中，其對臺政策亦漸次發生改觀。這一時期先後有竹下登內閣（1987 年 11 月 6 日 -1989 年 6 月 3 日）、宇野宗佑（1989 年 6 月 3 日 -8 月 10 日；69 天任期）、海部俊樹內閣（1989 年 8 月 10 日 -1991 年 11 月 5 日）、宮澤喜一內閣（1991 年 11 月 5 日 -1993 年 8 月 9 日）等自民黨的內閣，以及聯合執政的細川護熙新黨內閣（1993 年 8 月 9 日 -1994 年 4 月 28 日）、羽田孜新生黨內閣（1994 年 4 月 28 日 -6 月 30 日，32 天），以及村山富市聯合（社會黨、自民黨、先驅新黨三黨）內閣（1994 年 6 月 30 日 -1996 年 1 月 11 日）等。

1989 年 6 月中國發生「天安門事件」後，日本一度追隨美國加入對中「制裁」行列，不僅撤回在華工作的大批工程技術人員，停止兩國間的一些合作項目，而且中止了兩國部長級以上的高層往來，凍結尚未實施的第三批對中日元貸款（ODA）等，中日關係急遽下降。

戰後美日臺關係關鍵 50 年 1945-1995（修訂版）

　　但是，由於西方國家經濟不景氣，當時的日美矛盾比較突出，日本比較早地注意與中國改善關係。1990 年 1 月中國國家計委會主任鄒家華訪問日本，這是「天安門事件」以來中國政府高官首次訪日；7 月 9 日海部俊樹首相在西方七國首腦會議上宣布，日本決定恢復第三批對中日元貸款；1991 年 8 月海部首相訪問中國，標誌著日本完全解除對中經濟制裁。日本此舉有其實現開拓和占領中國市場的潛在動機，同時也是由於得到了美國布希政府的許可。

　　就在中日關係處於低谷之時，李登輝時期的日臺關係則逐漸提升。1989 年 6 月 26 日李登輝在首屆日臺「亞洲展望研討會」上致辭，呼籲日臺合作，「攜手建設未來的亞洲」。1990 年 7 月臺灣「立法院副院長」劉松藩訪日，這是日臺「斷交」後臺灣高官首次公開訪日。1991 年臺灣「經濟部長」蕭萬長和「外交部次長」章孝嚴先後訪日。1991 年 5 月日本通產省經濟合作局副局級官員以民間人身分隨日本民間經濟代表團訪問臺灣。5 月 14 日在日臺共同舉辦「國際政策研究信睦會」的成立大會上，李登輝發表書面致辭稱：臺日關係是「合則兩利，分則兩害」。他在接見日方代表時希望「信睦會」能為臺日關係繼續努力。7 月李登輝任命前「內政部長」許水德出任臺灣駐日「代表」。9 月 17 日李登輝接見日本《產經新聞》記者。9 月 19 日李登輝接見出席臺日第三屆「亞洲展望研討會」日方代表。11 月在漢城召開的亞太經合組織部長級會議上，日本通產相渡部桓三同臺灣「經濟部長」蕭萬長舉行「斷交」19 年以來第一次日臺「部長級」會談。在日本政府的許可下，1992 年 5 月「亞東關係協會」駐東京辦事處改名為「臺北駐日經濟文化代表處」。這不僅在名義上突出其「準官方性質」，又借此提升臺灣的國際地位。日本駐臺灣的「交流協會臺北事務所」

第七章　冷戰格局解體與美日臺關係的演變（1980年代中期-1990年代中期）

第二節　冷戰後期美日臺關係的演變

也同時大大擴充規模。1993年1月日本右翼作家司馬遼太郎在臺灣與李登輝多次晤談；1月11日李登輝在接見日本參議員齋藤十郎一行時表示，臺日建立「穩定的實質關係」，對雙方乃至亞洲地區都有正面意義與影響。1993年2月臺灣當局「外交部長」錢復以觀光名義訪問日本，他先後與竹下登、金丸信、三塚博、藤尾正行、小淵惠三等日本政要會見。同月以辜振甫、江丙坤為正副團長的臺灣貿易代表團赴日訪問，受到日方高規格接待。5月20日日本通商產業省通商政策局長岡松壯三郎訪問臺灣，這是日臺「斷交」後日本政府局級官員首次訪臺。1994年3月9日日本新生黨「日臺關係議員懇談會」代表團赴臺訪問，10日會長小澤辰男向李登輝當面表達新生黨歡迎其訪日的立場。7月9日至10日李登輝連續兩次會見訪臺的日本《產經新聞》社長羽佐間重彰，李登輝表示自己是「會說日本話、偏愛日本的總統」。9月17日臺灣「行政院新聞局長」胡志強赴美、日，為臺灣當局參與聯合國活動造勢。11月8日李登輝接受日本《讀賣新聞》專訪。日本原擬邀李登輝出席1994年9月在廣島舉辦的第12屆亞洲運動會開幕式，未遂後轉而邀請臺灣「行政院副院長」徐立德。徐立德雖以臺灣「亞運會申辦團團長」頭銜進入日本，但其具有的政府背景是無法改變的，日本政府（村山內閣）允許徐立德入境不僅大大超出中日關於日臺關係僅限於「民間往來」範圍的約定，更在「實際上提高了日臺關係的規格」。

1995年6月15日日本自民黨177位親臺派議員組成的「日華議員懇談會」舉行緊急會議，決定要求日本政府邀請李登輝參加當年11月在大阪舉行亞太經合組織會議，並順道參加京都大學校友會（1943-1945年李登輝曾留學京都大學經濟學部）。6月17日日本政府派遣

戰後美日臺關係關鍵 50 年 1945-1995（修訂版）

負責國際貿易經濟事務的外務省外務審議官內田勝久作為特命全權大使，在通產省官員陪同下訪問臺灣。這是自 1972 年中日建交以來，日本政府派出訪臺的最高級別官員。9 月 16 日臺灣「內政部長」黃昆輝訪問日本。在 1995 年 11 月亞太經合會議（大阪）期間，日本副首相兼通商產業大臣橋本龍太郎專門與臺灣當局「經濟部長」江丙坤見面，刻意提高日臺「官方」交流的級別。

　　日本對臺灣的關注，不僅有地緣政治的考慮，也有地緣經濟的關聯，對臺政策已成為冷戰時期日本外交及安全策略的重要部分，日臺關係也是在這一前提下得以運行的。事實表明，日本政府始終堅持「臺灣歸屬未定論」，拒絕承認臺灣是中華人民共和國主權領土的一部分。如 1988 年日本前駐華大使中江要介在卸任後所做的報告中稱：「中國說臺灣是中華人民共和國的一部分，日本政府表示充分理解，尊重中方這一立場，然而，理解、尊重與完全承認並不完全一樣，日本稱要堅持波茨坦公告第 8 條的立場，但該條中只寫有應履行開羅宣言的條款，而由於波茨坦公告時還沒有中華人民共和國，所以寫的是應歸還中華民國。」中江要介的報告可謂代表了日本政府對臺政策的「一貫立場」。1996 年 4 月 10 日日本外務省亞洲局局長加藤良三在國會聲稱：對於中國關於「臺灣是中國一部分」主張，日本只是表示「理解與尊重」，而並不是承認。日本國內不少人還認為這種「理解與尊重」並不具有法律效力，提出《中日聯合聲明》過時的論調，認為聲明過於拘泥舊的主權觀念，不能適應新形勢等等。在正式場合，當日本不希望中日關係過於緊張時，日本就強調它是「充分理解和尊重」中方的這一立場，而日本政界親臺勢力又始終堅持其從未「承認和接受」中方的這一立場。其背景是「日本希望在臺灣問題上扮演一個更直接

第七章　冷戰格局解體與美日臺關係的演變（1980年代中期-1990年代中期）

第二節　冷戰後期美日臺關係的演變

的角色」。

　　21世紀初解密的一份日本外務省的文件，對冷戰時期日本政府制定對臺政策的內幕有所披露。據1957年4月（鳩山內閣時期）日本外務省制定的《日本與『國民政府』及中共的關係》文件透露：「中共擁有巨大的資源和眾多的人口，它作為一個國家在不斷發展，這一事實是不能忽視的。到將來某一時期，中共自然而然就會作為實際上統治中國大陸的政府被承認，這也是不可避免的。但是若真到了哪個時期，日本還需與美國等其他自由國家充分交換意見，根據聯合國有關這方面的決議作出決定。那個時候，最棘手的是對臺灣問題的處置。隨著中共實力的增強，『國民政府』內部的情況及其國際地位將變得更加艱難，然而，在目前的國際形勢下，臺灣若加入共產圈，那麼，無論從防衛的角度，還是從世界的角度，自由各國都會全力制止的。因此，解決這一問題的方法只有一個，那就是臺灣以某種形式從中國分離出來，成為與中國不相干的兩個國家。使臺灣與中國成為兩個國家，無論是『國民政府』還是中共都會反對的。這一點是人所共知的。當臺灣從本土分離出來成為獨立國家後，就會產生一個微妙的問題，即究竟是以本土來的現統治者為主體呢，還是以當地的臺灣人為主體呢？關於這一點，自由國家內部及早做出預測並制定可行的方針。不然的話，中共統一臺灣的工作很可能會出人意料地迅速展開，由中共實現統一，使臺灣與大陸成為一個中國」。這展現出鳩山內閣對中政策的真實意圖。

　　日本政局也發生著變化，1993年8月6日在日本第127屆特別國會上，在野的七黨一派（社會黨、新生黨、公明黨等）共同推薦的細川護熙以262票對224票戰勝自民黨推薦的首相候選人河野洋平，當

戰後美日臺關係關鍵 50 年 1945-1995（修訂版）

選為日本第 79 任首相，並組成各黨聯合政府。標誌著自民黨和社民黨兩大政黨主導的「1955 年體制」的結束。日本政壇的如此變化，也意味著日本對臺政策將發生某些「調整」。

1993 年 8 月 26 日細川首相接受中國記者書面採訪時說：「對我國來說，日中關係是與日美關係同等重要的雙邊關係。維持和發展良好而穩定的日中關係，不僅對日中兩國，而且對亞太地區以及世界的和平與穩定都是非常重要的因素」。在臺灣問題上，細川重申將嚴格遵守日中聯合聲明的原則，不同臺灣發展任何官方關係。1994 年 7 月村山富市（自民黨與社會黨、先驅新黨）聯合內閣成立。1995 年 11 月大阪舉行亞太經合組織（APEC）會議，圍繞臺灣當局與日本右翼勢力推動李登輝與會的事宜，成為中日關係的焦點。但最終日本政府（村山富市內閣）沒有同意李登輝入境日本。

由此，我們對 1980 年代中期至 1990 年代中期日本歷屆政府對臺政策的演變過程就可有一個清晰的把握，那就是自戰後吉田茂確定「一中一臺」的臺海策略以來，日本政府對臺政策的核心部分始終沒有變化，即使在 1972 年中日邦交正常化之時，日本政府也未完全改變其對臺政策的核心部分。追隨美國東亞策略，從外力方面維繫「兩岸對峙」，長期維持臺海兩岸的「不獨不統」的非正常狀態，同時自臺海兩岸攫取最大的政治利益和經濟利益，也必將是未來日本政府對臺政策的基本走勢。雖然 1990 年代泡沫經濟的崩潰，對日本打擊甚大，致使其對外擴張的實力大為減弱，但不可忽視的是，至 20 世紀末期，日本依然是世界第二經濟大國，其對臺灣經濟的影響仍存。

第七章　冷戰格局解體與美日臺關係的演變（1980年代中期-1990年代中期）
第二節　冷戰後期美日臺關係的演變

二、冷戰後期美日臺關係的博弈與折衝

至冷戰後期，圍繞臺灣的折衝始終是中美、中日關係中最具敏感的問題，隨著時間的推移，時至今日的臺灣問題已變得十分複雜。不僅涉及到中國國家主權、民族尊嚴、策略利益和意識形態等政治安全因素，同時還關係到美國在臺商業利益、歷史淵源和國內政治等多方面因素。

冷戰後期，美日出於各自的策略需求，更重要的隨著中國國力的漸次增強，美日採取了以軍事力量「共同關注」臺海地區的策略對策。長期以來，日本自海外進口的策略資源大多經由臺灣海峽或臺灣東部的巴士海峽，臺灣海峽對於日本的地緣重要性日趨提高，臺灣海峽是日本連接東南亞、南下太平洋和印度洋、西達非洲和歐洲的必經之路。至1990年代日本國內所需的99.9%的石油、99.4%的鐵礦石、91.3%的煤、90.6%的小麥，以及大約7億噸的物資和產品都要經過臺灣海峽和巴士海峽運進或輸出。從地緣政治上看，臺灣對日本的重要性超過了美國。日本與臺灣的經濟聯繫有增無減，整個冷戰時期，日本是臺灣僅次於美國的重要貿易夥伴國（1990年代末期中國已成為臺灣最重要的貿易對象）。日本的一些政治家和策略家從地緣策略的角度考慮，認為臺灣問題關係到日本根本的地緣安全利益，涉及了日本的核心國家利益。臺灣扼日本生命線之要沖，位於日本的「1,000海里海上運輸線」範圍之內，是其南下東南亞，進入波斯灣，前往歐洲的必經之道。

至20世紀末期，隨著經濟發展和國際局勢的變化，日本在保持與美國協調的同時，也更多地考慮本國的利益。有日本學者指出，日本外交中常說的「日美基軸」並不是日本的國家利益，而是實現國家利

戰後美日臺關係關鍵 50 年 1945-1995（修訂版）

益這一目的的手段。更有甚者，1997 年 6 月 28 日在東京舉行的《構築新日臺交流》研討會上，日本德山大學校長淺野一郎建議制定「日臺關係法」，他要求日本政府「給日臺務實關係以法律基礎，為使其行之有效，有必要採取法律措施」。「日臺關係應以議員立法的形式進行，其基本部分為對臺政策，實效部分為保護人員財產的特例等，採取與有外交關係時同等的措施」。

在 1996 年 4 月的《美日安全保障聯合宣言》和 1997 年 9 月修訂的《美日防衛合作指針》的地理適用範圍上，日本始終未明確將臺灣排除在外，也是出於對其國家利益的考慮。因為這是保證日美安全合作的需要，也是配合美國對中實施「牽制」策略的需要。「就亞太經濟區域的地緣關係來看，在東亞，日本雖然在表面上並不反對『一個中國』，但並不樂見中國統一，臺灣海峽變成中國的內海，而威脅到日本通往南海之路。」的確，由於中日兩國固有的矛盾和歷史問題的糾纏，缺乏充分的相互信任，日本認為，一旦臺灣海峽發生軍事衝突，無論是否被捲入，日本在臺灣海峽的自由通航必然要受到影響。而令日本政府更為擔憂的是，如果中國用武力解決臺灣問題後，可能會借臺海航道對日本進行「外交勒索」，因此日本前駐泰國大使岡崎久彥提出「臺海安全攸關日本生死存亡」的觀點，也有人提出「萬一臺灣為中國所占，中國就會把攻勢轉向釣魚臺，下一個目標恐怕就是沖繩了」等的觀點。

對於日本方面的種種言論，臺灣方面予以積極的配合，臺灣學者何思慎稱：「對日本來說，臺灣具有高度策略價值，若臺灣被中共所吞併，勢將形成對日本的直接威脅。」1994 年臺灣「駐日代表」林金莖則借中國在南沙海域建立海軍基地一事煽動稱：「中共在南沙建立海

第七章　冷戰格局解體與美日臺關係的演變（1980年代中期-1990年代中期）

第二節　冷戰後期美日臺關係的演變

軍基地的一個意圖，就是為了在必要的時候可以封鎖日本的海上交通線。」臺灣方面的如此言論，為強化美日軍事同盟提供了理由。同年3月，日本新進黨幹事長小澤一郎任會長、前法務大臣永野茂門任理事長的日本策略研究中心首次提出明確的政策主張：關於中國統一問題「最好是固定現狀，需要看到統一後將使中國的政治、經濟、軍事影響力擴大」。日本「將以半永久性地維持現狀為前提，與環太平洋各大國合作，為維持正義與秩序而支持或請求美國採取行動，在區域內各國築起防洪堤，排除對世界體系的惡劣影響，在軍事和非軍事兩個領域積極行動。但是，希望慎重對待在與臺灣關係上使用集體自衛權和直接針對中國疆域的軍事行動」，「若美國根據臺灣關係法介入保衛臺灣，作為同盟國的我國也將對其支援」，「共同確保海上安全」。日本前駐泰國大使岡崎久彥亦在日本《呼聲》雜誌刊登文章強調：如果中國統一，中國的國力將飛躍性地增大，以往因為被淺海和列島線包圍而活動受限的中國海軍，將面對廣闊的西太平洋。對於日本來說，除東北航線以外的所有海上航線都會受到遏制，中國在策略上將比日本明顯處於優勢。另外，支撐東南亞經濟的華僑歷來分為親中國、親臺灣和中立三種立場，如果中國統一，華僑借助中國的力量，在政治上的發言權將會大大增大，這對日本半個多世紀努力經營的與東南亞的關係，將產生嚴重影響。此類觀點對日本社會輿論影響甚大。

為維持臺灣海峽和平局面，打擊「臺獨」勢力，1995年7月到1996年3月中國在臺灣海峽和臺灣附近海域進行了四次有針對性的軍事演習。中國政府認為這是內部事務，但日本政府（橋本龍太郎內閣）介入，多次向中國政府施加壓力，企圖迫使中國停止軍事演習。甚至不惜以「延緩第四次日元貸款」相要挾，公然干涉中國內政，以給臺

戰後美日臺關係關鍵 50 年 1945-1995（修訂版）

灣方面壯膽鼓氣。在日本政府（橋本龍太郎內閣）的緊急促請下，柯林頓政府迅即派出以兩艘航空母艦（「獨立號」和「尼米茲號」）為首的特混艦隊駛近臺灣海峽地區對中國進行「軍事威懾」。其中，「獨立號」航空母艦是自日本橫須賀港母港出發，其後勤補給則由沖繩美軍嘉手納空軍基地提供；日本海上自衛隊則派出護衛艦駛至臺灣近海，在中國導彈試驗區附近觀察導彈濺落的全過程，與美國航母編隊共同對中國軍演進行監視與威懾。這不僅是自越南戰爭結束以來美國在東亞地區的最大一次軍事集結，也是冷戰結束以來美日首次公開聯合干涉臺海地區事務的重大軍事行動。

臺海危機之後，1996 年 4 月美國與日本重新定義《美日同盟》，確認後冷戰時期美日在臺海地區乃至東亞地區實施軍事干預的策略方針。1997 年 4 月 14 日日本首相助理岡本行夫就公然宣稱「臺灣海峽就在日本附近，日本是臺灣海峽的準當事國」，「臺灣海峽的安全是日美安全條約的對象」。8 月 17 日日本內閣官房長官梶山靜六發表談話稱：日美兩國的防衛範圍「理所當然地包括臺灣海峽」，並特別強調他的發言絕非只代表個人，而是代表日本政府的立場。1997 年 9 月美日聯合修訂新的「美日安全防衛合作指針」，確定美日防衛範圍涵蓋臺灣海峽。

冷戰後美國的國家策略目標是建立以美國為首的集體霸權。在亞太地區，美國始終將中國視為其實現策略目標的最大障礙。美國一方面透過「接觸」，「引導」中國「合作」；另一方面則透過「遏制」阻礙和延緩中國崛起。在臺灣問題上，美國一方面聲稱堅持「一個中國」政策「不變」；另一方面又不斷透過具體措施提升美臺實質關係，如擴大軍售、允許臺灣總統入境和過境等等。短期內，不可能指望美國放

第七章　冷戰格局解體與美日臺關係的演變（1980年代中期-1990年代中期）
第二節　冷戰後期美日臺關係的演變

棄「以臺制華」的政策。在維護領土主權，捍衛國家利益的問題上，中國政府始終堅持一貫的原則立場。

　　與上節一樣，為求全面了解中國在臺灣問題上的立場全貌，本節擬對冷戰結束後至20世紀末期圍繞臺灣問題的中日交鋒略作簡述。1998年11月26日中國國家主席江澤民在訪問日本時表示：「維護國家統一和領土完整，是每一個主權國家的神聖權利。解決臺灣問題，實現祖國的完全統一，是中華民族的夙願。從歷史上看，在臺灣問題上日本是有負於中華民族的。」對此，日本首相小淵惠三不得不代表日本政府回應稱：「日本政府不支持臺灣獨立，這一點已明確表述過，今後也不會變。同時，日本對臺灣也沒有野心。日本在臺灣問題上的立場將恪守《日中聯合聲明》和《日中和平友好條約》所確定的各項原則。」但是，日本不會完全履行其在臺灣問題上對中國政府的一再承諾。1999年6月8日《世界週報》刊登日本國際論壇委員會對日本政府提交的題為《日本與美中俄關係的展望及構想》的政策建議書。該建議書公開提出「不允許以武力統一臺灣」的政策構想。該建議書稱：「對中國來說，臺灣問題無疑是一個重大問題，然而，對於日本和美國來說，臺灣問題也不是一個無關緊要的可以忽視的問題」，美國在對臺的「『三不政策』之外還存在著第四個『不』，即中國不得以武力統一臺灣。美國方面似乎不願意公開向中國表明第四個『不』，但是美國沒有放棄這一政策」。該建議書還進一步宣稱「日本的基本立場展現在1972年發表的《日中聯合聲明》當中，即『充分理解和尊重中國政府的立場』。當然，『充分理解和尊重』並不等於『承認』。從這一立場來說，當臺灣海峽的軍事緊張局勢日趨升級、進而事態發展到爆發戰爭時，日本是不能袖手旁觀的……日美兩國應該協調起來堅持『不允

戰後美日臺關係關鍵 50 年 1945-1995（修訂版）

許以武力統一臺灣」的基本態勢，不能在這一問題上向中國發出錯誤的信號」。1999 年 7 月小淵惠三首相在回訪中國時再次就臺灣問題表態稱：「日本政府對臺灣的立場在《日中聯合聲明》有明確表示。作為日本本來就不可能參與或者支持臺灣的獨立……海峽兩岸問題應由中國人本身透過對話來取得和平解決。日本政府歡迎中國政府也以和平解決為目標，並且衷心希望將能實現這種解決。上述立場是日本政府自日中邦交正常化以來的一貫立場，它一直沒有任何變化。」

　　但是，日本對於臺灣問題的政策如何延續、變化，這不僅取決於日本內政外交的需要，也取決於中國的強盛程度和中國的統一進程。日本在臺海問題上最擔憂的是「中國的崛起和單方面解決臺灣問題後將會從根本上改變亞太地區的策略態勢和大國間的軍事平衡」。日本認為，亞太地區目前和今後都無法建立起像歐洲那樣的多邊安全保障機制，是美國的軍事存在才實現了亞太地區現在的軍事平衡，保障了本地區穩定。如果中國成為經濟、軍事和政治大國，就會大大增加中國用軍事手段來解決臺灣問題的可能性。中國勢將與日美形成軍事對峙的局面，如果美國策略地位下降，日本將處於極為不利的位置。可以預料的是，隨著中國綜合國力的提升，臺海兩岸關係的長期和平發展，美國、日本對臺海地區的影響日趨減弱已是不爭的事實。中國國際策略學者郭震遠指出：「作為外部干擾因素的日本，實際上也包括美國，對臺灣問題的影響，不僅是有限的，而且也是完全可能減弱的；因而無論在什麼情況下，都不應該過分強調這些外部干擾因素的影響」。

第七章　冷戰格局解體與美日臺關係的演變（1980年代中期-1990年代中期）
　　第三節　美日同盟重新定義、全球軍事策略調整與美日臺關係的演變

第三節　美日同盟重新定義、全球軍事策略調整與美日臺關係的演變

　　冷戰時期，為推行其獨占全球的冷戰策略，美國根據其策略利益之需要，不斷修訂其軍事策略。二戰結束至1952年杜魯門政府推行「遏制策略」（亦稱有限遏制策略）。1953年至1960年艾森豪政府推行大規模報復策略。1961年至1968年甘迺迪、詹森政府推行靈活反應策略。1969年至1980年尼克森、福特、卡特政府推行現實威懾策略。1981年到1988年雷根政府則推行新靈活反應策略（該策略是對上屆政府靈活反應策略的繼承和發展）。1989年5月布希總統正式提出「超越遏制」的國家軍事策略；1992年2月國防部長切尼正式將布希的軍事策略定名為「地區防務策略」。該策略的主要內容是策略核威懾與策略防禦、前沿存在、危機反應和部隊重建，把美國防務計劃重點從對付蘇聯全球性挑戰轉向對付地區性衝突，其核心是全球威懾和危機反應。

　　至冷戰後的1995年3月，柯林頓政府提出「靈活與選擇參與策略」。該策略圍繞「打贏幾乎同時發生的兩場大規模地區衝突」的方針，提出以海外軍事存在和力量投送作為基本手段，以「和平時期參與、威懾和防止衝突、戰鬥並獲得勝利」作為美國的主要任務和軍事行動樣式。透過「提高人員水準、加強戰備和現代化」等措施全面提高和加強美國的軍事實力，從而實現「促進穩定」、「阻止侵略」的國家軍事策略目標，維護美國唯一超級大國的地位。從美國策略演變的軌跡看，這些策略都只是過渡性策略。「遏制策略」也好，「先發制人」策略也好，不管各個時期戰備方針的重點放在哪裡，準備打贏一切類

戰後美日臺關係關鍵 50 年 1945-1995（修訂版）

型與規模的戰爭,乃是美國的根本立足點。美國軍事策略雖經多次調整,但以爭霸世界、策略擴張、謀求全面優勢、維護單極世界的指導思想,都始終沒有改變。

綜上所述,冷戰結束後,鑒於最大的策略對手——蘇聯的解體,美國先後多次對其全球軍事策略進行調整,主要是縮減其海外駐軍和軍事基地。其後,先後撤除 97 個大型軍事基地,海外駐軍縮減至 29.6 萬人。不過,這些調整只是局部性調整和數量上的調整。後冷戰時期美國全球軍事策略重大調整,不僅是影響東亞地區安全環境的重大因素,也是規定美日臺關係發展的主要現實背景。從實際上看,美國全球軍事策略調整的重心日趨轉向東亞地區。

無論冷戰時期或冷戰後,美國東亞策略對於臺灣的關注是「永恆」的。1960 年美國著名中國問題專家鮑大可就在《共產黨中國與亞洲:對美國政策的挑戰》(1960) 一書中明確指出美國在臺灣的策略利益:「不容置疑,如果中共控制了臺灣並將其確立為一個主要軍事基地,美國在亞洲的現有安全體系將會受到嚴重損壞。」美國對臺的策略構思,長期影響著其對臺政策的制定與實施。冷戰結束後的美臺關係較之冷戰時期,既保持了本質上的一致性,又具有新的變化與發展,即在保持冷戰時期美臺關係基本架構的基礎上,美國著力提高臺灣「獨立政治實體」地位,以實現「以臺制中」的目的,但又抑制臺灣當局「臺獨」的勢頭,以免影響其對中策略的實施。現在,美國已把中國定位為新世紀潛在的主要對手,為防止中國因統一和強大對美國的全球霸權構成挑戰,西化、分化和弱化中國是美國既定的長遠策略,「維持現狀、阻撓統一、控臺制華」是美國干涉臺灣問題的必然政策選擇。隨著中國日益復興,美國對中國的防範和遏制亦會隨之加強。美國對中

第七章　冷戰格局解體與美日臺關係的演變（1980年代中期-1990年代中期）
第三節　美日同盟重新定義、全球軍事策略調整與美日臺關係的演變

總體策略不會因為中美關係的發展而發生根本性的變化，未來的美國對中對臺政策取向仍將大體上在中美三個聯合公報和《臺灣關係法》之間來回擺動，不至於脫離這個大框架。

長期以來，美國在臺海問題上施行「雙軌」政策，即按照三個聯合公報保持與中國的關係，同時按照《臺灣關係法》維持與臺灣的關係。如上所述，美國的「雙軌」政策是由其國家利益決定。一方面，中美兩國具有許多共同利益，美國在許多方面需要中國的合作，客觀上要求兩國均穩定和改善關係。另一方面，美國需要利用臺灣制約中國，成為其控制亞太、影響全球的重要策略基地；而且可以利用臺灣對進口美國先進武器裝備的嚴重依賴獲取重大的經濟利益。美國既不想使自己失去一張重要的牽制中國的「臺灣牌」，也不願意看到「臺獨」導致臺海戰爭的爆發，美國的如意算盤是「不戰不和」，從中漁利。

進入後冷戰時期，面對中國綜合國力的日趨增強，美國仍將持續奉行「不獨不統不戰」的臺海政策，經過1996年臺海危機後，美國更加視臺灣為其在西太平洋安全防禦體系中的重要一環。就美國重新調整的東亞策略趨勢看，美國將更加注重維持兩岸的策略均衡和動態平衡，美臺關係將不會出現實質性的重大改變，美國將在維護中美關係大體穩定的框架內，繼續與臺灣保持和發展「半官方」或「準聯盟」關係。

1991年蘇聯解體後，面對中國的崛起，美日同盟面臨重新定義的問題。在阻止中國崛起方面，美日擁有共同的利益，雙方都希望透過密切軍事合作，制定共同的作戰計畫等措施來強化其同盟關係，逐步提高自主防衛能力，以完成對中國的「軟遏制」體制。這種共識為美日在冷戰之後擱置經貿摩擦、重新定義美日安保體制、加強美日同盟

戰後美日臺關係關鍵 50 年 1945-1995（修訂版）

關係奠定了基礎。

在美國對其全球軍事策略重新調整的過程中，東亞地區始終是其「重點關注」區域。1995 年 2 月美國國防部發表《東亞安全策略報告》，改變了 1980 年代以來的收縮兵力方針而宣布在東亞地區維持 10 萬「前方部署兵力」。日本也加緊對其《防衛計畫大綱》進行相應修改，對美國的新東亞策略予以配合。雙方在預定在美日首腦會談後發表的《共同宣言》草案中確認：繼續把美日關係作為其安全政策的基礎，強調美日關係由安全同盟、政治合作和經貿關係三大支柱構成。

1995 年 11 月 28 日村山富市內閣透過新的《防衛計畫大綱》，以取代 1976 年三木內閣時期制定的《防衛計畫大綱》。新大綱最突出的特點之一，就是強調美日同盟，進一步加重美日安全保障體制的份量。1996 年 4 月 16 日至 18 日柯林頓總統訪問日本；4 月 17 日柯林頓與橋本龍太郎首相共同簽署《美日安全保障聯合宣言——面向 21 世紀的同盟》，宣言標誌著冷戰後美日同盟的一個新階段的開始，對冷戰結束後的美日同盟進行了全面總結和重新定義，重新確認冷戰後美日同盟的基本策略框架。根據重新定義，美日軍事同盟的防衛範圍已經變成「日本的周邊地區」。「防衛」範圍的變化，不僅僅是範圍的寬窄問題，而是日本正式表明要在邊界以外發揮軍事作用，同時也表明美日安保條約由保衛日本型變成以整個亞洲太平洋地區為對象的針對地區衝突型。具體看就是同盟防範的主要對象也由原來的蘇中轉變為中朝。1997 年 9 月 23 日美日發表新的《美日防衛合作指針》，這是美日安全同盟「再定義」過程的重要一步。《指針》使日美同盟的性質發生了變化，日本從僅向美軍提供基地轉變為在所謂「周邊事態」時也提供「後方支援」，其中不乏其直接捲入地區軍事衝突的可能性。日

第七章　冷戰格局解體與美日臺關係的演變（1980年代中期-1990年代中期）
第三節　美日同盟重新定義、全球軍事策略調整與美日臺關係的演變

美兩國在是否將臺灣排除在日美共同防衛範圍之外的問題上採取了曖昧態度，經中國一再要求對此予以澄清，日本表示堅持「一個中國」的立場，不支持「臺灣獨立」，但仍未明確承諾日美安保合作範圍不包括臺灣。

值得關注的是，就在美日重新定義美日同盟、建構跨世紀「新安保體制」的同時，臺灣李登輝當局做了一系列積極的策略性配合。如李登輝指示主管國民黨黨營事業的劉泰英動用龐大資金投資沖繩，沖繩是駐日美軍的大本營（沖繩僅占日本國土面積的0.6%，但卻容納了74%的駐日美軍基地），根本不具備投資開發經濟的環境，但臺灣當局執意斥巨資設立「自由貿易區」，無非是擬以經濟手段支持「美日安保體制」，對《美日防衛合作新指針》「周邊事態有事」涵蓋臺海區域表示「回報」。臺灣學者曾健民認為：事實上李登輝的圖謀成功了，當時的日本內閣官房長梶山靜六就明言「周邊事態」包括臺海在內。

具體過程是，為給李登輝「臺獨」勢力打氣，8月17日梶山靜六在接受朝日電視臺採訪時稱：日美防衛合作的適用範圍「理所當然地包括臺灣在內」。在中國表示強烈抗議之後，18日外務省次官柳井俊二仍出面表態稱：「從1960年以來日本政府的統一見解來看，臺灣包括在日美安保條約規定的『遠東』範圍內」。19日池田行彥外相公然聲言，梶山靜六的言論是根據「日本政府的一貫立場」發表的。20日內閣副官房長官與謝野馨又代表日本政府發表正式談話，稱梶山靜六的話與日本政府的立場「並不矛盾」。可見日本公然干涉中國內政的程度之深，亦說明臺灣李登輝當局的對沖繩投資明顯奏效，日臺攜手對抗大陸也略見一斑。

不僅如此，為進一步配合美日對臺海地區的軍事干擾，李登輝更

戰後美日臺關係關鍵 50 年 1945-1995（修訂版）

積極採取一系列政策措施限制兩岸經貿政策、以阻止兩岸關係的和平發展潮流。本來在「一國兩制」方針的指引下，兩岸經貿關係發展很快，至 1994 年底，兩岸貿易總額累計已達 600 多億美元。臺商在中國投資達 3 萬餘項，協議金額超過 300 億美元。1996 年 9 月李登輝提出「戒急用忍」政策，從嚴管制和審查臺灣企業赴中國投資，提出所謂的「西進暫緩、南向推動、臺灣優先」的投資政策。1997 年 7 月 15 日臺灣當局實施新版的《企業對大陸地區投資審查辦法》，該《辦法》對臺商到中國的「規範」和「審查」更加嚴苛，其主要目的就是嚴格控制臺灣大企業到中國投資基礎設施和高科技產業。1998 年李登輝又利用東南亞金融危機，啟動「南向政策」。表明臺灣當局既無意擴大中國對臺出口，也無意減少臺灣對中國的出口。也就是說，臺灣當局有意保持兩岸貿易失衡，獲得大量順差，以彌補其對日貿易的逆差。按臺灣當局統計，1997 年臺灣的貿易順差為 76.72 億美元，扣除對中國順差 130.46 億美元，則逆差 53.74 億美元。可見，李登輝為其「臺獨」主張，不惜破壞兩岸經貿對臺灣經濟帶來的利益格局。

兩岸經貿的順暢發展，在很大程度改變著臺灣對外經濟的發展趨向。臺灣企業到中國投資，需要自臺灣進口機器設備和原材料，從而投資帶動了貿易。由於臺灣當局只許臺灣企業與中國開展間接投資和間接貿易，而間接貿易主要是經香港轉口，因此，兩岸進出口貿易在這裡略去其他途徑的貿易額，只計算經由香港的轉口貿易額。從 1990 年到 1998 年 10 月兩岸間接貿易額為 1,068.302 億美元，其中臺灣出口到中國為 957.320 億美元，臺灣從中國進口為 110.982 億美元，臺灣順差達 846.337 億美元，平均每年順差達 94.04 億美元。在這期間，中國對美貿易的順差也逐年增高，以至於扣除對臺貿易逆差後仍有不

第七章　冷戰格局解體與美日臺關係的演變（1980年代中期-1990年代中期）
第四節　安全困境下的美日臺關係走向

少順差。這其中的一個重要原因是，臺灣企業進入中國沿海地區投資製造業，其產品的大部分依舊出口至美國市場。因此形成了臺灣——中國——美國新的三角貿易關係。這種新三角貿易關係說明臺灣如果不與中國開展間接貿易獲得順差，臺灣進出口貿易在1992年以後將會呈現逆差而非順差。而且臺灣透過中國對美國的間接出口，至少在表面上減少了臺灣對美貿易順差，從而緩和了與美國的貿易摩擦，但實際上把與美國的貿易摩擦「負擔」轉嫁給中國。進入後冷戰時期，又有向「四角貿易」結構發展的趨勢。隨著兩岸關係的日趨發展以及臺灣對美國經濟依賴性的迅速下降，李登輝阻撓兩岸經貿發展的「政策性動作」可謂接連不斷。

第四節　安全困境下的美日臺關係走向

綜上所述，戰後長期以來（整個冷戰時期乃至後冷戰時期），在臺灣當代社會的演變進程中，始終存在著來自美日的政治、經濟和軍事「關切與介入」。美日借助其強大的經濟、軍事實力，長期對臺灣實施著獨占性影響；而臺灣亦借助與美日的多邊密切關係，形成與中國長期對峙的嚴峻局面。美日臺聯手遏制、挑戰中國，這就是冷戰時期美日臺關係得以維持的最大理由。毛澤東曾指出：「臺灣問題很複雜，又有國內問題，又有國際問題。就美國說，這是一個國際問題。」

基於中國綜合國力的日趨強大，後冷戰時期美日臺關係框架及運行機制有所變化，更多地展現為「隱蔽」的方式。由此，中國學者張仕榮把冷戰後美日臺關係定義為「隱性安全同盟」，他認為美臺同盟自中美建交以來不再以正式的條約形式而改以「隱蔽」的方式得以存在；

戰後美日臺關係關鍵 50 年 1945-1995（修訂版）

美日安全同盟在 1990 年代結束「漂流」後重新定義，主要理由在於應對來自中國崛起的威脅，臺灣當局一再控訴中國對其軍事威脅恰好順應了美日安全同盟的共同的「利益訴求」。由於美日臺安全同盟的溝通和協調處於隱蔽乃至半公開狀態，所以是一種「隱性安全同盟」。筆者仍深信，今後很長一個時期，來自美日對臺海問題的「策略干擾」仍是一個不可迴避的「策略難題」，「靈魂不散」的美日臺關係框架仍是我們必須予以重點關注的目標。中國學者俞新天在吳濟南著《冷戰後的日臺關係》（2009 年）一書的序文中明確指出：「日本和美國一樣，是當今世界在臺灣問題上影響最大的國家之一。美國對臺灣的介入主要反映在政治和軍事領域。中美建交至今已經 30 年，但美國仍在依據其國內法《臺灣關係法》向臺灣出售武器，粗暴干涉中國的內政。相比之下，日本對臺灣的影響更多地表現在經濟和文化領域。由於日本和臺灣在地理上相距較近，又曾對臺灣實行過近半個世紀的殖民統治，它對臺灣的影響是其他任何國家所無法比擬的。」

綜上所述，臺灣對於美國而言，最重要的價值在於遏制中國，所以美臺關係是服從於中美關係的，臺灣並非美國全球策略的核心部分。而臺灣對於日本而言，則涉及日本的核心國家利益，日本從甲午戰爭到第二次世界大戰期間發動絕大部分對外侵略戰爭都離不開臺灣這塊「跳板」，因為日本是一個島國，缺少必要的以廣闊陸地為依託的策略縱深，必須借助多個可以互相呼應的地理上的支點展開策略部署，臺灣則是輻射亞洲特別是東亞地區最為理想的支點。美國前駐華大使芮斂儉指出：在太平洋戰爭中，臺灣是日本的戰爭支撐機制的關鍵部分。日本把臺灣作為一個力量構造的內容，在很大程度上不是針對中國的，而是針對東南亞。今天看來，芮斂儉的這段論述仍具有現

第七章　冷戰格局解體與美日臺關係的演變（1980年代中期-1990年代中期）
第四節　安全困境下的美日臺關係走向

實意義。面對中國的日益崛起，日本根本無法取得東亞地區的主導權，它唯有繼續依靠美日軍事同盟，以經濟援助、投資開發等手段，並借所謂的「共同價值觀」，繼續影響包括臺灣在內的東亞地區的未來政治走勢。

最後，透過本書對1945-1995年美日臺關係演變過程的簡述可知，戰後50年美日臺關係的形成不僅是美國推行新殖民主義的需要，亦可視為冷戰時期東亞地區安全困境的具體表現。近年來多有學者以「安全困境」解釋東亞地區國際關係，以此類推，亦適用於對美日臺關係演變、博奕過程的理論詮釋。這裡，筆者擬對「安全困境」做一簡述，且做本書之最後闡述。

「安全困境」本是西方國際關係理論中用以解釋國際緊張、對立乃至衝突形成機理的一個基本概念，也是美日對中國施以冷戰遏制策略的理論來源之一。英國學者赫伯特・巴特菲爾德在《歷史與人類關係》一書中對國家間的安全困境曾有經典的描述：「在這樣一種局面下，你會對其他國家有現實的恐懼感，別國也會對你有著同樣的恐懼，也許你對別國根本無傷害之意，做的只是一些平常的事情，但你無法使別國真正了解你的意圖。你無法了解別國為什麼會如此的神經質。反之亦然，在這種情況下，雙方都以為對方是敵意的，無理性的，都不肯做出可以使大家都獲得安全的保證。軍備競賽的不斷升級，就是這種狀態的產物。」美國學者約翰・米爾斯海默則在《大國政治的悲劇》（2001年）一書中亦明確指出：「『安全困境』的實質是，一個國家用來增加自己安全的測度標準常常會減少他國的安全。可見，一個國家在不威脅其他國家的安全情況下增加自己的生存機會是困難的。」米爾斯海默認為，大國的生存意志是追求自身權利最大化及地區霸權，

戰後美日臺關係關鍵 50 年 1945-1995（修訂版）

因而大國間不可避免地會形成衝突。但米爾斯海默卻「無端地」認為，由於中國經濟的飛速成長，中美衝突將不可避免。他預計中國會和當年的美國一樣，提出亞洲版的「門羅主義」，將美國趕出亞洲，因而他主張及時限制中國的發展，反對接觸而主張遏止中國。按照米爾斯海默的邏輯，中國巨大的人口規模，必然會走上「條頓武士」的道路，與美國爭奪「生存空間」。但不得不承認的是，米爾斯海默的邏輯結構存在著缺陷。雖然米爾斯海默提出「安全困境」是在後冷戰時期，但他亦是在戰後以來逐漸形成的美國冷戰遏制理論的基礎上進一步延伸闡述的，可見，所謂「安全困境」不過是美國冷戰遏制理論在新時期「改頭換面」式的延續。

簡述之，戰後以來美國長期推行以遏制中國為主旨的東亞策略，日本、臺灣長期予以積極配合的過程，就是基於各自對東亞地區「安全困境」的博弈過程。戰後初期東亞地區「安全困境」在美日臺各有不同表現與內涵。對於美國而言，主要是出於意識形態的考量。自 1950 年 1 月中蘇同盟條約簽訂、同年 6 月韓戰爆發以來，美國為防止共產主義在東亞的「蔓延」，不僅將日本列島、臺澎列島置於其西太平洋島鏈策略體系之中，還把日本、臺灣定位為其遏制中國、推行新殖民主義的重要策略夥伴。由此，美國不惜對日臺施以巨大經濟和軍事援助，扶植日臺戰後經濟、軍事實力迅速增強，使其成為美國「扼制」中國的重要策略合作夥伴。對於日本而言，戰後初期日本只有追隨美國的東亞策略，才能得到美國的策略支持，以圖日本政治、經濟在東亞地區的重新崛起。而且日本絕不願意在東亞地區看到一個強大的中國，作為一個資源匱乏的島國，日本更擔憂臺海兩岸一旦統一，不僅對日本構成策略性挑戰，亦對日本海上運輸線造成巨大威脅。故日本

第七章　冷戰格局解體與美日臺關係的演變（1980年代中期-1990年代中期）
第四節　安全困境下的美日臺關係走向

不斷強化美日同盟，始終堅持把臺海地域納入美日共同防禦範疇。這些都是美日基於安全困境在臺海問題上採取的對策。但至1990年代，美日在臺灣問題上存在著微妙的差異，如日中經濟貿易中心理事長木村一三就認為：美國明確表示「臺灣應該和平統一」，而日本政府則強調「和平解決」臺灣問題。日本這樣說，是因為基於臺灣歸屬未定論的立場。臺灣最初是欲借助美日軍事力量，伺機實施「反攻大陸」；至1960年代中期之後，主要是防止人民解放軍「武統臺灣」。冷戰後期臺灣當局則積極配合美日的東亞策略，充當遏制大陸向海洋發展的「前沿軍事基地」。

至1970年代中後期，雖由於日臺「斷交」、美臺「斷交」對於美日臺關係造成巨大震盪，美臺、美日關係一度趨於「停頓」。但經過「調整與修補」，臺灣與美日仍繼續維持半官方性質的關係。在臺灣致力於經濟發展的過程中，臺灣與美日關係愈加密切。1980年代末期臺灣島內政治生態亦發生重大變遷，至後冷戰時期，美國透過對「美日同盟」重新定義、不斷提升對臺軍售規格等措施，不斷強化與日臺的雙邊關係，繼續保持其對東亞地區的策略威懾。時至今日，東亞安全困境仍是一個難解的困局，但歸根結底是由於美國的東亞軍事存在造成的，也是美日基於其策略需求而刻意為之的。

本來，國家間關係更多是受市場經濟的影響。在美日臺關係的形成與演變過程中，中國的存在與影響力始終是一個特殊的，不可忽視的博弈因素。隨著後冷戰時期中國國力的空前增強，其對美日臺關係的影響漸次增強，中國逐漸具有了更多的策略主動性。未來的美日臺關係既充滿變數，也充滿著矛盾與折衝。但至20世紀末期，日本外交的基軸始終是對美外交。日本既希望能在其走向政治大國的進程中借

戰後美日臺關係關鍵 50 年 1945-1995（修訂版）

美國之「船」出海，同時又擬盡可能地減少對美國的策略性依賴，這其實是兩難的選擇。而美日雙邊關係的變化也勢必影響到美日臺關係的動態性演變。

有人以為，美國對包括臺灣在內的西太平洋的軍事控制能力實際上是十分有限的，如果沒有高超的政治和外交能力彌補，隨著中國的崛起，美國退出西太平洋是必然的。此觀點過於樂觀，也不符合當代東亞歷史發展的實際過程和未來趨勢。不論看美國近代在東亞地區擴張過程，還是觀其冷戰結束後東亞策略的實施作為，奉行霸權理念的美國絕對不會「主動」退出東亞區域。在可以預見的未來，美國將依舊是影響和制約東亞地區事務的主要參與者甚至是決定力量。美國一方面構建起以自己軍事盟友為基礎的地區安全體制，以維持符合美國策略意義的東亞制度安排；另一方面，在霸權體系下的東亞，主要矛盾依舊存在，成為地區安全局勢緊張的潛在根源，而東亞地區多元化的安全結構必須要依靠自己的力量構建，各國減少對美國的依賴提高自主性，努力增強自身實力，勇於承擔起安全合作的義務，才是突破東亞地區安全困境的正途。

冷戰後，美國企圖借東歐劇變、蘇聯解體之「風」，以「以臺制華」來配合其推行對中「遏制」政策，從而達到「西化、分化」中國的策略目的。長期以來，在臺灣問題上，美國的政策是「兼具政策目的的清晰性與政策手段的模糊性於一身」。所以一邊強調承認一個中國的原則，一邊又每年都上演對臺軍售的鬧劇。美國在臺海問題上的模糊性源於美國既不希望臺灣問題破壞中美關係的發展，同時又想利用臺灣問題遏制中國。為此，美國積極推行其「策略模糊」的雙軌政策，旨在使海峽兩岸都摸不透美國的底牌，以防止臺海地區爆發軍事衝突，

第七章　冷戰格局解體與美日臺關係的演變（1980年代中期-1990年代中期）
第四節　安全困境下的美日臺關係走向

損害美國的國家策略利益與民主價值觀念。日本亦追隨美國東亞策略而採取與美國一致的「策略模糊」政策。臺灣學者楊永明指出：對於日本而言，確保臺灣海峽的和平與安定具有重要的策略利益。日本一直密切關注兩岸關係與臺灣海峽的安全保障問題。在1996年臺海危機之時，日本就曾表示出關注與擔憂的態勢。但日本一直採取了在美日安保體制下對應臺海地區安全的立場。對於美日安保體制的範圍是否涵蓋臺海地區，或者臺海地區一旦發生軍事衝突時美日應如何對應的問題，日本始終採用「周邊事態」的模糊概念，迴避對地理概念的明確界定與在安全保障上的公開承諾。這既是出於不刺激中國的考慮，同時也是為了保持其策略威懾功能，也即所謂的「策略模糊」政策。

戰後美日臺關係關鍵 50 年 1945-1995（修訂版）

第四節　安全困境下的美日臺關係走向

結語

　　本書就戰後美日臺關係的演變過程做了極為粗線條的論述，主要想說明的一個核心問題是：二戰後的冷戰時期，基於臺灣的策略地緣關係、以及圍堵中國的策略考量，美日對於臺灣長期持有策略獨占傾向。以臺灣作為制衡中國的策略基點，牽制中國的崛起，始終是美日共同的策略取向。雖然冷戰後美日臺關係有所「鬆散」，更主要是由於中國國力的增強，美日在臺海地區的影響日趨減弱，但其以往的策略規劃並沒有「收斂」，相反更多以「隱性」手段持續推行。

　　20世紀末期而言，主要以美日同盟和美臺「隱性同盟」組成的美日臺關係框架是攔阻臺海兩岸的最大策略阻礙。因而有人認為，從短期看，臺灣問題的主要矛盾在美國，但從長期看主要矛盾則在日本。因此，中美在太平洋上的策略博弈過程，本質上是一個磨合過程而不是絕對衝突的過程，是一個需要美國對中國西太平洋的利益有一個起碼承認的過程。承認中國西太平洋利益的核心是接受中國統一臺灣。旅日中國學者張雲（日本新潟大學副教授）亦認為：戰後，在經濟上，美國沒有在亞洲積極推進類似於歐洲一體化的地區主義建設；在安全上，也沒有建立類似於北大西洋公約組織的多邊安全框架，而是建立了以華盛頓為中心、以經濟和安全高度依賴美國為兩大支柱的雙邊同

戰後美日臺關係關鍵 50 年 1945-1995（修訂版）

盟網路——這包括日本、韓國、菲律賓、泰國、澳洲、紐西蘭和臺灣。不可否認，這個雙邊網路在一定程度上提供了地區穩定，也帶來了經濟發展，但是從 1970 年代末開始，這個網路出現了很大的變化。在這個大背景下，美國提出了「亞太再平衡」、「回歸亞太」等策略口號。儘管美國一直試圖告訴中國這些都不是針對中國的，美國無意阻撓中國的崛起和發揮更大的地區作用，但似乎並不那麼讓人信服。結果，對於美國人來說，「亞太再平衡」變成了一個危險的平衡遊戲，而各方面的誤算、誤判更是增加了不確定性和危險性。沒有人懷疑美國的重要性，更沒有人希望把美國從亞洲排擠出去，但東亞未來的安全最終需要依靠本地區的和解，而美國可以在這個過程中發揮建設性的作用，如果美國的「再平衡」的著力點在這裡，那將會是多贏。筆者以為，這些論述乃屬「東郭之言」，把東亞地區未來和平環境的構築寄託於美國之身，結局無疑是「黃粱一夢」。

東亞地區和平環境的構築，主要取決於中國未來國際地位的持續增強，取決於中華民族偉大復興的實現。中國學者劉建飛認為：從今後長期一個時期來看，美日將進一步加強在臺灣問題上的策略協調，不可避免地給臺灣海峽兩岸的對話與和平統一帶來了相當大的阻力。實行社會主義制度的中國與資本主義制度的美國始終存在著意識形態的對立，在臺灣問題也是如此。由此，我們需冷靜而深刻地意識到：資本主義與社會主義這兩種制度並存將是個長期的現象，美國的意識形態外交也將長期存在下去。就目前來講，由於美國仍處於唯一的「一強」地位，安全環境和經濟形勢比較好，美國比較強調意識形態外交。但是從長遠趨勢來講，隨著「和平與發展」時代主題的深化，隨著全球化與多極化進一步發展，美國意識形態外交的作用或將弱化。

結語
第四節　安全困境下的美日臺關係走向

社會主義國家在處理同資本主義國家的關係要超越社會制度和意識形態的差異,就應當正確地認識到這兩種制度國家間的關係定位,尋求共同利益的會合點。中國是最大的社會主義國家,而美國則是最大的資本主義國家,如何認識兩國關係定位和共同利益,對認識兩種制度之間的關係具有指導意義。

戰後美日臺關係關鍵 50 年 1945-1995（修訂版）

參考書目

一、日文版

1. ［日］國分良成：《中華人民共和國》，築摩書房 1999 年版。
2. ［日］毛里和子：《日中關係——戰後から新時代へ》，岩波書店 2006 年版。
3. ［日］石井明等：《紀錄と考證：日中國交正常化と日中平和友好條約締結交涉》，岩波書店 2003 年版。
4. ［日］竹內實：《日中國交基本文獻集》，蒼蒼社 1993 年版。
5. ［日］諸方貞子：《戰後日中・日米關係》，東京大學出版會 1992 年版。
6. ［日］池田直隆：《日米關係と「二つの中國」——池田・佐藤・田中內閣期》，木鐸社 2004 年版。
7. ［日］由良善彥：《日臺國交斷絕》，開放經濟研究所 1972 年版。
8. ［日］古川萬太郎：《日中戰後關係史》，原書房 1981 年版。
9. ［日］中村勝範等：《日米同盟と臺灣》，早稻田大學出版社 2003 年版。
10. ［日］平川幸子：《「二つの中國」と日本方式》，勁草書房 2012 年版。
11. ［日］吉田茂：《世界と日本》，番町書房 1963 年版。
12. ［日］吉田茂：《激動の百年史：わが決斷と奇蹟の轉換》，百川書院 1978 年版。
13. ［日］吉田茂：《日本を決定した百年》，日本經濟新聞社 1980 年版。
14. ［日］吉田茂：《回想十年》，新潮社 1958 年版。
15. ［日］五百旗頭真：《日本の近代（6）：戰爭・占領・講和》，中央公論新社 2001 年版。

戰後美日臺關係關鍵 50 年 1945-1995（修訂版）

16. ［日］升味準之輔：《戰後政治：1945-55 年》，東京大學出版社 1984 年版。
17. ［日］池井優：《增補・日本外交史概說》，慶應義塾大學出版會 1982 年版。
18. ［日］志賀義雄：《世界と日本》，曉明社 1948 年版。
19. ［日］田中明彥：《日中關係：1945-1990》，東京大學出版社 1991 年版。
20. ［日］神谷不二編：《現代の國際政治：「戰後」の克服》，旺文社 1980 年版。
21. ［日］丹羽文生：《日中國交正常化と臺灣——焦躁と苦悶の政治決鬥》，北樹出版社 2012 年版。
22. ［日］北岡伸一、御廚貴編：《戰爭・復興・發展:昭和政治史における權力と構想》，東京大學出版會 2004 年版。
23. ［日］鳩山一郎：《鳩山一郎回顧錄》，文藝春秋新社 1994 年版。
24. ［日］安藤良雄編：《昭和經濟史への證言》，上中下卷，毎日新聞社 1966 年版。
25. ［日］原彬久：《岸信介證言錄》，毎日新聞社 2003 年版。
26. ［日］三浦陽一：《吉田茂とサソフラソシスユ講和》，大月書店 1996 年版。
27. ［日］宮沢喜一：《東京——ワシソトソの密談》，実業之日本社 1956 年版。
28. ［日］渡辺昭夫、宮里政玄編：《サソフラソシスユ講和》，東京大學出版會 1986 年版。
29. ［日］西村熊雄：《日本外交史二七サソフラソシスユ平和條約》，鹿島研究所出版會 1971 年版。
30. ［日］添谷芳秀：《日本外交と中國 1945-1972》，慶応義塾大學出版會 1995 年版。
31. ［日］田川誠一：《日中交涉祕錄 田川日紀——14 年の證言》，毎日新聞社 1973 年版。
32. ［日］田村重信等：《日華斷交と日中國交正常化》，南窗社 2000 年版。
33. ［日］大江志乃夫等：《近代日本と殖民地》第 1-9 卷，岩波書店 1992-1993 年版。
34. ［日］矢島鈞次：《最新臺灣經濟のすべて》，日本經濟通信社 1986 年版。
35. ［日］若林正丈：《臺灣》，築摩書屋 2001 年版。
36. ［日］伊藤潔：《臺灣》，中央公論社 1992 年版。
37. ［日］伊藤潔：《臺灣・四百年歷史與展望》，中央公論社 1996 年版。
38. ［日］渡邊昭夫：《亞洲・太平洋の國際關係と日本》，東京大學出版會 1992 年版。

參考書目

一、日文版

39. ［日］齋藤真：《戰後資料・日美關係》，評論社 1972 年版。
40. ［日］末川博編：《資料・戰後二十年史》，評論社 1971 年版。
41. ［日］中村隆英：《占領期日本の經濟と政治》，東京大學出版會 1979 年版。
42. ［日］三和良一：《占領日本の經濟政策史地研究》，日本經濟評論社 2002 年版。
43. 塗照彥：《日本帝國主義下の臺灣》，東京大學出版會 1975 年版。
44. 陳肇斌：《戰後日本の中國政策——1950 年代東アジア國際政治の文脈》，東京大學出版會 2000 年版。
45. 袁克勤：《日華講和と戰後初期日本の中國政策の形成》，富士ゼロックス小林節太郎紀念基金 1992 年版。
46. 袁克勤：《アメリカと日華講和：米・日・臺関係の構図》，柏書房 2001 年版。
47. 王偉彬，《中國と日本の外交政策：1950 年代を中心にみた國交正常化へのプロセス》，ミネルヴァ書房 2004 年版。
48. 殷燕軍：《中日戰爭賠償問題：中國國民政府の戰時・戰後對日政策を中心に》，御茶の水書房 1996 年版。
49. 殷燕軍：《日中講和の研究——戰後日中関係の原點》，柏書房 2007 年版。
50. 黃輝慶：《臺灣經濟の源流——對日依存の原因と將來像を探る》，株式會社新報 2002 年版。
51. 林金莖：《梅と櫻——戰後日華關係》，日本產經出新聞社 1984 年版。
52. 林金莖：《戰後日華關係と國際法》，有菲閣 1987 年版。
53. ［日］吉澤清次郎：《日本外交史》（第 28 卷），鹿島和平研究所出版會 1975 年版。
54. ［日］安原和雄等：《戰後日本外交史》第 1-4 卷，三省堂 1984 年版。
55. ［日］石川忠雄等編：《戰後資料——日中関係》，日本評論社 1970 年版。
56. 霞山會編印：《日中関係基本資料集（1949-1997）》，1998 年版。
57. 鹿島和平研究所編：《日本外交主要文書・年表》第一卷（1941-1960），原書房 1983 年版。
58. 鹿島和平研究所編：《日本外交主要文書・年表》第二卷（1961-1970），原書房 1984 年版。

戰後美日臺關係關鍵 50 年 1945-1995（修訂版）

59. 鹿島和平研究所編：《日本外交主要文書・年表》第三卷（1971-1980），原書房 1985 年版。
60. 鹿島和平研究所編：《日本外交史》第 1-34 卷，鹿島和平研究所出版會 1970-1973 年版。
61. 日本大藏省編：《昭和財政史：終戰から媾和まで》第 1-18 卷，東洋新報出版社 1954-1982 年版。
62. 日本外務省編：《日本占領及び管理重要文書集》第 1-2 卷，東洋經濟新報社 1949-1950 年版。
63. 日本外務省編：《日本外交年表竝主要文書》上下冊，原書房 1965 年版。
64. 日本亞洲歷史資料中心：http://www.jacar.go.jp/。
65. 日本國立公文書館：http://www.digital.archives.go.jp/。
66. 日本外務省第一至第八回公開文書：http://gaikokiroku.mofa.go.jp/。
67. 日本國會會議錄：http://kokkai.ndl.go.jp/。

二、中文（中國）版

1. 劉世龍：《美日關係（1791-2001）》，世界知識出版社 2003 年版。
2. 資中筠、何迪：《美臺關係四十年（1949-1989）》，人民出版社 1991 年版。
3. 資中筠：《美國對中政策的緣起和發展》，重慶出版社 1987 年版。
4. 資中筠：《戰後美國外交史──從杜魯門到里根》，世界知識出版社 1993 年版。
5. 資中筠：《追根溯源：戰後美國對中政策的緣起與發展（1945-1950）》，中國社會科學出版社 2007 年版。
6. 張耀武：《中日關係中的臺灣問題》，新華出版社 2004 年版。
7. 王偉男：《中美關係中的臺灣問題》，山東人民出版社 2007 年版。
8. 蘇格：《美國對中政策與臺灣問題》，世界知識出版社，1998 年版。
9. 張德明：《東亞經濟中的美日經濟關係研究（1945-2000）》，人民出版社 2003 年版。
10. 張蘊嶺：《轉變中的中美日關係》，中國社會科學出版社 1997 年版。
11. 張蘊嶺：《合作還是對抗：冷戰後的中國、美國和日本》，中國社會科出版社

參考書目

二、中文（中國）版

1997 年版。

12. 任曉、胡泳浩等：《中美日三邊關係》，浙江人民出版社 2002 年版。
13. 楊潔勉等：《世界格局中的臺灣問題——變化與挑戰》，上海人民出版社 2002 年版。
14. 王俊彥：《戰後臺日關係祕史》，福建人民出版社 2000 年版。
15. 林長華等：《戰後美臺經濟關係概論》，九州出版社 2001 年版。
16. 楊生茂：《美國外交政策史（1775-1989）》，人民出版社 1991 年版。
17. 陶文劍：《中美關係史》，上海人民出版社 1999 年版。
18. 李長久、施魯佳：《中美關係二百年》，新華出版社 1984 年版。
19. 劉建飛：《中美日策略關係演變（1899-1999）》，中央文獻出版社 2000 年版。
20. 劉建飛、林曉光：《21 世紀初期的中美日策略關係》，中央黨校出版社 2002 年版。
21. 唐正瑞：《中美棋局中的"臺灣問題"》，上海人民出版社 2000 年版。
22. 廉德瑰：《美國與中日關係的演變》，世界知識出版社，2006 年版。
23. 沈覺人：《當代中國對外貿易》上冊，當代中國出版社 1992 年版。
24. 林連德：《當代中日貿易關係史》，中國對外經濟貿易出版社 1990 年版。
25. 王逸舟：《當代國際政治析論》，上海人民出版社 1995 年版。
26. 王逸舟：《西方國際政治學：歷史與理論》，上海人民出版社 1998 年版。
27. 方柏華：《國際關係格局——理論與現實》，中國社會科學出版社 2001 年版。
28. 米慶余：《日本近代外交史》，南開大學出版社 1988 年版。
29. 劉麗華、張仕榮：《美國臺海政策的演變分析（1945-2007）》，內蒙古大學出版社 2007 年版。
30. 袁明、[美] 哈丁主編：《中美關係史上沉重的一頁》，北京大學出版社 1989 年版。
31. 姜長斌、[美] 羅伯特·羅斯主編：《1955-1971 年的中美關係》，世界知識出版社 1998 年版。
32. 時殷弘：《美蘇從合作到冷戰》，華夏出版社 1988 年版。
33. 崔丕：《冷戰時期美國對外政策史探微》，中華書局 2002 年版。
34. 沈惠平：《美國對臺政策新解》，九州出版社 2010 年版。
35. 羅義賢：《司徒雷登與美國（戰後 -1949 年）對中政策》，中國文史出版社 2008 年版。

戰後美日臺關係關鍵 50 年 1945-1995（修訂版）

36. 歷史研究編輯部：《『歷史研究』 五十年論文選（冷戰史）》，社科文獻出版社 2005 年版。
37. 信強：《半自主國會與臺灣問題：美國國會外交行為模式》，復旦大學出版社 2005 年版。
38. 于群：《美國國家安全與冷戰策略》，中國社會科學出版社 2006 年版。
39. 崔丕：《美國的冷戰策略與巴黎統籌委員會中國委員會（1945-1994）》，中華書局 2005 年版。
40. 趙學功：《巨大的轉變：戰後美國對東亞的政策》，天津人民出版社 2002 年版。
41. 郝雨凡：《白宮決策：從杜魯門到柯林頓的對中決策內幕》，東方出版社 2002 年版。
42. 張清、朱瀛泉：《應對危機：尼克松政府對外經濟策略與政策研究（1969-1972）》，南京大學出版社 2009 年版。
43. 劉雄：《艾森豪政府亞洲政策研究》，岳麓書社 2009 年版。
44. 忻華：《羈絆與扶持的困境——論甘迺迪與詹森時期的美國對臺政策（1961-1968）》，上海人民出版社 2008 年版。
45. 劉子奎：《甘迺迪、詹森時期的美國對中政策》，社科文獻出版社 2011 年版。
46. 朱明權：《詹森時期的美國對中政策（1964-1968）》，上海人民出版社 2009 年版。
47. 朱明權：《尼克松時期的美國對中政策（1969-1972）》，上海人民出版社 2011 年版。
48. 周建明、王成至：《美國國家安全策略解密文獻選編：1945-1972》1-3 冊，社科文獻出版社 2010 年版。
49. 戴超武：《敵對與危機的年代——1954-1958 年的中美關係》，社科文獻出版社 2003 年版。
50. 岡棟俊等：《美國對中政策 50 年》，廣東人民出版社 2001 年版。
51. 王淇：《從中立到結盟：抗戰時期美國對中政策》，廣西師範大學出版 1996 年版。
52. 閻廣耀、方生：《美國對中政策文件選編》，人民出版社 1990 年版。
53. 陶文釗：《美國對中政策文件集：1949-1972》第 2 卷（上下冊），世界知識出版社 2004 年版。
54. 陶文釗、牛軍：《美國對中政策文件集 1949-1972》第 3 卷（上下冊），世界知識出版

參考書目

二、中文（中國）版

社 2005 年版。
55. 劉連第編著：《中美關係重要文獻資料選編》，時事出版社 1996 年版。
56. 冬梅主編：《中美關係資料（1971.1-1971.7）》，時事出版社 1982 年版。
57. 王繩祖等：《國際關係史資料選編》，法律出版社 1988 年版。
58. 林華生：《日本在亞洲的作用》，北京大學出版社 2000 年版。
59. 程永明、石其寶：《中日經貿關係六十年（1945-2005）》，天津社會科學院出版社 2006 年版。
60. 馬成三：《日本對外貿易概論》，中國對外貿易出版社 1991 年版。
61. 鄭勵志：《戰後日本對外貿易》，航空工業出版社 1988 年版。
62. 張貽達：《戰後臺灣對外貿易》，鷺江出版社 1987 年版。
63. 李非：《戰後臺灣經濟發展史》，鷺江出版社 1992 年版。
64. 王志樂：《日本企業在中國的投資》，中國經濟出版社 1998 年版。
65. 茅家琦：《臺灣三十年 1949-1979》，河南人民出版社 1988 年版。
66. 茅家琦：《八十年代的臺灣》，河南人民出版社 1991 年版。
67. 池元吉等：《日本經濟》，人民出版社 1989 年版版。
68. 張光：《日本對外援助政策研究》，天津人民出版社 1996 年版。
69. 張健：《戰後日本的經濟外交 1952-1972》，天津人民出版社 1998 年版。
70. 強永昌：《戰後日本貿易發展的政策與制度研究》，復旦大學出版社 2001 年版。
71. 張岩貴：《日本與東亞地區的貿易、投資關係》，天津人民出版社 2003 年版。
72. 李恩民：《中日民間經濟外交（1945-1972）》，人民出版社 1997 年版。
73. 馮昭奎等：《戰後日本外交——1945-1995》，中國社會科學出版社 1996 年版。
74. 王振鎖：《日本戰後五十年》(1945-1995)，世界知識出版社 1996 年版。
75. 呂乃澄、周衛平主編：《大棋局——中美日關係風雲五十年》，當代世界出版社 2001 年版。
76. 毛傳清、殷昌友：《日本與國共及海峽兩岸關係》，武漢出版社 2001 年版。
77. 徐之先：《中日關係三十年》，時事出版社 2002 年版。
78. 孫淑：《臺灣政治制度》，南京大學出版社 1993 年版。

戰後美日臺關係關鍵 50 年 1945-1995（修訂版）

79. 孫代堯：《臺灣威權體制及其轉型研究》，中國社會科學出版社 2003 年版。
80. 李鵬：《臺海安全考察》，九州出版社 2005 年版。
81. 許介鱗：《李登輝與臺灣政治》，社會科學文獻出版社 2002 年版。
82. 李宏碩：《臺灣經濟四十年》，山西經濟出版社 1993 年版版。
83. 李國鼎：《臺灣經濟高速發展的經驗》，東南大學出版社 1993 年版。
84. 陳孔立：《臺灣歷史綱要》，九州出版社 1997 年版。
85. 吳元黎：《臺灣：走向工業化社會》，江蘇人民出版社 1989 年版。
86. 王振鎖、李鋼哲：《東亞區域經濟合作：中國與日本》，天津人民出版社 2002 年版。
87. 楊潔勉：《後冷戰時期的中美關係：分析與探索》，上海人民出版社 1997 年版。
88. 范愛軍等：《臺灣經濟研究》，濟南出版社 1995 年版。
89. 金泓汛等：《臺灣經濟概論》，時事出版社 1986 年版。
90. 段承璞：《戰後臺灣經濟》，中國社會科學出版社 1989 年版。
91. 周佗等：《臺灣經濟》，中國財政經濟出版社 1980 年版。
92. 林代昭：《戰後中日關係史》，北京大學出版社 1992 年版。
93. 田桓：《戰後中日關係史（1945-1995）》，中國社會科學出版社 2002 年版。
94. 田桓：《戰後中日關係文獻集》（1945-1970），中國社會科學出版社 1996 年版。
95. 田桓：《戰後中日關係文獻集》（1971-1995），中國社會科學出版社 1997 年版。
96. 田桓：《戰後中日關係史年表》（1945-1993），中國社會科學出版社 1994 年版。
97. 黃正柏：《美蘇冷戰爭霸史》，華中師範大學出版社 1997 年版。
98. 《戰後美國經濟》編寫組：《戰後美國經濟》，上海人民出版社 1974 年版。
99. 陳其人：《殖民地的經濟分析史與當代殖民主義》，上海科學出版社 1994 年版。
100. 張順洪等：《英美新殖民主義》，社科文獻出版社 1999 年版。
101. 葉自成：《地緣政治與中國外交》，北京出版社 1998 年版。
102. 馮承柏等：《亞太地區經濟關係與中國》，南開大學出版社 1992 年版。
103. 韓召穎：《美國政治與對外政策》，天津人民出版社 2007 年版。
104. 葛騰飛、周桂銀：《美國政治發展與對外政策》，世界知識出版社 2007 年版。
105. 馬普強主編：《東南亞國際關係》，世界知識出版社 2000 年版。

106. 巴殿臣：《冷戰後日本對臺灣政策研究》，九州出版社 2010 年版。
107. 吳寄南：《冷戰後的日臺關係》，上海人民出版社 2009 年版。
108. 陳奉林：《戰後日臺關係史》，香港社會科學出版公司 2004 年版。

三、中文（臺灣）版

1. 陳志奇：《美國對中政策三十年》，中華日報社 1981 年版。
2. 臧士俊：《戰後日、中、臺三角關係》，前衛出版社 1997 年版。
3. 黃頌顯：《臺灣與日本關係史新論》，海峽學術出版社 2003 年。版。
4. 吳若予：《戰後臺灣公營事業之政經分析》，業強出版社 1992 年版。
5. 秦孝儀：《中華民國經濟發展史》，近代中國出版社 1973 年版。
6. 袁穎生：《光復前後的臺灣經濟》，臺灣聯經出版公司 1998 年版。
7. 戴天昭：《臺灣國際政治史》，臺灣前衛出版社 1996 年版。
8. 趙既昌：《美援的運用》，臺灣聯經出版公司 1985 年版。
9. 余玉賢：《臺灣對外貿易論文集》，臺灣聯經出版公司 1975 年版。
10. 于宗先：《臺灣農業發展論文集》，臺灣聯經出版公司 1975 年版。
11. 于宗先：《臺灣經濟發展論文集》，臺灣聯經出版公司 1976 年版。
12. 薛琦：《臺灣對外貿易發展論文集》，臺灣聯經出版公司 1994 年版。
13. 于震先、孫震：《臺灣對外貿易論文集》，臺灣聯經出版公司 1975 年版。
14. 鄭梓：《戰後臺灣的接收與重建》，新化圖書公司 1994 年版。
15. 劉鳳文等：《公營事業的發展》，臺灣聯經出版公司 1984 年版。
16. 黃自進、簡佳慧：《林金莖先生訪問記錄》，中研院近代史研究所 2003 年版。
17. 林金莖：《戰後中日關係實證研究》，中日關係研究會 1984 年版。
18. 林金莖：《戰後中日關係與國際法》，中日關係研究會 1987 年版。
19. 卓南生：《大國夢與盟主論——總保守化的日本政治與外交》，臺灣聯經出版公司 1995 年版。
20. 胡為真：《美國對中〈一個中國〉政策之演變》，臺灣商務印書館 2001 年版。
21. 簡榮聰：《臺灣近代史》（經濟篇），臺灣省文獻委員會 1995 年版。

戰後美日臺關係關鍵 50 年 1945-1995（修訂版）

22. 劉淑靚：《臺日蕉貿網路與臺灣的經濟精英》，臺灣稻鄉出版社 2001 年版。
23. 臺灣外交問題研究會編印：《金山和約與中日和約的關係》，1966 年版。
24. 文馨瑩：《經濟奇蹟的背後——臺灣美援經驗的政經分析（1952-1965）》，自立晚報社 1990 年版。
25. 林鐘雄：《臺灣經濟發展四十年》，自立晚報社 1993 年版。
26. 張果為：《臺灣經濟發展》，正中書局 1970 年版。
27. 李國鼎：《臺灣的工業化》，東南大學出版社 1995 年版。
28. 張宗漢：《光復前臺灣之工業化》，臺灣聯經出版公司 1980 年版。
29. 程兆臣：《臺灣的土地改革》，中華出版社 1961 年版。
30. 邵毓麟：《使韓回憶錄》，傳記文學出版社 1980 年版。
31. 馬樹禮：《使日十二年》，臺灣聯經出版公司 1997 年版。
32. 何思慎：《擺盪在兩岸之間：戰後日本對外政策》，東大圖書有限公司 1999 年版。
33. 臺灣省行政長官公署統計室編印：《臺灣省五十一年來統計提要》，1946 年版。
34. 薛月順：《臺灣省政府檔案史料彙編：臺灣省行政長官公署時期（1-2）》臺灣國史館 1996 年版。
35. 臺灣「財政部關稅總局」統計室編印：《臺灣地區進出口貿易統計月報》，各年版版。
36. 臺灣對外貿易發展協會編印：《日本經貿資料與中日貿易問題研析》，1981 年版。

四、翻譯版

1. 張曙光、周建明編譯：《中美解凍與臺灣問題——尼克松外交文獻選編》，香港中文大學出版社 2008 年版。
2. 周建明、張成至主編：《美國國家安全策略解密文獻選編（1945-1972）》1-3 冊，社科文獻出版社 2010 年版。
3. 施嘉明編譯：《戰後日本政治外交簡史——戰敗至越戰》，臺灣商務印書館 1979 年版。
4. ［美］韋艾德、葛蘇珊：《臺灣政治經濟理論研究》（張苾蕪譯），鷺江出版社 1992 年版。
5. ［美］何寶山：《臺灣的經濟發展：1869-1970》（上海市政協編委會譯），上海譯文出

參考書目
四、翻譯版

版社 1981 年版。
6. ［美］理查・尼克松：《尼克松回憶錄》（裘克安等譯），商務印書館 1979 年版。
7. ［美］德懷特・艾森豪：《艾森豪回憶錄：白宮歲月（下）締造和平》（靜海譯），三聯書店 1977 年版。
8. ［美］約翰・普拉多斯：《掌權者：從杜魯門到布希》（封長虹譯），北時事出版社 1992 年版。
9. ［美］丹・考德維爾：《論美蘇關係——1947 至尼克松、季辛吉時期》（何立譯），世界知識出版社 1984 年版。
10. ［美］達萊克・羅伯特：《羅斯福與美國對外政策（1932-1945）》（伊偉等譯），商務印書館 1994 年版。
11. ［美］戴維霍羅・威茨：《美國冷戰時期的外交政策：從雅爾達到越南》（集體翻譯），上海人民出版社 1974 年版。
12. ［美］特斯鈉厄：《美國外交政策之形成》（江浩譯），今日世界出版社 1963 年版。
13. ［美］帕金斯：《美國外交政策》（易安譯），今日世界出版社 1964 年版。
14. ［美］李普曼：《冷戰——美國外交的研究》（張子美譯），商務印書館 1948 年版。
15. ［美］約翰・紐豪斯：《苦寒的拂曉——限制策略武器會談內幕》（齊沛合譯），三聯書店 1974 年版。
16. ［美］J・斯帕尼爾：《第二次世界大戰後美國的外交政策》（段若石譯），商務印書館 1992 年版。
17. ［美］拉弗貝：《美蘇冷戰史話（1945-1975）》（游燮庭等譯），商務印書館 1980 年版。
18. ［美］約瑟夫・C・格魯：《使日十年》（蔣相譯），商務印書館 1983 年版。
19. ［美］赫伯特・菲斯：《通向珍珠港之路——美日戰爭的來臨》（周穎如等譯），商務印書館 1983 年版。
20. ［美］泰勒・丹涅特：《美國人在東亞》（姚曾廙譯），商務印書館 1959 年版。
21. ［美］羅斯福：《羅斯福選集》（關在漢選譯），商務印書館 1982 年版。
22. ［美］亨利・季辛吉：《大外交》（顧淑馨、林添貴譯），海南出版社 1998 年版。
23. ［美］克里斯多福・萊恩：《和平的幻想：1940 年以來的美國大策略》（孫建中譯），

戰後美日臺關係關鍵 50 年 1945-1995（修訂版）

上海人民出版社 2009 年版。

24. ［美］德瑞克·李波厄特：《五十年傷痕：美國的冷戰歷史觀與世界》上下冊（郭學堂等譯），三聯書店 2008 版。
25. ［美］沃爾特·拉塞爾·米德：《美國外交政策及其如何影響了世界》（曹化銀譯），中信出版社 2003 年版。
26. ［美］卡爾·洛特·蘭金：《蘭金回憶錄》（海英譯），上海人民出版社 1975 年版。
27. ［美］保羅·甘迺迪：《大國的興衰》（王保存等譯），求實出版社 1988 年版。
28. ［美］羅伯特·達萊克：《羅斯福與美國對外政策》（陳啟迪等譯），商務印書館 1984 年版。
29. ［美］勞倫斯·奧爾森：《日本在戰後亞洲》（伍成山譯），上海人民出版社 1974 年版。
30. ［日］池田哲夫、胡欣：《臺灣經濟結構重組及發展前景》，中國經濟出版社 1993 年版。
31. ［日］輯西光速等：《日本資本主義的發展》（閻靜先譯），商務印書館 1963 年版。
32. ［日］竹內宏：《日本現代經濟發展史》（吳京英譯），中信出版社 1993 年版。
33. ［日］內野達郎：《戰後日本經濟史》（趙毅等譯），新華出版社 1982 年版。
34. ［日］五百旗頭真：《日本外交史（1945-2005）》（吳萬虹譯），世界知識出版社 2007 年版。
35. ［日］島田政雄、田家農：《戰後日中關係 50 年》，江西教育出版社 1998 年版。
36. ［日］信夫清三郎《日本外交史》（天津社會科學院譯），商務印書館 1980 年版版。
37. ［日］丸山靜雄：《東南亞與日本》（石宇譯），上海人民出版社 1974 年版。
38. ［日］吉澤清次郎：《戰後日美關係》（集體翻譯），上海人民出版社 1977 年版。
39. ［日］田尻育三：《岸信介》（北京大學亞非研究所譯），吉林人民出版社 1980 年版。
40. ［日］伊藤昌哉：《池田勇人的生和死》（李季安等譯），新華出版社 1986 年版。
41. ［日］吉田茂：《十年回憶》1-4 卷（韓潤堂等譯），世界知識出版社 1963-1965 年版。
42. ［日］豬木正道：《吉田茂的執政生涯》（江培柱等譯），中國對外翻譯出版公司 1986 年版。
43. ［日］岡崎久彥等：《2005 年美日中決勝臺灣》（林玉珮譯），先智出版有限公司

參考書目
四、翻譯版

2001年版。

44. ［日］和泉太郎：《日美臺三國同盟》（李毓昭譯），晨星出版社1999年版。
45. ［英］邱吉爾：《二戰回憶錄》（魏群、高虹譯），江蘇人民出版社2000年版。
46. ［蘇］格列切夫：《第二次世界大戰後的美國殖民政策》（何清新譯），世界知識社1960年版。
47. ［加納］克瓦米・恩克魯瑪：《新殖民主義：帝國主義的最後階段》（世界編譯社譯），世界知識出版社1966年版。

國家圖書館出版品預行編目資料

戰後美日臺關係關鍵 50 年 1945-1995：一堆歷史的偶然、錯誤與大國的博弈造成台灣目前的困境（修訂版）/ 王鍵 著. -- 修訂一版. -- 臺北市：崧燁文化, 2020.09
　面；　公分
POD 版
ISBN 978-986-516-484-3(平裝)
1. 國際關係 2. 臺美關係
578.193　　109014510

官網

臉書

戰後美日臺關係關鍵 50 年 1945-1995：一堆歷史的偶然、錯誤與大國的博弈造成台灣目前的困境（修訂版）

作　　者：王鍵 著
發 行 人：黃振庭
出 版 者：崧燁文化事業有限公司
發 行 者：崧燁文化事業有限公司
E-mail：sonbookservice@gmail.com
粉 絲 頁：https://www.facebook.com/sonbookss/
網　　址：https://sonbook.net/
地　　址：台北市中正區重慶南路一段六十一號八樓 815 室
Rm. 815, 8F., No.61, Sec. 1, Chongqing S. Rd., Zhongzheng Dist., Taipei City 100, Taiwan (R.O.C)
電　　話：(02)2370-3310　　傳　　真：(02) 2388-1990
總 經 銷：紅螞蟻圖書有限公司
地　　址：台北市內湖區舊宗路二段 121 巷 19 號
電　　話：02-2795-3656　　傳　　真：02-2795-4100
印　　刷：京峯彩色印刷有限公司（京峰數位）

―― 版權聲明 ――――――――――――――――――――

本書版權為九州出版社所有授權崧博出版事業有限公司獨家發行電子書及繁體書繁體字版。若有其他相關權利及授權需求請與本公司聯繫。

定　　價：350 元
發行日期：2020 年 9 月第一版
◎本書以 POD 印製